国家自然科学基金项目
"外部数据下中国商业银行操作风险度量模型验证研究"（71301087）
后期成果

ZHONGGUO SHANGYE YINHANG
CAOZUO FENGXIAN
SHUJU WENTI YANJIU

中国商业银行操作风险
数据问题研究

高丽君 ◎ 著

中国财经出版传媒集团

经济科学出版社
Economic Science Press

图书在版编目（CIP）数据

中国商业银行操作风险数据问题研究/高丽君著．
—北京：经济科学出版社，2020.8
ISBN 978 – 7 – 5218 – 1752 – 2

Ⅰ．①中… Ⅱ．①高… Ⅲ．①商业银行 – 风险管理 –
数据管理 – 研究 – 中国 Ⅳ．①F832.33

中国版本图书馆 CIP 数据核字（2020）第 135489 号

责任编辑：周国强
责任校对：王肖楠
责任印制：邱 天

中国商业银行操作风险数据问题研究

高丽君 著

经济科学出版社出版、发行 新华书店经销
社址：北京市海淀区阜成路甲 28 号 邮编：100142
总编部电话：010 – 88191217 发行部电话：010 – 88191522
网址：www. esp. com. cn
电子邮箱：esp@ esp. com. cn
天猫网店：经济科学出版社旗舰店
网址：http://jjkxcbs. tmall. com
固安华明印业有限公司印装
710 × 1000 16 开 14 印张 2 插页 240000 字
2020 年 8 月第 1 版 2020 年 8 月第 1 次印刷
ISBN 978 – 7 – 5218 – 1752 – 2 定价：72.00 元

前　言

自 21 世纪以来，操作风险已成为银行业的重要风险之一。新巴塞尔协议把操作风险纳入风险管理框架，要求金融机构为操作风险配置相应的资本金以增强银行稳定性。然而与信用风险和市场风险相比，操作风险的研究与管理发展相对缓慢。虽然新巴塞尔协议允许并鼓励银行采用适合自己的计量法度量操作风险，但是并没有给出具体的方法。就中国银行业而言，"中国商业银行的操作风险究竟有多大？"这个基本问题，答案千差万别，公信力较低。仅在 2013 年，李建平等通过收集外部数据，假设外部数据可靠，采用多种方法系统地回答了这个问题。究其原因，数据问题是制约其发展的重要原因。

本书围绕"中国商业银行的操作风险数据问题"这一基本问题展开研究，从第二版巴塞尔协议（Basel Ⅱ）及第三版巴塞尔协议（Basel Ⅲ）对操作风险管理的要求、从中国银行业操作风险的内涵和特点入手，对比国际状况及从中国商业银行操作风险现状，分析中国银行业操作风险数据现状，并根据操作风险损失的厚尾性，分析内部数据的缺失性，采用外部数据、情景数据和管理数据进行补充的必要性，分析了外部数据的内生偏差及偏差调整思路；在损失分布法大框架下，概述了常用的度量模型，采用贝叶斯推断极值理论、混合极值模型解决尾部数据不足及阈值确定主观性等问题；在尺度模型框架下，采用多种思路探讨外部数据操作风险的调整思路：分解公共、独特部分影响因子调整外部数据，幂率算法调整外部数据，同质性分析调整外部数据，并采用多种方法确定操作风险影响思路，以此作为内部数据不足情况下外部数据调整思路。

本书的主要内容有：第一，操作风险的研究背景、基础知识和特点。本书从操作风险的定义和所包含的内容来介绍操作风险，操作风险的特点决定了其度量和管理的难度。第二，在操作风险内部数据不足的情况下，考虑内部数据的补充。外部数据具有内生偏差，情景数据、管理数据具有主观性。外部数据需要调整才能与内部数据合并。外部数据的调整方法，基本思路是分析内、外部数据的分布及相关关系，计算调整系数。调整系数可采用多种方法度量，如幂率法，公共部分和独特部分计算异质性等。第三，针对外部数据是否能体现总体特征问题，计算"最小外部数据收集量"，来说明多少外部数据（总是小样本的）能体现总体特征。第四，针对操作风险极端值稀少、极值方法阈值对结果影响大等情况，采用贝叶斯推断方法，分别用有先验信息的、无先验信息的、无共轭先验分布的厚尾分布结合损失频率先后验分布度量操作风险。第五，针对操作风险数据不足，采用因子模型分析操作风险指标因素，得出宏观经济因素等对操作风险影响较大。

本书的主要内容源自笔者主持的国家自然科学基金项目"外部数据下中国商业银行操作风险度量模型验证研究"（71301087），没有国家自然科学基金的支持，就没有本书的这些成果，在此表示衷心的感谢。

笔者于 2005 年开始着手研究操作风险度量问题。一直以来，笔者的博士生导师徐伟宣先生，以及陈建明研究员、李建平研究员、朱晓谦博士、孟繁军博士、孙晓蕾博士均给予了笔者很多指导和帮助，中国科学院数学与系统科学研究院杨晓光研究员给予了笔者最初研究的 71 个样本资料，奠定了笔者研究基础，中国银保监会罗猛先生、银行界人士丰吉闯先生提供了业界实践方面的信息，上海商学院高翔博士与笔者合作设计数据收集标准及数据互换合作，在此表示衷心的感谢！

特别感谢引用文献的所有作者，向国内外学术同行以及业内人士致以深深的敬意。没有他们所展现出来的智慧，本书的写作将无法完成。另外，尽管笔者始终注意参考文献的列举和标注，但难免有所遗漏，在此向那些可能被遗漏的文献作者表示歉意，并恳请他们与笔者联系，以便将来有机会弥补。感谢经济科学出版社周国强先生，正是由于他的帮助及鼓励，本书才得以出版。

实现从定性分析到定量测度是困难的，虽然笔者力图对银行操作风险的数据问题提出解决方案，但限于知识和学术水平，本书难免存在不足之处，恳请读者批评、指正，笔者将不胜感激。

希望本书能够帮助人们进一步科学地认识银行操作风险的数据难题，拓展大家对操作风险外部数据度量的认识，以更好地对操作风险进行度量及管理，为中国商业银行的风险管理略尽绵薄之力。

本书适合银行监管领域的政府公务人员、银行管理人员、高等院校师生、科研人员及相关工作者阅读。

高丽君

2019 年于济南

目　　录

第 1 章

操作风险的研究背景

1.1　操作风险研究的意义

自从金融业务诞生以来，商业银行就一直作为实现金融资源合理配置的最重要机构而得以存在和发展。商业银行的经营管理过程十分复杂，伴随着各种各样的风险。通常，银行机构面临的风险主要有信用风险、市场风险、操作风险和流动性风险等。

在近20余年中，为了迎合投资者日益高涨的投资热情，全球金融业表现出一些显著的发展趋势。全球金融系统的显著特征就是全球化与放松管制、加速技术革新与信息网络的革命性发展，以及金融服务范围的扩大和金融产品的增加。最近发展与优化的金融产品（如衍生产品和证券产品）能为金融机构应对市场风险和信用风险提供更好的保护。除此之外，对金融机构来说，先前不存在或不重要的风险因素已经成为复杂风险构成中很大的一部分。但长期以来，金融界对信用风险和市场风险管理及研究给予了极大的关注，而对操作风险的重要性认识不足。毫不夸张地说,操作风险是其中最为显著的,也是最近十几年来风险管理者、监管者和学者们讨论最多的议题,2008年1月,法国第二大银行法国兴业银行披露,由于旗下一名交易员杰洛米·科维尔(Jerome Kerviel)利用该银行信息系统的漏洞越权购买了大量欧洲股指期货,造成49亿欧元的巨额亏空,这一金额创下了世界银行业历史上因交易员违规操作而导致银行单笔损失的最高纪录。近年来,操作风险事件发生的次数逐年攀升,造成的损害程度也急剧增大(见表1-1)。美国联邦储备体系执行委员会原副主席罗杰·弗格森(Roger Ferguson)认为:"在一个日益受科技驱动的银行体系中,操作风险已经占据风险中更大的份额。坦白地说,在一些银行,它们很可能是支配性的风险。"①

表1-1 　　　　　　　　2004～2011年全球商业银行操作风险损失数据概况

项目	2004 年	2005 年	2006 年	2007 年	2008 年	2009 年	2010 年	2011 年
损失事件总数(件)	16113	18226	23249	26808	39478	33966	37731	36528
平均损失(欧元)	343263	284100	260129	359004	326631	367431	406506	687430
总损失/总收入(%)	1.73	1.34	1.18	1.72	2.14	1.57	1.84	2.84

资料来源:根据2010年和2012年 Operational Riskdata eXchange(ORX)操作风险损失报告整理。

20世纪90年代以来,以巴林银行、法国兴业银行和大和银行为代表的巨额损失事件的一再发生,使得银行监管当局和经营者普遍认识到操作风险管理的重要性。由于内外环境的剧烈变化,操作风险管理日益成为商业银行管理的重要内容。

来自金融市场的情况表明,大额现金流的波动与其说是由与市场风险或信用风险相关的因素导致的,还不如说更可能是由机构或银行的操作实践引起的。对冲基金将近50%的损失事件是由于操作风险引起的。国际银行业在进行大刀阔斧的改革时都将操作风险摆在突出位置。对操作风险、市场风险以及信用风险的资本分配,国际学术界对究竟应将多少比例分配在操作风险上意见有所分歧,如15%、20%、35%,按照国际清算银行(BIS)的观点,

---

① 引自2003年美国国会参议院银行、住房和城市事务委员会听证会第108次关于新巴塞尔协议提议的会议。

经济资本被分配在操作风险上的比例为 15% ~ 25%。大型跨国银行通常会将
20 亿 ~ 70 亿美元分配用于操作风险领域。可见，操作风险已经成为银行业一
个重要的风险源（Alexander，2003；Chernobai et al.，2007；Muzzy，2003；
Mark，2007；Davis，2006）。管理操作风险的任务已经从应对一个小问题演
变成关系到金融机构存亡的关键所在，加强操作风险的管理对于提升银行的
风险管理能力和竞争力都很有必要且迫在眉睫。

1.2 银行监管、新巴塞尔协议与操作风险

1.2.1 巴塞尔银行监管委员会的监管

银行监管机构进行资本监管所发挥的主要作用就是作为一个缓冲器，以
防止因各种风险所导致的损失。当然，它也可以被看作一种用于自我保险的
工具。事实上，在经济资本和监管资本这两种风险资本之间必须有一个清楚
的界定。"经济资本"通常被定义为一家银行中资本市场力大小的风险指示。
"监管资本"则是必须对银行的金融风险暴露提供足够保护的资本的数量。
事实上，一年中的"最小监管资本"据计算是所报告年度里风险权重资产的
10.5% ~ 11.5%。

巴塞尔银行监管委员会（Basel Committee on Banking Supervision，BCBS，
简称"巴塞尔委员会"）是金融风险控制系统中的关键角色，为来自全世界
的金融机构制定风险管理规则。巴塞尔委员会在制定银行风险评估体系和管
理指南中起着主导性作用。巴塞尔协议是最具有国际影响力的金融监管原则，
探讨巴塞尔协议演变的基本轨迹，考察推动这些演变的基本力量以及这些演
变所体现的银行业金融监管的基本思路和原则，有助于分析全球金融风险监
管框架的演变趋势。

1999 年 6 月，巴塞尔委员会提出了新巴塞尔协议，这一提案分别在 2001
年 1 月及 2003 年 4 月得到了进一步修订。经过一系列的定量影响测算后，委
员会初步检验了协议的适用性，并对协议要求的资本金数量有了一定的认识。
2004 年 6 月，最终条款得到了所有参与成员的同意。2005 年 11 月，提案得

到了进一步的修订，并在进行了新一轮的定量影响测定后，于 2006 年开始实施。2011 年 6 月 1 日，在第二版巴塞尔协议补充性文件（Basel 2.5）及较早的 2010 年 10 月的第三版巴塞尔协议（草案）的基础上，第三版巴塞尔协议正式出台，《巴塞尔协议》又有了新的突破。[①]

新巴塞尔协议的适用范围主要是银行集团母公司的控股公司、国际上比较活跃的银行及其包括证券公司在内的附属机构。新巴塞尔协议组织使用了互相加强的三支柱结构来应对三种风险：信用风险、市场风险和操作风险。这三大支柱分别为：第一支柱，最低风险资本要求。第二支柱，对机构资本的充足性和内部评估方法的监督检查。第三支柱，通过公开披露多种金融指标和风险指标来进行市场制约。

2009 年 3 月，中国正式加入巴塞尔委员会，这标志着我国将全面参与银行监管国际标准的制定，也意味着提升银行业风险管理能力的课题已被提上议事日程。

第二版巴塞尔协议的第一支柱中明确要求银行为操作风险计提风险资本以抵御操作风险造成的损失，这是新巴塞尔协议的一大创新。在第二版巴塞尔协议中，操作风险归由监管资本进行管理。这种监管资本（由每个银行分别进行估算）被用来反映每家银行自身所面临的操作风险。该协议定义并设置了如何对操作风险资本进行评估的详细说明，并提出了几条供银行参考的对操作资本要求进行评估的建议，还概括了必要的管理及信息披露要求。

在巴塞尔委员会的构想中，第一支柱（资本要求）是三大支柱中组成相互强化的整体的有机组成部分；第二支柱（监管）用以确保每个机构都建立了操作风险管理框架并且可以充分审计和监管操作风险流程；第三支柱（公开披露）是希望通过披露操作风险管理方法与风险暴露为操作风险管理增强市场力度。

第一支柱：操作风险的最低风险资本要求。在第一支柱中，操作风险的监管资本要求由银行单独进行估算。新巴塞尔协议要求银行提供高于最低要求额的资本，即所谓的最低资本。该监管资本由 3 种类型组成：等级Ⅰ、等级Ⅱ和等级Ⅲ。

等级Ⅰ，包括上交的股票资本/普通股和公布的准备金；等级Ⅱ，包括未

---

① 资料来源：http：//www.bis.org，笔者整理归纳。

公开的公积金、资产重估准备金、一般准备金/一般贷款损失准备金、混合（债务/权益）资本工具和长期次级债；等级Ⅲ，如果适用，则包括短期次级债。等级Ⅱ资本总量的最大值被限定为等级Ⅰ资本总量的100%。等级Ⅲ的资本仅仅适用于市场风险资本化的目的。

第二支柱：监管评估过程，为银行的主要风险管理提供了指引——识别、评估、检测和控制。它的框架建立在四个基本原则之上，即银行应该有评估风险（资本充足率）的体制；监管者应该评估银行的内部资本充足率，如果对结果不满意，应采取适当的监管行动；监管者应要求银行保持在最低监管资本充足率之上，并在早期进行干预，以防止资本金降到最低资本金之下；如果资本遭受损失，监管当局应及时采取补救措施。该支柱为监管当局所要求的操作风险推荐了管理框架，包括通过董事会和高级管理人员建立适宜的风险管理环境、组织之间的信息流及风险管理技术，还考虑了监管者与信息披露。

2010年12月10日，巴塞尔委员会（BCBS，2010）在总结近年来操作风险管理和监管实践经验的基础上发布了《操作风险管理和监管的良好做法》，该文件从建立评估机制、确定监管评估的范围及监管措施的制定三个方面明确了监管机构对操作风险的监管职责，指出银行应建立三道防线应对操作风险：业务条线管理、独立的法人操作风险管理部门，及独立的评估与审查，并提出了银行操作风险管理的11条原则。其中，原则1至原则2从基本原则的角度阐述了董事会的作用和操作风险框架的建立及维持的一系列要素；原则3至原则5从公司治理的角度阐述了董事会和高层管理者对操作风险管理框架、架构的责任和要求；原则6至原则10从风险管理环境的角度阐述了高层管理者对操作风险识别、评估、监测的任务、程序、机制的任务和要求，对银行操作风险管理体系和方案的要求；原则11从信息披露的作用角度阐述对银行公开信息披露的要求。①

第三支柱：市场约束。市场约束旨在通过市场力量来约束银行，其运作机制主要是依靠利益相关者（包括银行股东、存款人、债权人等）的利益驱动。出于对自身利益的关注，利益相关者会在不同程度上和不同方面关心其利益所在银行的经营状况，特别是风险状况，为了维护自身利益免受损失，在必要时采取措施来约束银行。市场约束的核心是信息披露。市场约束的有

---

① 资料来源：http://www.bis.org 及 http://www.cbrc.org.cn。

效性，直接取决于信息披露制度的健全程度。只有建立健全的银行业信息披露制度，各市场参与者才可能估计银行的风险管理状况和清偿能力。市场纪律具有强化资本监管、提高金融体系安全性和稳定性的潜在作用，并在应用范围、资本构成、风险披露的评估和管理过程，以及资本充足率等四个方面提出了定性和定量的信息披露要求。信息披露的原则：清晰性、全面性、意义/有用性、随时间的一致性和可比性。对于一般银行，要求每半年进行一次信息披露；而对那些在金融市场上活跃的大型银行，要求它们每季度进行一次信息披露。市场约束是对第一支柱、第二支柱的补充。

巴塞尔委员会于 2014 年 9 月 30 日发布了内部财务报告，对 2014 年在第三版巴塞尔协议核心参数框架下的操作风险进行了估算，[①] 在 99.9% 置信度下，其结果如表 1-2 所示。

表 1-2　　　　　　第三版巴塞尔协议框架下操作风险估算　　　单位：百万欧元

项目	2014 年 9 月 30 日			2014 年 3 月 31 日		
SDR（特别提款权）	VaR	加权风险资产（A）	最小资本需求（B）	VaR	加权风险资产（A）	最小资本需求（B）
操作风险	826.4	10329.5	826.4	812.3	10154.1	812.3

注：$A = B/8\%$。

监管部门要求为操作风险计提风险资本有三个理由：首先，银行所处的业务环境变得越来越复杂，人为失误以及计算机故障会给银行带来巨大损失；其次，监管机构希望银行投入更多的精力改善自己的内部系统以避免类似巴林银行那样的灾难；最后，新巴塞尔协议减少了信用风险的资本金，降低了风险资本的整体水平，而增加了操作风险计提风险资本从而使得银行总体的风险资本水平与过去的水平保持一致（Hull，2010）。

2016 年 6 月 3 日，巴塞尔委员会发布了操作风险标准法的咨询文件，详细介绍了具体做法，并于 2017 年 12 月，确定了第三版巴塞尔协议最终标准中关于操作风险资本的新标准化方法（standard approach，SA）（BCBS，2017）。新标准化方法减少了风险加权资产的过度变动，提高信用风险和操作风险标

① 资料来源：http://www.bis.org。

准化方法的稳健性和风险敏感性，从而促进银行资本比率的可比性，限制内部模拟方法的使用，以最终确定的杠杆比率和经修订的稳健资本下限作为风险加权资本比率的补充。

2018 年 6 月 21 日，巴塞尔委员会发布了《关于银行实施有效风险数据汇总和报告原则》的最新进展报告（BCBS，2018）。报告指出，2017 年，大多数全球系统重要性工作组在实施"原则"方面充其量只取得了微小进展。全球系统重组机构发现遵守"原则"具有挑战性，主要是因为信息技术改进项目的复杂性和相互依赖性。因此，许多银行的预期遵守日期已经推迟。由此可知数据汇总和报告问题对风险管理的重要性及其难度。

2019 年 4 月 9 日，巴塞尔委员会提供了其全球银行监管标准的综合框架。综合框架旨在改善巴塞尔委员会标准的可获得性，并促进全球一致的解释和执行。委员会鼓励成员尽快在 2022 年 1 月 1 日前落实最终规定（BCBS，2019）。其中关于操作风险的内容修订了两点：第一，根据第三版巴塞尔协议（2017 年 12 月）的操作风险监管部分第 19（a）段，银行必须使用在 10 年期间观察到的损失数据。"当银行首次采用标准化方法时，如果无法获得超过 5 年的优质数据，则可以在特殊情况下接受 5 年的观察期。"然而，协议之前并未明确规定如果银行拥有 5～10 年的高质量数据，该如何适用这些条款。因此，巴塞尔委员会明确建议在第三版巴塞尔协议 2022 年标准中规定操作风险第 25 部分 15 条（OPE 25.15），如果可获得的良好质量数据少于 10 年，"必须包括 5 年以后可获得的所有年份的良好质量数据"。在 2022 年标准中列入与并购相关的损失和业务指标，及有关修订澄清（OPE 25.34），在标准方法计算中，"应包括被收购业务/合并实体的损失及业务指标数据"。杨凯生等（2018）指出，由于当地监管机构可选择内部损失乘数的设定，第三版巴塞尔协议最终标准改变了操作风险资本计算方法，增加了风险敏感性，但其对银行资本的影响并不确定。

从 2018 年、2019 年巴塞尔委员会发布的信息可以看出，多数银行在实施有效风险数据汇总和报告方面进展微小，委员会日益重视数据和报告问题，数据问题已成为影响操作风险管理的重点和难点。

1.2.2 中国银行业的操作风险监管

在操作风险管理方面，2005 年 2 月 18 日，中国银行业监督管理委员会

（以下简称"中国银监会"，现合并为中国银行保险监督管理委员会）主席刘明康在股份制商业银行座谈会上提出了防范操作风险的 13 条要求，之后，中国银监会下发了《关于加大防范操作风险工作力度的通知》。其中，第 1~5 条主要是对银行机构的要求，具体内容涉及操作风险的规章制度建设、稽核建设、基层行的合规性监督、订立职责制、行务管理公开制度等方面；第 6~8 条主要是对人员的要求，具体涉及人员轮岗轮调、重要岗位人员的行为失范监察制度和举报人员的激励机制等；第 9~13 条主要是关于银行账户管理的要求，具体涉及对账制度、未达账项管理、印押证管理、账外经营监控、改进科技信息系统等。

2007 年 5 月 14 日，中国银监会发布了《商业银行操作风险管理指引》，阐述了制定该指引的目的、适用范围以及操作风险的概念，强调商业银行应从组织架构建设来明确职责，通过制定完善的操作风险管理制度、方法和程序来管理风险，通过适当计提操作风险所需资本来抵御风险，应建立与各商业银行自身业务性质、规模和复杂程度相适应的操作风险管理体系。在操作风险监管方面，主要强调商业银行应建立操作风险事件的报告制度，中国银监会要加强对操作风险的监管力度。

2008 年 9 月 18 日，中国银监会发布了《商业银行操作风险监管资本计量指引》，内容含 5 章、26 条和 4 个附件。将操作风险纳入最低资本要求是新巴塞尔协议的重要内容之一。该指引允许商业银行采用标准法、替代标准法计量操作风险监管资本要求，明确了商业银行业务线划分、收入归集和分配原则及方法，以增强可操作性；规定了商业银行采用标准法应达到的定性要求，包括操作风险管理组织框架、操作风险管理信息系统、操作风险报告等，以推动商业银行提升操作风险管理能力。为鼓励商业银行提高操作风险计量能力，该指引允许商业银行采用高级计量法计算操作风险监管资本要求，规定了采用高级计量法的原则性要求和稳健性标准，明确了操作风险损失事件和数据收集的原则。

2009 年 12 月 24 日，中国银监会发布的《商业银行资本计量高级方法验证指引》指出，商业银行使用高级计量法计算操作风险监管资本，应根据该指引以及中国银监会关于《商业银行操作风险监管资本计量指引》和《商业银行操作风险管理指引》的相关要求，对操作风险高级计量模型及支持体系进行验证，证明高级计量模型能充分反映低频率高损失事件风险，能审慎计量操作风险的监管资本。该指引从总体要求、验证程序、对高级计量体系政策和流程的验证、对高级计量法数据的验证，及对高级计量体系的模型验证五个方面对操作风险高级计量体系验证做出了具体的要求。2014 年 4 月 25 日，中国银监会核准了中国工商银行、中国农业银行、中国银行、中国交通银行、中国建设银行及招商银行六家银行实施资本管理高级方法，但这里的高级方法只是针对信用风险和市场风险而言。2012 年颁布的《商业银行资本管理办法（试行）》规定，我国银行业的目标是到 2018 年全部采纳操作风险的非高级计量法（non-AMA）。商业银行采用高级计量法（AMA），可根据业务性质、规模和产品复杂程度及风险管理水平选择操作风险计量模型，这赋予了商业银行在开发操作风险计量和管理方法上很大的灵活性。巴曙松（2017）认为高级计量法相比其他方法资本金配置较低，商业银行有动力开发适合自身的高级计量法。

大额风险暴露监管是审慎监管框架的重要组成部分。2014 年 4 月，巴塞尔委员会发布了《计量和控制大额风险暴露的监管框架》，在全球范围内对商业银行大额风险暴露提出了统一监管要求。2018 年 4 月 24 日，中国银保监会发布《大额风险暴露管理办法》，要求商业银行自 2018 年 7 月 1 日起实施，商业银行应于 2018 年 12 月 31 日前达到该办法规定的大额风险暴露监管要求。该规则进一步具体规定了银行未能在 2018 年 12 月 31 日实施日期之前履行义务的后果，对于 2018 年底同业客户风险暴露未达到该办法规定的监管要求的商业银行，设置 3 年过渡期，相关商业银行应于 2021 年底前达标。

2019 年 11 月 7 日，巴塞尔委员会公布了中国的监管一致性评估方案评估结果，首先是大额风险暴露框架的实施状况。表 1-3 为中国银行业监管一致性评估结果，等级均为合规。总体而言，截至 2019 年 7 月 31 日，中国的大额风险暴露监管框架法规被评估为符合巴塞尔法规标准，为最高等级。

表 1-3　　　　中国监管一致性方案评估结果

Basel LEX（大额风险暴露）框架组成部分	等级
总等级	C
定义及范畴	C
最低要求及过渡安排	C
曝光值	C

注：评估量表等级：C（合规）等级、LC（大规模合规）等级、MNC（实质上不合规）等级、NC（不合规）等级。

1.3 本 章 小 结

本章从银行监管的角度论述了操作风险研究的意义。从全球银行业监管的角度，分析了巴塞尔委员会新资本协议对操作风险的要求和进展，进一步突出了数据问题和报告问题的重要性。从中国银行业监管的角度，从规章制度建设、管理指引、监管资本计量、监管一致性评估等方面论述中国银行业操作风险监管要求和进展，从侧面体现出中国银行业操作风险管理的发展与国际先进银行的差别。

第2章

操作风险概述

2.1　操作风险的定义

对操作风险的界定是对操作风险度量、管理的前提，是操作风险最基础的内容。相比信用风险和市场风险，国际上有关商业银行操作风险的研究文献相对较少，甚至至今都没有一个令绝大多数人满意的对操作风险的界定。不同的定义和理解，造成对操作风险的涵盖范围的不同，这对度量操作风险产生了重要的影响。

对风险的定义，长期以来主要有两派观点：一派观点认为风险应定义为不利的变动；另一派认为既包括不利变动，又包括有利变动，即双向变动观点。本研究这里认为操作风险是"潜在损失发生的可能性"（Marc et al., 2002；Aue et al., 2007；Berliant et al., 2001），即不利变动观点。

2.1.1　早期操作风险的定义

传统上，西方国家的银行大多数是沿用对信

用风险和市场风险的认定方法和管理模式，在对风险进一步细分的基础上，来对操作风险进行定义的。细分的操作风险种类一般有控制性风险、流程风险、名誉风险、人力资源风险、法律风险、收购风险、营销风险、系统失效、技术老化、税收变更、监管变更、营运能力、项目风险、安全性风险、供应商管理风险、自然灾害风险、人为灾害风险等。

根据对操作风险细分类别的不同组合，马克·洛尔等（2002）对操作风险的细分式定义进行总结后划分为以下三种观点：

第一，广义定义。将市场风险和信用风险以外的所有风险均视为操作风险，外延非常广泛，包括了以上所有类别。广义定义是一种间接法定义，其优点在于涵盖了所有除市场和信用风险以外的剩余风险，但同时也使对操作风险的管理和计量变得更加困难。

第二，狭义定义。操作风险只定位在后台管理部门，认为只有与银行运营部门相关的风险才是操作风险。狭义定义采用的是直接法，在银行实践中，其优点在于将每个后台部门的管理重点集中到它们所面临的主要风险上；缺点是没有将分类以外的细分风险纳入管理，进而可能遭受一些不可预见的损失。包括控制性风险、流程风险、人力资源风险、系统失效和安全性风险。

第三，搁置法定义。首先对可控制的事件和由于外部实体（如监管机构、竞争对手）的影响而难以控制的事件进行了区分，在此基础上将可控制事件的风险定义为操作风险。对应另一类的风险也就是一些研究机构所称的"战略性风险"，因不可控而在进行操作风险定义时予以搁置，包括名誉风险、收购风险、营销风险、技术老化、税收变更、监管变更、营运能力、项目风险、安全性风险、供应商管理风险等。

随着时间的推进，业界和学者认同度较高的定义基本偏向于将操作风险定义为源于流程、系统、人员或外部事件的直接风险或间接风险。这种定义方法避免了将经营风险混在其中，但却将外部事件如政治因素、监管因素、自然灾害、交易对手风险等涵盖了进来。

1993年全球衍生产品研究小组曾经把操作风险定义为：由于控制和系统的不完善、人为的错误或管理不当导致的损失的风险。它从人员、系统和流程三个方面对操作风险进行了界定，并把管理作为防止操作风险的决定性因素。

操作风险论坛从操作风险管理的实务出发,形成了操作风险狭义定义和广义定义两种观点。并最终达成了对操作风险的一个结论性定义:操作风险是指由于客户、设计不当的控制体系、控制系统失灵及不可控事件导致的各类风险。

摩根大通对操作风险的定义是:操作风险是各公司业务和支持活动中内生的一种风险因素,这类风险表现为各种形式的错误、中断或停滞,可能导致财务损失或给公司带来其他方面的损害。

世界银行在 1999 年将操作风险定义为:由于内部行为或外部事件引起的信息、交流、安全设置、业务连续性、监管、交易程序、清算系统和程序,以及执行法律、信托、代理指令出现故障,造成损失的风险。

2.1.2 有代表性的定义

目前较有代表性的定义有英国银行家协会的定义、巴赛尔委员会的定义以及全球风险专业人员协会的定义等。

(1)英国银行家协会(British Bankers' Association,BBA)的定义:由于内部程序、人员、系统的不完善和失误,或外部事件造成直接损失或间接损失的风险。

(2)巴塞尔委员会的定义:由于不完善或有问题的内部操作过程、人员、系统或外部事件而导致的损失的风险,这一定义包含法律风险,但不包含策略性风险和声誉风险。该定义从操作风险损失发生的原因出发,限定了哪些类型造成的损失是由于操作风险造成的。

这个定义有以下几个特点:第一,关注内部操作,内部操作常常就是银行及其员工的作为或不作为,银行能够也应该对其施加影响;第二,重视概念中的过程导向;第三,人员和人员失误起着决定性作用,但人员失误不包括出于个人利益和知识不足的失误;第四,外部事件是指自然、政治或军事事件,技术设施的缺陷,以及法律、税收和监管方面的变化;第五,内部控制系统具有重要的作用。

(3)全球风险专业人员协会的定义:组织对政治、税收、监管、政府、社会、竞争等环境做出反应时选择不当战略的风险以及在实现特定战略时由人、过程和技术等因素而导致的损失。其将风险归类为控制性风险、技术风险、流程风险、名誉风险、人力资源风险、法律风险、收购风险、营销风险、税收改变风险、监管变更风险、运营能力风险、安全性风险、项目风险、供应商风险、自然灾害风险、人为灾害风险 16 类。该定义是从企业角度定义的操作风险，不局限于银行，对其他组织也适用。

不同的定义和理解，造成对操作风险的涵盖范围的不同，这对度量操作风险产生重要的影响。巴赛尔委员会的定义主要从监管目标出发，其涵盖的内容并没有覆盖银行所有的操作风险；全球风险专业人员协会在对很多类型企业（包括银行）的操作风险进行总结分析的基础上，界定了操作风险的内容，但其覆盖面广，并非所有的内容都适合商业银行；英国银行家协会对操作风险的界定是从商业银行对操作风险进行管理的角度出发，显得更为详细且分类清晰，但由于经济、政治和社会环境的不同，特别是业务范围的不同，直接套用到我国银行业并不合适，一个明显的例子是：英国银行实行混业经营，而我国实行分业经营。

2.1.3　中国的操作风险的定义

尽管各种定义各有特点及优缺点，鉴于巴塞尔委员会在银行监管方面的权威地位，巴塞尔委员会对操作风险的定义基本得到了业界及学者的认同。2007 年 5 月 14 日，中国银监会发布的《商业银行操作风险监管资本计量指引》遵循新巴塞尔协议中关于操作风险的定义，将操作风险定义为：由不完善或有问题的内部程序、员工、信息科技系统，以及外部事件造成损失的风险。该定义所指操作风险包括法律风险，不包括策略风险和声誉风险。

2.2　操作风险的分类

对操作风险进行分类有助于增强对操作风险内涵的理解。操作风险分类是根据研究和管理需要，对操作风险按照既定标准进行的分类。鉴于操作风险的复杂性，可以从损失原因、损失影响、对损失的预期程度、事件类型、业务线、损失的严重程度和频度的高低等若干角度讨论操作风险的分类问题。

2.2.1 按照损失原因分类

新巴塞尔协议对操作风险的定义是从操作风险损失发生的原因来限定损失原因的，因此，根据操作风险损失的原因来源于银行内部还是外部，可以将其分类为由内部原因造成的损失和由外部原因造成的损失。

操作损失可能由于内部原因造成，也可能由外部原因引起。大多数内部原因引起的损失是由人员、流程和技术的不完善或者技术失败等导致的。人员因素主要是指操作失误、违法行为（员工内部欺诈/内外勾结）、越权行为、违反用工条例、关键人员流失等；流程因素主要指流程设计不合理、流程执行不严格等；系统因素指系统失灵、系统漏洞、数据信息安全、计算机故障和通信问题造成的交易延误等。外部原因包括人为事件，诸如外部欺诈、盗窃、受计算机黑客攻击、恐怖袭击以及由诸如台风、地震、洪水和火灾等造成实物资产毁坏的自然灾害。

许多内部操作失误能通过适当的内部管理措施进行预防。例如，紧抓对员工的控制与管理能预防一些雇员的失误和内部舞弊，改善电信网络则能帮助预防一些技术上的失误。外部损失是较难预防的，然而可以通过一些保险或其他对冲方式如套期保值策略来减少或者消除由外部原因造成的损失。

2.2.2 按照损失影响分类

按损失的影响，可分为直接损失和间接损失。

直接损失是指直接源于相关事故的损失。例如，由于汇率发生反向变动，一个能力缺乏的货币交易员将给银行带来损失。新巴塞尔协议设立的指导原则认为，银行监管资本所使用的估计方法往往只基于直接损失进行估计。表 2-1 列示了新巴塞尔协议中直接操作损失的分类和定义。

表 2-1   **新巴塞尔协议中直接操作损失的类型和定义**

损失类型	内容
账面价值的减少	由盗窃、诈骗、未授权活动等引起的资产价值的直接减少，或作为操作事故结果的市场损失和信用损失
追索权的损失	对错误的各方进行支付或付款且未能回收
赔偿	通过赔偿的方式对客户本金和/或利息进行支付，或者支付客户以其他任何形式的补偿费用
法律责任	裁决、财产授予以及其他诉讼费用
规制与协调	税务处罚、罚金或其他任何惩罚的直接成本，如撤销营业执照等
资产的损失或破坏	由于意外事故，如疏忽、发生意外事故、火灾和地震等，导致包括执照在内的实物资产价值的直接减少

资料来源：www. bis. org。

间接损失一般是指机会成本以及处理操作风险问题的成本，如近失损失、潜在损失以及或有损失。

近失损失是指对那些可能发生但可以进行成功预防的事故的估计损失（Muermann & Oktem，2002）。内部数据应把近失损失包括在内：风险的定义不应该仅仅基于过去实际发生的历史事件，而应该是一个向前看的概念，应该包括能导致实质损失的实际的和潜在的事故。过去由于运气好或者有意识的管理行为而成功预防了的损失并不能保证在未来也能被成功地预防。近失损失意味着银行内部系统存在着缺陷，所以应在内部模型中予以说明。反过来看，有关近失损失能在损失发生之前阻止的能力也说明银行风险管理实践的有效性。

或有损失是指将来可能导致损失发生的或有事项，如为他人债务的担保等。或有损失发生或者引起资产减少，或者引起负债增加。

2.2.3 按照对损失预期的程度分类

按预期的程度，可分为预期损失和非预期损失、灾难损失。

第二版的巴塞尔协议提出首先用预期损失和非预期损失的总和来估计

资本要求，然后在银行有能力通过其内部业务活动来控制预期损失的情况下再扣除预期损失部分。国际清算银行进一步阐明了这一思想：

"要使对操作风险预期损失的估量达到让国家监管人员满意的程度，银行对预期损失的估量就必须与监管当局批准的用高级计量法得出的预期加非预期资本的要求相一致……操作风险预期损失允许的补偿必须是明确的资本替代物，或者其可以弥补一年期以上的、具有高度确定性的预期损失。当这种补偿不是准备金时，它的可用性就应该只限定于那些发生具有高度预测性的常规损失的业务部门和事故类型。既然非常规的操作风险损失不属于预期损失的范围，因此对任何已发生事件设置特殊准备金作为预期损失补偿都不合适。"

操作风险的范围，可分为预期损失，非预期损失和灾难性损失。预期损失一般是指那些程度不太严重（或数额比较小）、发生频率比较高的损失。能够预期到的损失一般是指那些呈一定规律发生的损失，如小额的雇员失误以及信用卡舞弊等。非预期损失是指那些一般不容易预见的损失，如恐怖袭击、自然灾害和大额内部舞弊等。灾难性损失是指超过非预期损失已估计上限的那部分损失，如 99.9% 的在险值。虽然它不要求资本保证金，但是必须将包含范围考虑在内。因此，灾难性损失经常被叫作重点损失。预期损失可以通过银行日常管理控制来预防，而非预期损失需要通过银行预提资本金来抵补。

2.2.4 按事件类型分类

在有关风险类型（或危险类型）、事件类型和损失类型如何相互区分的问题上，学者们对其颇有争议。当银行记录他们的操作损失数据时，通常会根据事件类型和损失类型来分别记录，正确地识别风险类型对其来说是至关重要的。

事实上，这三者的差别类似于原因与结果之间的关系：危险构成了增加事件发生概率的一个或多个因素；事件是直接导致一个或多个结果（如损失）的单一事故；损失构成事件导致金融损害的数额。因此，危险可能导致事件的发生，而事件是导致损失的原因，即事件是危险产生的结果而损失又是由事件引起的。

图 2 - 1 阐明了操作损失发生的机制。正确判断事件类型对正确地将某个损失类型归因于市场风险、信用风险还是操作风险来说是至关重要的。

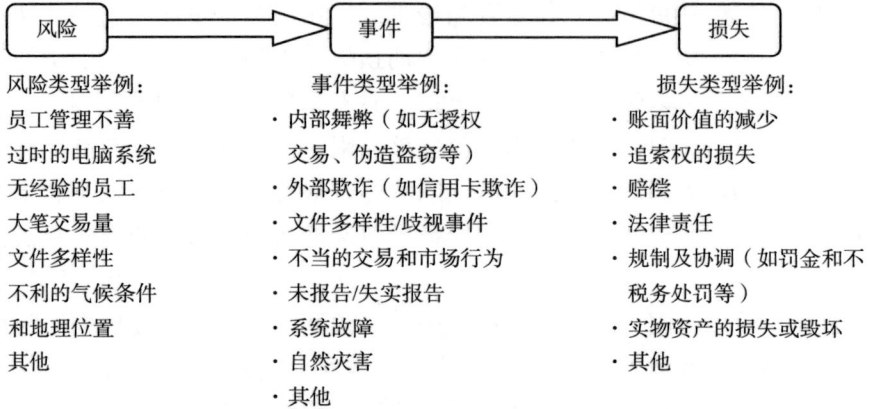

```
┌──────┐        ┌──────┐        ┌──────┐
│ 风险 │ ═════> │ 事件 │ ═════> │ 损失 │
└──────┘        └──────┘        └──────┘
```

风险类型举例：
· 员工管理不善
· 过时的电脑系统
· 无经验的员工
· 大笔交易量
· 文件多样性
· 不利的气候条件
  和地理位置
· 其他

事件类型举例：
· 内部舞弊（如无授权
  交易、伪造盗窃等）
· 外部欺诈（如信用卡欺诈）
· 文件多样性/歧视事件
· 不当的交易和市场行为
· 未报告/失实报告
· 系统故障
· 自然灾害
· 其他

损失类型举例：
· 账面价值的减少
· 追索权的损失
· 赔偿
· 法律责任
· 规制及协调（如罚金和不
  税务处罚等）
· 实物资产的损失或毁坏
· 其他

图 2 - 1　操作损失发生的机制

目前，国际上最常用的是按照事件类型进行分类，巴塞尔委员会将操作风险分为以下七类（BCBS，2006）：

（1）内部欺诈（internal fraud）：是指有机构内部人员参与的诈骗、盗用资产、违犯法律以及公司的规章制度的行为。例如，内部人员虚报头寸、内部人员偷盗、在职员的账户上进行内部交易等。

（2）外部欺诈（external fraud）：第三方的诈骗、盗用资产、违犯法律的行为。例如，抢劫、伪造、开具空头支票以及黑客行为对计算机系统的损坏。

（3）雇用合同以及工作场所安全性带来的风险事件（employ practices & workspace safety）：由于不履行合同或者不符合劳动健康、安全法规所引起的赔偿要求。例如，工人赔偿要求、违反雇员的健康安全规定、有组织的罢工以及各种应对顾客负有的责任。

（4）客户、产品以及商业行为引起的风险事件（client，products & business practices）：有意或无意造成的无法满足某一顾客的特定需求，或者是由于产品的性质、设计问题造成的失误。例如，受托人违约、滥用客户的秘密信息、银行账户上的不正确的交易行为、洗钱、销售未授权产品等。

（5）有形资产的损失（damage to physical assets）：由于灾难性事件或其

他事件引起的有形资产的损坏或损失。例如，恐怖事件、地震、火灾、洪灾等。

（6）经营中断和系统出错（business disruption & system failure）：例如，软件或者硬件错误、通信问题以及设备老化。

（7）涉及执行、交割以及交易过程管理的风险事件（execution delivery & process management）：交易失败、过程管理出错，与合作伙伴、卖方的合作失败。例如，交易数据输入错误、间接的管理失误、不完备的法律文件、未经批准访问客户账户、合作伙伴的不当操作以及卖方纠纷等。

巴塞尔委员会对这七类操作风险细分至 3 级目录，详细地给出了判断是不是操作风险，以及是何种操作风险的依据，具体的 3 级目录可参李建平等（2013）的研究。

2.2.5　按照业务线分类

新巴塞尔协议按照损失事件发生的业务部门对损失事件进行分类，将商业银行的业务部门划分为八大类；同时，中国银监会发布的《商业银行操作风险监管资本计量指引》把不能归为这八类的操作风险归为第九类，即其他业务（中国银监会，2007）。

（1）公司财务（corporate finance）：包括合并与收购、股份承销、资产证券化、首次公开发行、政府债券和高收益债券等。

（2）交易与销售（trading & sales）：包括固定收益债券、股权、商品期货、信用产品、自有头寸证券、租赁与赎回、经纪、债务。

（3）零售银行业务（retail banking）：包括零售的存贷款业务、私人的存贷款业务、委托理财、投资建议。

（4）商业银行业务（commercial banking）：包括项目融资、房地产、出口融资、交易融资、代收账款、租赁、担保、贷款。

（5）支付与清算（payment & settlement）：包括支付、转账、清算。

（6）代理服务（agency services）：包括契约、存款收据、证券借贷、发行和支付代理。

（7）资产管理（asset management）：包括可自由支配的资金管理和不可自由支配的资金管理。

（8）零售经纪（retail brokerage）：是指零售的经纪执行以及其他服务。

（9）其他业务：无法归入以上 8 个业务线的业务种类。

巴塞尔委员会对前八类业务线细分至 3 级目录，详细地说明了具体业务的操作风险属于何种业务线，具体的 3 级目录可参李建平等（2013）的研究。

2.2.6 按照损失的严重程度和频度的高低分类

按照操作风险损失的严重性和发生的频率可以将操作风险损失事件分为四类，即低频/低危事件、低频/高危事件、高频/低危事件和高频/高危事件。

其中，低频/低危事件对银行几乎没有影响，可以不予考虑；而高频/高危事件基本上是不存在的，若存在这样的事件，银行已经倒闭。实际上，银行的操作风险事件主要有两类，即低频/高危事件和高频/低危事件。

高频/低危事件对银行产生的影响是有限的，主要是对预期损失起作用，一般来说是能够预防的。会对银行产生重大影响的是低频/高危事件，其主要对非预期损失起作用，因此银行防范和管理的重点是低频/高危事件，因为低频/高危的操作风险损失能造成巨大的破坏。银行必须特别注意这类事件，其会给机构带来严重的经济后果，甚至包括潜在的破产。事实上，仅仅几次这样的事件就可能导致破产或银行价值的明显下降。对银行来说，在其内部模型中能够捕获这些损失是至关重要的。在风险度量时准确地度量低频/高危事件也是度量操作风险的关键。

2.2.7 从根源进行分类

厉吉斌（2008）对操作风险从根源进行分类。从根源来看，按照操作风险是否涉及人的因素，可划分为两大类：一是与"人"有关的操作风险，称之为人致型操作风险。该类型的操作风险按照"人"的来源（是否为银行员工）可进一步划分为内部人致型和外部人致型操作风险，按人性根源（是有限理性还是机会主义）可划分为有限理性人致型操作风险和机会主义人致型操作风险。二是与"人"无关的操作风险，称之为冲击型操作风险，该类型操作风险又可进一步划分为技术冲击型和物理冲击型操作风险。

人致型操作风险是指由于银行内部员工或是外部人员由于人性问题对银

行业务操作、经营管理和产品服务等不良影响而导致的操作风险。该类操作风险主要源于人性，包括个人的有限理性和机会主义倾向。

有限理性人致型操作风险是个人在追求自身效用最大化的过程中，由于个人知识结构和业务能力上的不足或者信息不对称而产生的与集体理性目标相冲突的行为，以及与自身效用最大化目标不符的操作失误结果。这是由于非主观因素和无意失误造成的。

机会主义人致型操作风险是指由于个人的机会主义行为导致的操作风险。机会主义是指欺骗性地追求自利，包括（但不限于）说谎、欺骗、盗窃等比较明显的形式，以及工作懈怠、不完全的或扭曲的信息揭示、有目的的误导、掩盖、迷惑或混淆等比较隐蔽的形式。机会主义行为的结果主要可以分为两种类型：一是工作懈怠，表现为自行降低工作强度，对待工作不认真负责和违规操作；二是道德风险，是指通过利用法律法规和银行内部制度的漏洞甚至内外勾结来追求非法的个人效用而导致的风险，主要表现为欺诈和腐败行为。而根据机会主义行为结果的这两种类型，机会主义人致型操作风险又可分为懈怠型操作风险和道德型操作风险。

内部人致型操作风险是指由于银行内部员工的人性问题而导致的操作风险，包括无意失误和有意操作。前者如银行账户不正确交易行为、交易数据输入错误、产品设计问题造成的失误等，是银行内部员工由于能力有限、操作不当而造成的失误，属有限理性行为，不存在道德风险；后者则包括有意识的懈怠、利用职务便利泄露客户秘密、未经许可进入客户账户等违规操作和内部欺诈等行为，是故意作案行为，属道德风险。

外部人致型操作风险是指由于银行以外的人员人性问题而导致的操作风险，通常仅指外部人员发起的针对银行的欺诈行为而导致的操作风险。

技术冲击型操作风险。是指由于技术问题对银行的系统、流程、产品、服务和交易等产生不良影响而导致的操作风险，包括银行内部信息技术、网络系统、产品服务的缺陷，以及外部法律、税收和监管方面的变化对银行冲击而造成的风险。技术开发和产品设计可能存在技术、系统、产品等本身的复杂性、不稳定性和不完善性，容易产生错误和意外事故，导致银行损失。除了技术开发和产品设计本身固有的缺陷外，技术的安全性和稳定性也是相对的。随着技术的进步以及新技术的推陈出新，技术的不完善和不断改进是一个必然的现象，由此会产生一系列技术问题，进而引致操作风险。

从外部因素来看，法律、税收和监管等方面的变化也会对银行形成一定的冲击，表现为银行为此支付对价来消除这些方面的影响。支付的对价对银行来说就是一种操作风险损失。

将由于人员业务知识的局限产生的技术问题而导致的操作风险界定为技术冲击型操作风险，将由于道德风险的存在恶意产生的技术问题而导致的操作风险界定为人致型操作风险。

物理冲击型操作风险是指由于不可控制的外部因素的影响，对银行业务、实物资产或系统网络等形成冲击而导致的操作风险。这类风险来源于银行外部，包括自然、政治或军事事件等，例如战争、火灾、地震等外部不可抗力对银行工作人员安全的伤害，对营业与办公用房等有形资产的毁损、对银行业务系统及服务网络的冲击等而导致的银行损失。

2.3　操作风险的研究和管理的阶段

从全球范围来看，国际银行界及监管部门对操作风险的研究和管理也经历了一个从不认识到逐步深入研究的渐进过程。根据国际跨国银行对操作风险管理的研究达成的共识，认为对于操作风险的研究和管理可分为四个阶段：

第一阶段为识别阶段。此阶段的目标是要正确分辨和识别出银行所面临的主要操作风险，20世纪90年代国际金融界基本处于这一时期。90年代初期，国际上对于操作风险还没有统一定义，没有普遍认同的衡量方法，没有可以公开获取的数据库，没有成熟的技术和软件，也没有引起监管者足够的关注。直到90年代末期，尤其是1999年6月巴塞尔委员会颁布的"新资本协议框架"提出银行应对操作风险进行定量分析以后，操作风险才开始受到重视。

第二阶段为量化和追踪阶段。在此阶段表现为进一步关注和研究操作风险，能够运用简单的方法对操作风险进行初步量化，并且能够简单预测主要操作风险的发展趋势。从2000年起至今，国际银行界基本处于这一时期。例如，巴塞尔委员会在2001年发布的第二版巴塞尔协议框架的"第三支柱：市场约束"中就提出"银行应当披露更为详细的操作风险的信息"。21世纪初，美联储对美国大型银行的抽样调查发现，样本银行中的17%已经为操作风险建立了资本准备，有几家还公开披露了相关信息。

第三阶段为计量阶段。在此阶段银行应能对自身所面临的操作风险进行准确的计量，并能公开对外披露。第二版巴塞尔协议中提出操作风险资本量化的三种方法，即基本指标法（BIA）、标准法（SA）和高级计量法（AMA），其中 AMA 于 2007 年底实施，这标志着国际先进银行对操作风险的管理进入一个更高的阶段。

第四阶段为整合管理阶段。在此阶段银行应能结合自身所面临的操作风险，运用多种方法进行管理，以最大限度地降低操作风险所带来的损失。

从全球现状来看，目前大多数银行还处于第二、第三阶段。而中国的商业银行，多数处于第一、第二阶段。即中国的商业银行，目前多数处于风险识别及量化和追踪阶段。

2.4 商业银行操作风险的特点

操作风险的特点决定了操作风险度量及管理的难易程度，因此，把握操作风险的特点，不仅有助于把握操作风险的内涵，对操作风险的度量与管理也至关重要。相对于信用风险和市场风险，操作风险的内涵和外延更加丰富，这给商业银行把握其特点增加了难度。

2.4.1 商业银行操作风险的普遍特点

商业银行操作风险存在以下特点：

（1）内生性。由操作风险的定义可知，操作风险损失的原因是不完善或有问题的内部操作过程、人员、系统或外部事件。除自然灾害、恐怖袭击等外部事件引起的操作风险损失外，其风险因素很大比例上来源于银行的内部操作，例如，由内部操作过程、人员、系统导致的操作风险大多是在银行可控范围内的内生风险；而市场风险和信用风险则不同，它们更多是一种外生风险。操作风险内生性的特点说明，只要银行加强自身的管理和控制就可以控制甚至规避一定量的操作风险损失。

（2）多样性。操作风险的一个重要特点是范围的多样性。一方面，操作风险的潜在来源很多，如法律问题、技术问题、员工行为和外部事件等，而信用风险主要来源于客户和交易对手，市场风险则主要来源于市场上的各种价格波动；另一方面，操作风险是一个涉及面非常广的范畴，操作风险管理实际上覆盖了银行经营管理几乎所有方面的各种不同风险。涉及银行前台、中台、后台以及相关的支撑部门。有些操作风险与人的因素无关，与人的因素相关的操作风险中有些是失误，有些则是蓄意。因此，试图用一种方法来覆盖所有的操作风险几乎是不可能的。由于操作风险的原因、发生地点以及表现形式的多样性，很难决定操作风险的风险偏好。操作风险涵盖了银行内部很大范围的风险，使其成为一个难以界定的残值风险范畴，许多新风险不断归入其中。操作风险的多样性说明，由于涉及面非常广，银行依靠加强自身的管理和控制来规避操作风险损失具有较大的难度。

（3）二维性。操作风险损失既包括发生频率高，但可能造成的损失相对较低的日常业务流程上的小纰漏所造成的损失，又包括发生频率低，但一旦发生就会造成极大损失，甚至危及银行生存的自然灾害、大规模舞弊等事件造成的损失，因此操作风险损失具有二维性。因为这两种数据属于两种不同类型的损失，很难用同一种分布或者同一种过程进行拟合，所以操作风险损失的二维性给操作风险的度量带来了一定的困难。

（4）历史悠久性。作为一种古老的风险类型，自商业银行诞生伊始操作风险就伴随其左右。对于操作风险，尽管该概念的提出已有很长的历史，但人们对其的关注和研究在近 20 年才开始。1995 年巴林银行的倒闭为全球金融机构敲响了警钟，金融理论界和实务界开始研究影响日益重大的操作风险问题。目前，虽然大家都知道操作风险对银行的重要性，但在实际的风险管理过程中，依然未能像对待信用风险和市场风险那样置其于风险管理的中心和焦点，可见操作风险仍然没有引起足够的重视。

（5）厚尾性。操作风险与市场风险、信用风险相比，有着不同的损失分布特征。罗森博格等（Rosenberg et al.，2006）采用多方面的数据验证了信用风险、市场风险以及操作风险损失的分布情况。其中，市场风险损失分布具有对称性，但并不完全服从正态分布，学生 t - 分布能够较好地拟合市场风险损失分布；信用风险损失分布具有有偏性而且偏峰厚尾的特征；而操作风险损失分布情况比较特殊，厚尾现象更为严重，具体表现为在大多数情况下损失不大，但是在某些极端情况下损失巨大。

可以采用损失分布的二阶、三阶和四阶矩来区分这些风险分布的特征，二阶、三阶和四阶矩分别代表了标准差（方差）、偏度和峰度。表 2 - 2 对市场风险、信用风险和操作风险损失分布的特征进行了总结，结果表明，操作风险比信用风险和市场风险具有更大的偏度和峰度，即，在某些情况下，常见的损失分布无法较好地刻画操作风险。

表 2 - 2 不同风险分布的特征

风险类型	二阶矩（标准差）	三阶矩（偏度）	四阶矩（峰度）
市场风险	高	接近 0	低
信用风险	中	中	中
操作风险	低	高	高

（6）与收益的对应性。对于信用风险和市场风险来说，一般认为风险高则收益高、风险低则收益低，存在风险与收益的一一对应关系，因而是一种投资风险或具有投机性的风险。然而这种关系并不适用于操作风险，因为操作风险事件本身更多的是一种不连续的互相独立的事件，操作上引起的损失在大多数情况下与回报的产生没有必然的联系，可以说是一种纯粹的风险。很多学者认为操作风险的一个重要特点是操作风险是单边的风险，不存在风险收益均衡的关系，即银行不能保证承担操作风险以获得风险收益。赫林（Herring，2002）认为操作风险是一种"下侧"风险；克鲁赫等（Crouhy et al.，2003）认为银行不能通过承担更多的风险而获得更多的期望收益，操作风险只能减少股东的价值；亚历山大（Alexander，2003）认为操作风险只会造成损失，并通过这一特点来区分操作风险与市场风险、信用风险。

笔者认为，操作风险是否是单边风险应该从广义上进行理解。银行或者其他金融机构为了获得潜在的收益而在一定程度上有意承担操作风险，如采用计算机系统代替传统方式、扩大银行规模等。如果操作风险是单边的（只会造成损失），那么最合适的方法就是消除操作风险，一种极端的做法就是关闭银行，显然没有银行会这么做。银行通过承担操作风险而获取潜在的收益，并且在操作风险发生时承担损失，因此操作风险同样存在风险与收益的对应关系。

实际上，银行通过承担整体风险来获得潜在收益，而操作风险是整体风险的一部分。对于银行来说银行净利润等于收益减去成本。其中，银行收益来自信用风险和市场风险相关的业务，它们的波动性也会导致银行净利润的波动性；导致银行净利润波动性的还有成本的波动性，操作风险就是成本波动性的主要来源。操作风险对应于银行净利润，因此，笔者认为操作风险和收益存在着对应关系，只不过其对应关系不像信用风险和市场风险那么直接、那么一一对应而已。

银行倾向于将操作风险通过保险的方式转嫁出去，这是操作风险在管理工具上的一个特征（孟繁军等，2007；Lee et al.，2012）。

（7）操作风险的发生有时间周期特征。操作风险的量化一般用所谓的"U"形曲线来描述。任何一家银行新的业务开展或新系统刚上线时，由于规章制度不完善、员工操作经验不足、管理上的漏洞，使得出现操作风险的概率较高。当新业务和系统逐渐走入正轨，规章制度也会完善起来、员工的操作经验也会日渐丰富、管理者也会成熟，这就使操作风险的频率降低；当已有的系统开始老化或现有的市场经济环境发生变化后，原有的规章制度与系统已经不适用已经发生变化的运营环境了，此时操作风险又重新上升。例如，在业务规模大、交易量大、结构变化迅速的业务领域，受到操作风险冲击的可能性最大。这其中包括不确定性比较强的新业务，如最近几年国内外商业银行的巨大操作风险损失许多都发生在衍生工具交易等领域。

以上几点基本上代表了西方学者的普遍认识，但西方国家大都是成熟的市场经济国家，基本经济制度和金融制度很少发生变化，行业的风险管理制度也比较健全，从业人员素质整体水平比较高，而这些特征对当前的中国商业银行并非完全适用。因为中国商业银行的业务相对而言还比较初级，其流程和规范性与国际银行界也不甚接轨，特别是国有商业银行正处于不断改革之中，业务范围的不确定性也比较强，有一些特殊问题要给予特别对待。

2.4.2 中国特色的商业银行操作风险特点

除了上述西方发达国家商业银行操作风险的特征外，中国商业银行的操作风险还具有一些有中国特色的特点。

（1）中国商业银行的操作风险具有一定的强制性的特点。在我国经济转轨的今天，虽然国有商业银行在一定程度上享有部分自主权，但它们并没有成为真正拥有财产权、独立自主、自主经营、自负盈亏和自我发展的经济主体。在个别情况下，中央政府和地方政府通过行政命令强制国有商业银行向国有企业贷款（或核销逾期贷款），而银行虽然知道一些企业没有盈利能力（或尚有还款能力）却不得不贷（或核销）。这种贷款是不符合银行的贷款规则的，明知不可贷还要贷，发生了无力还贷问题，不能算作信用风险，只能归于操作风险。当然，这种问题涉及体制改革方面，单靠一家银行是无法扭转这种局面的，需要从国家层面来进行调整。幸运的是，政府已经意识到这种问题的弊端，采取了种种措施着手进行调整，目前这种状况逐渐减少。

（2）我国商业银行操作风险与信用风险关系更加紧密。履约风险的发生如果是因为商业银行信息系统失灵、内控机制不完善、风险评估不充分、内部人员的玩忽职守乃至腐败和欺诈等问题，这同时当然也是一种操作风险。例如，银行管理者和员工利用了银行所有者以及监管者的信息劣势和"点贷"风险与真正的信用风险的混同性，通过各种机会为自己牟取私利。这些行为可能是消极的，如有意无意降低工作强度、怠工、没有责任心，增加了违规执行、外部欺诈和系统漏洞等类型操作风险的发生概率，也可能是积极的，如损公肥私、贪污腐败，这些行为直接导致金融腐败和内部欺诈型的操作风险。存在操作风险和信用风险混同、共存的局面。这一局面无疑会使信贷人员在发放贷款的过程中忽视对风险的充分评估、对贷款人资质的评定、对风险的预警和控制，增加信用风险的威胁。正如时任中国银监会副主席唐双宁于 2005 年 3 月 28 日所言："信用风险仍然是银行风险的主要表现形式，而操作风险才是银行风险的重要根源。"

（3）银行员工操作权界定不清晰。客观上导致员工不愿意承担责任，甚至为故意作案创造了条件，最终导致因人员因素引起的操作风险频发。德勤咨询公司的研究显示，中国国有商业银行的公司治理存在一个突出的问题是"缺乏责任制"（厉吉斌，2008），许多原因导致商业银行普遍缺乏责任制度：首先，由于内部控制体系不完善，分支机构的经理可以操纵信息以牟取私利；其次，对国有商业银行而言，政府责任意味着许多造成国有商业银行重大损失的经理无须为自己的行为负责或惩罚过轻，虽然随着管理制度的不断完善这种情况已经减少，但并未消除；最后，银行内的政府机构意识使其在采取行动时没有完全考虑到经济后果。这种缺乏责任制是商业银行多种风险尤其是操作风险的重要根源。由于在风险防范上存在的缺陷，导致了银行职员在操作上无法做到责、权、利相匹配，部分职员在利益一定的情况下会极力滥用职权追求私利。而且，由于操作权边界不清，在职员个人收入不变的情况下，职员会滥用廉价的操作权，相应地凸显了职员控制权的高价值。

（4）我国商业银行操作风险存在一种制度风险的特性，这类风险（单个）银行本身是难以控制的。我国银行业体系，由于历史、文化和制度等原因，银行尤其是国有银行的资本金和财产等归国家所有，银行不具备承担资产风险的法律责任和能力，只是虚拟法人，产权关系界定不明确，银行没有自己独立的经济利益，因而对利润的追求并不强烈，出资者和经营者之间难以形成合理有效的激励约束机制，造成代理人在责、权、利方面具有不对称性，因此违规、违纪、违法行为屡禁不止。这种制度性操作风险可以按照外生和内生的标准划分。外生操作风险分"外部冲击型操作风险"和"强制型操作风险"两种；内生操作风险也可以叫作"诱致型操作风险"，该类风险又分为"懈怠型操作风险"和"道德型操作风险"两类。其中，"强制型操作风险"是中国经济转轨时期国有商业银行所面临的特殊操作风险，过去一直不被学者当作是操作风险，一般都与信用风险混同讨论；"诱致型操作风险"和"外部冲击型操作风险"等则是对通常所说的操作风险的重新归类。该类风险植根于中国既有的制度环境和制度结构，是中国经济结构历史演变的产物。

因此，对我国商业银行操作风险的管理首要的是做好第一支柱中的防线：资本金配置，这可以部分缓解或减少强制性和制度性商业银行操作风险对商业银行带来的威胁。同时，社会文化、企业文化和伦理特征，改善声誉的压力和动力不足，也表明在短时间内从根本上改善银行内部控制并非易事，从一个侧面说明资本金配置这个最后的防范措施的重要性。另外，要求加强内部控制和有效激励，这也是从量化的角度要求优化银行内部的资本配置或权利配置。操作风险和信用风险的混同性，导致内部欺诈、外部欺诈和违规操作、金融腐败等现象较多，因此，需要对信贷人员加强责权控制、奖惩机制，预计可以通过加强公司治理，制度建设，责、权、利配置等方法予以解决。

2.5 操作风险与其他金融风险之间的关系

2.5.1 操作风险与其他风险的关系

银行业几大类金融风险之间的拓扑结构，见图 2-2。

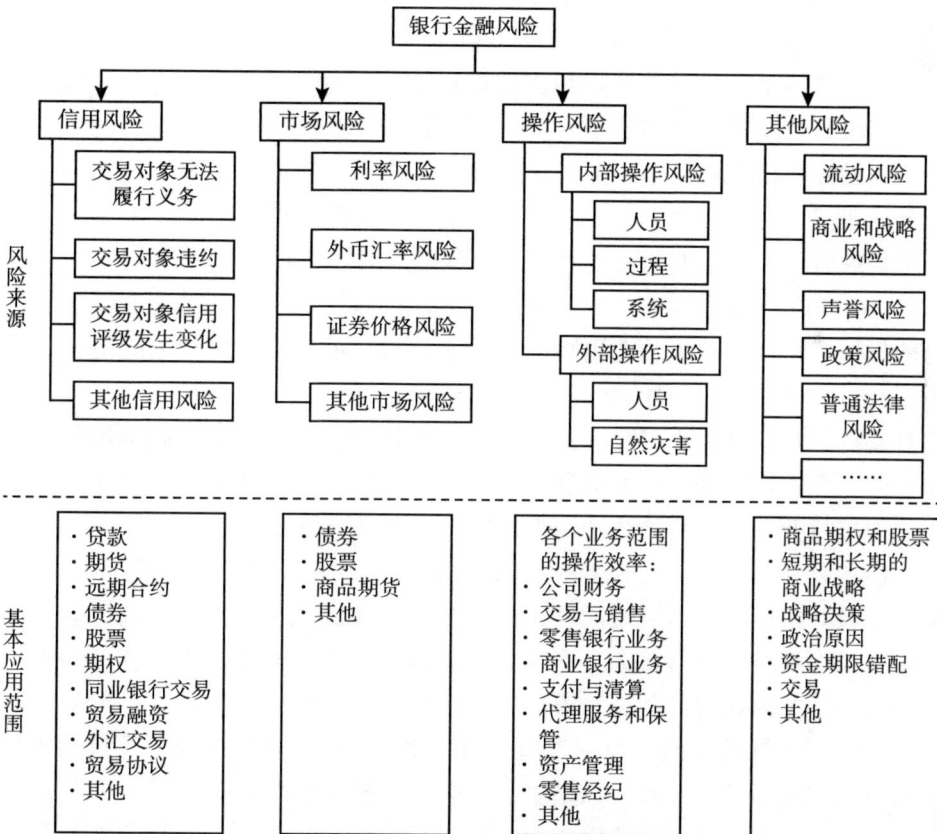

图 2-2 银行金融风险的拓扑结构

（1）信用风险：银行的借款人或交易对象不能按照协议条款履行责任的潜在可能性。

（2）市场风险：在诸如利率、汇率和股票价格等的市场价格的波动中发生损失的风险（包括账内的和账外的）。这是由于市场利率、基本价格等发生较大波动从而导致金融工具组合价值发生变动的潜在风险。市场风险主要由利率风险、股票持仓风险、外汇风险以及商品风险等组成。

（3）操作风险：由于不适当或失败的内部处理、人员或系统，或由于外部事件等导致损失的风险。如前所述，操作风险包括法律风险，其包括但不限于由监管以及私下解决导致的罚款、惩罚或惩罚性损害赔偿。

（4）流动风险：当期限到时无能力注资以增加资产并履行义务的风险，如无能力在长期或短期债务市场筹集资金或无能力进入回购与证券借贷市场等。

（5）商业和战略风险：银行为应对其操作所面临的经济和金融环境的变化而不得不修正其行为和活动的风险。例如，一个新战略的应用（例如发展一种新的商业模式或改造一种现有的商业模式，如网上银行等）往往会使银行暴露于战略风险之中。事实上，许多战略风险包含时机问题，例如，无法跟上快速升级的技术变化以及对网络日益增加的使用频率。

（6）声誉风险：对于一个机构业务实践的负面宣传，无论是真是假，都可能导致客户群的减少、费用高昂的诉讼或收益的削减。声誉风险更多的是由银行过去的商业行为导致的间接形式的而不是直接形式的损失。根据国际清算银行的观点，声誉风险包括与对顾客数据和隐私的保护、网上银行和电子邮件服务、及时和合适的信息披露等有关的风险。因此拥有大量个人业务和网上银行业务的银行往往特别容易遭受声誉风险的影响。

（7）政策风险：由于国家和/或地方政策的改变或者出于经济上的压力，从而导致对银行活动形成反向冲击的风险，如实施的货币控制。政府政策的改变将对在那个国家（地方）的客户或交易对象获得外汇或贷款的能力产生反向影响，并因此对其履行对银行应负义务的能力产生影响。

（8）普通法律风险：由一个国家的法律制度或执法的改变所导致的银行不得不修正其活动的风险。如税法的改变所引起的潜在影响。

由于商业银行各种风险之间存在交叉性，信用风险和市场风险在行动和流程中均包含操作风险，如数据质量问题。操作风险有覆盖范围广、包含种类多等特点，与其他几种风险之间的界限不易区分，甚至存在很大的交叉性和重复性。通过与其他风险的交叉和渗透，操作风险的影响和作用超越了自身，变得更加深远。

荷兰银行认为，操作风险是银行风险的重要核心，因为操作风险可以影响信用风险、法律风险、流动性风险、市场风险、声誉风险等（葛海娇，2006；Sturm，2013）。康明斯（Cummins，2006）、吉莱等（Gillet et al.，2010）对操作风险损失事件的溢出效应进行了研究，发现操作风险损失事件的暴露会对股票价格产生显著的负面影响，市值降低造成的损失远大于操作风险造成的损失，内部欺诈尤为严重，如果损失数额在企业净利润中占比较大，其负面影响将成比例增加。艾伦和巴利（Allen & Bali，2007）度量了灾难和操作风险的周期，发现操作风险事件很可能是大的非预期灾难事件的原因。彻诺拜（Chernobai，2011）发现大部分操作风险的发生和内部控制不力、高信用风险部门和产品、首席执行官（CEO）的股票期权高度相关。这表明，操作风险与信用风险之间存在高度正相关性，也显示了公司治理和管理激励在操作风险管理中的作用。

国内学者李建平等（2010）认为操作风险与信用风险、市场风险有相关性，并度量了风险相关性对银行风险的分散化效应。罗伟卿和陆静（2010）采用多因素市场模型和事件研究法对媒体公开披露的 2002～2009 年中国上市商业银行操作风险损失事件进行分析，得出低频高危事件（作者定义为超千万元人民币）对市值损失的影响极大，其损失乘数达 32 倍。汪东华等（2013）利用风险因子模型和损失分布法、蒙特卡洛模拟，得出"整体风险对操作风险与其他风险类型的相关性水平比信用风险、市场风险更敏感"，即由于操作风险与其他风险的相关性导致对整体风险的影响更大。

莫建明等（2016）在威布尔（Weibull）分布下探讨了操作风险监管遗漏。分析了监管资本客观上的度量不确定性与第二版巴塞尔协议中监管资本设定为某一极高置信度下的点估计的矛盾。操作风险的重尾性、度量的高置信度特性及度量方法的间接性，使监管资本度量误差非常显著，暴露出不可忽视的监管遗漏风险。当这些变动敏感的监管遗漏风险趋近于极值风险状态点时，监管遗漏风险暴露程度会趋近于无穷大，必然会对金融机构安全构成致命威胁，可能形成金融危机。他们强调了操作风险在极值状态下的监管遗漏影响巨大。

以上表明，操作风险与其他风险关系密切，相互关联，操作风险对整体风险影响巨大。

2.5.2 操作风险资本金的比例

鉴于操作风险给银行造成的损失及其对市场价值的影响，人们认为操作风险对国际活跃银行而言是一个非常重要的风险源，对操作风险要求的资本经常超过对市场风险要求的资本。

迄今为止，研究者对信用风险、市场风险和操作风险的资本金影响银行风险资本的比例存在分歧和差异，但研究者都认为操作风险分配的比例应比市场风险分配的比例高（Cruz，2002）。按照全球风险专业人员协会关于资本分配的观点，信用风险、市场风险和操作风险的资本金的比例应该为40%、30%和30%（张吉光，2005）。

对中国商业银行操作风险在数量上占比的估计做得很少。对"中国商业银行操作风险资本金究竟占比多少？"这个问题并无定论。2005年6月，时任中国银监会政策法规部副主任李伏安称，在中国的银行业总体风险中，80%来源于不良贷款造成的信用风险，5%～10%是由于交易行为、股票价格和汇率波动等产生的市场风险，因内部控制缺陷和腐败产生的操作风险约占10%～15%。这是比较保守的估计，同一时期，时任工商银行广东省分行行长助理胡晔估计，中国商业银行操作风险在30%左右。根据中国银保监会发布的自2013～2018年风险加权资产情况，操作风险加权资产的比例在7%～8%，见表2-3。但必须强调的是，这里中国的商业银行度量操作风险的方法是标准法，风险不敏感；且根据前述分析，操作风险与其他风险尤其信用风险具备正相关性，判断过程中容易将部分操作风险事件算作信用风险；且操作风险事件的披露影响或溢出效应要大于其实际损失。

表2-3　　　　　　　　　2013～2018年银行风险加权资产　　　　　　单位：亿元

年份	信用风险加权资产	市场风险加权资产	操作风险加权资产	应用资本底线后的风险加权资产合计
2013	643351	6254	49492	—
2014	738124	6939	59289	804353

续表

年份	信用风险加权资产	市场风险加权资产	操作风险加权资产	应用资本底线后的风险加权资产合计
2015	803087	7929	68530	895530
2016	928287	10029	77489	1015805
2017	1055663	11871	84528	1152062
2018	1161839	14086	88398	1267577

资料来源：www.cbrc.gov.cn，经归纳整理。

操作风险是一种综合性的风险，与其他几种风险的关系非常紧密，而且操作风险常常是其他几种风险的起因。因此虽然在银行的公告和学者的研究报告中操作风险占的比例并不甚高，然而它的重要性和危害却是远远超过它所占的比例。

2.6 制约操作风险管理发展的障碍

在笔者看来，操作风险度量管理发展缓慢，主要有以下几个原因：

第一，操作风险的内涵界定不明。尽管随着新巴塞尔协议的普及，业界对操作风险的界定已基本达成共识，多数采用新巴塞尔协议对操作风险的定义，但该定义在实践中，由于实际业务操作者对其理解不同，会导致对操作风险事件界定、分类不明，影响后续度量及管理工作。

第二，在对第一框架操作风险资本金的计提要求中，新巴塞尔协议对操作风险计提资本金的要求是99.9%置信度，高于市场风险和信用风险，这说明操作风险的管理非常重视极端风险，即低频/高危风险，而低频/高危数据的收集难度很大。由于操作风险的本质特征，其涵盖的业务范围非常广，风险敞口不确定，对某些操作风险损失类别，相应的成本可以直接度量，如监管机构对某些业务分支的罚款；而对其他类别的操作风险，相关成本难以度量。这从另一个角度说明操作风险比信用风险、市场风险更难度量。

第三，可信的历史数据有限。从银行业监管方来看，直到2004年实施的第二版巴塞尔协议，操作风险才被纳入计算经济资本的体系内［BCBS（2011）

规定了原则；恩博切特和霍弗特（Embrechts & Hofert，2011）提供了解读]；即使是国际发达银行，其相应的内部操作风险损失数据的历史收集年限也是比较短的，最长者亦 20 余年。由于操作风险的本质特征，操作风险历史数据较少，对监管资本的确定有较大影响的低频极端值更少。希琴科（Shevchenko，2013）在分析一家银行在采用高级计量法时为保证 99.9% 的资本金的相对误差在 10% 以内需要历史数据时，得出的结论是需要大约 $400p(1-p)/[f(q_p)q_p]^2$ 的样本或更多的损失数据。因此，即使不考虑历史损失数据的时间影响，内部可信数据的匮乏，使银行为了度量操作风险经济资本不得不转向其他三类数据，即：外部数据、情景数据、业务环境及内部控制数据。而这三类数据的运用均需慎重考虑。采用高级计量法要求用来度量操作风险资本金配置的内部数据至少需要五年的数据。然而，即使在最少五年的数据收集期，一些操作风险类别仍然没有或仅有少量数据记录。数据的匮乏为度量模型的建立及验证增加了难度。

第四，新巴塞尔协议所提出的三类风险度量方法，前两种已被证明是风险不敏感的，适用于中小型银行或历史损失数据不足的银行；而唯一一类风险敏感型方法——高级计量法（AMA），新巴塞尔协议并未给出具体模型，仅提出了一些定性及定量要求。尽管有学者认为高级计量法适用要求过多，但多数业界人士仍然认为高级计量法有利于提高银行风险管理能力和水平，且采用高级计量法可以通过风险缓释等方法降低资本金配置水平。2014 年中国银监会核准了五家国有商业银行及招商银行实施资本管理高级方法，但这里的高级计量法只是针对信用风险和市场风险而言。依据 2012 年颁布的《商业银行资本管理办法（试行）》，我国银行业的目标是到 2018 年全部采纳非高级计量法（non-AMA）来量化微观操作风险。从全球情况看，在操作风险方面，监管机构具体指导思想并不十分清晰，业界自行开发的模型在验证可行性及推广方面仍存在很多问题，即模型难以获得普遍认可。

因此，由于操作风险的本质特征，相对于信用风险和市场风险，操作风险的度量与管理模型的发展受到了一定的阻碍。但尽管困难重重，业界和学术界在操作风险管理的过程中仍不断探索，就目前存在的问题和疑点提出各种思路，来推进操作风险管理的发展进程。

2.7　本章小结

由于操作风险的内涵、特点、与其他风险的关系等原因，为中国商业银行操作风险的识别、度量及管理带来了很多问题。

（1）操作风险的范畴界定：虽然巴塞尔委员会给出了一个比较公认的定义，但操作风险范畴很广，涉及银行业务的方方面面，提高了辨识操作风险的难度。

（2）操作风险与其他风险相互交织，增大了辨识操作风险的难度。

（3）操作风险本身的特点，导致对其度量及管理难度较大。

（4）操作风险的类别众多，增大了操作风险界定的复杂性。

（5）从操作风险管理的发展阶段看，操作风险管理仍是新生事物，国际活跃银行虽然已做出了种种努力，但其发展仍不能与市场风险管理、信用风险管理相提并论，相关的理论、管理经验都不健全，增大了银行操作风险管理的难度。

（6）由于对操作风险的认识不足及操作风险的本质特征，即使是国际先进银行，其操作风险历史数据的收集也是不足的。缺乏足够的数据，使操作风险的分析、度量、管理都受到了限制。

（7）中国的商业银行独特的特点，更增大了中国商业银行操作风险识别、度量及管理的难度。

（8）尽管可能操作风险本身损失不大，但其造成的负面溢出效应很可能会超出其本身损失，这对操作风险管理提出了迫切要求。

第 3 章

国际银行业的操作风险损失数据

在操作风险损失度量的过程中，首先需要明确的是，操作风险是未来的，而历史损失数据是过去的，用历史数据估计、预测未来可能会产生时间不匹配问题。但没有历史数据、历史信息，任何定量研究均不可能进行，且高丽君（2011）的研究表明，在无重大宏观因素变化、机构性质变化等情况下，历史时限并非影响损失强度的重要因素，因此，宏观因素和机构性质无重大变化的情况下，可以采用历史损失数据去估计、预测未来可能会发生的操作风险。

为什么要采用历史损失数据？损失分布法依赖于公司的内部数据来把握其特有的风险特征。每家机构中的每一种业务都具有自己的风险特征，这些特征是基于该业务的内有风险（如产品类型、复杂性和法律环境）和控制机制（如文化、系统、内控和政策等）。由于每个机构都是独特的，量化其风险特征的唯一途径就是检查分析其实际的损失数据。历史损失数据表现了内有风险和控制机制互抵后的风险净额。

由于很难获得国际银行界的某家银行内部操作损失数据，且一家银行的信息很难代表整体情况，因此，以国际清算银行实施的数据收集工作来阐述国际银行业操作风险数据进展。

3.1　国际操作风险损失数据收集

自 2001 年起，国际清算银行的风险管理小组实施了若干有关操作损失数据的收集工作（OLDC），也叫定量影响测算。该测算的目标旨在调查有关银行内部操作损失的各方面的数据。

2001 年，30 家银行参加了定量影响测算 2（QIS2）。它们被要求提供 1998～2000 年所有的内部季度数据。2001 年 5 月，国际清算银行发布了第二份调查——定量影响测算 3（QIS3），其结果于 2002 年公布。这次有 89 家银行参加，它们被要求提供 2001 年会计年度的内部数据。与之前的调查相比，第二份调查生成了更为全面和精确的调查结果。第三份调查——定量影响测算 4（QIS4），是由一些国家（如日本、德国、美国）分别开展的，各个国家的调查成果也不尽相同。第四份调查——定量影响测算 5（QIS5），是在 2005 年 10～11 月由国际清算银行指导完成的，总计有 31 个国家——除美国之外，十国集团（共 146 家银行）和其他一些国家（共 155 家银行）参加了这次调查。由于银行业前几年的发展已日趋完善，现今主要的研究目标则是在新巴塞尔资本协议的框架下发现最低资本要求水平的潜在变化。

巴塞尔委员会分别于 2002 年、2004 年、2007 年、2008 年、2014 年对全球一些大型银行进行了操作风险调查，调查的目的在于促进监管部门和银行对日益突出的操作风险管理问题的认识，同时希望促成各个国家和地区在解决这一问题上达成一致。调查的对象是在组织范围内实施新巴塞尔协议规定的三种方法（即基本指标法、标准法和高级计量法）计算操作风险资本金的银行。调查本着自愿参加的原则，在调查的时候被调查者可以选择回答全部问题或者部分问题。

虽然 2014 年巴塞尔委员会要求各参与银行采用 2014 年 6 月 30 日的数据进行了操作风险调查，但该调查的全面结果仍未公布，因此目前看来，2008 年的调查数据最为全面，本书以 2008 年的数据为依据，来分析国际银行业的操作风险特征，并与 2014 年调查的部分已公布结果进行对比。2008 年巴塞尔委员会的标准执行小组操作风险分组（SIGOR）实施了 2008 年损失数据收集实践（LDCE）。这是国际上首次对新巴塞尔协议框架下操作风险高级计量法下使用所有四类数据元素进行数据收集的尝试。其关注点在于内部损失数据、情景分析和操作风险资本，并对业务环境和内部控制因素（BEICFs）、外部损失数据和高级计量法实践范畴进行分析。此次数据收集和分析有助于获得国际间的操作损失数据和对比银行间的操作风险管理结构，确定金融机构潜在可能提高的领域。调查数据来自 17 个国家的 121 家银行，其中 119 家银行提供了内部数据。共收集了约 1060 万次操作风险损失事件，损失金额累计 596 亿欧元。在 121 家被调查的银行中，42 家银行采用高级计量法，51 家银行采用标准法，20 家银行采用基本指标法，其他 8 家是标准法和基本指标法不明。调查小组把它们简单地分为采用高级计量法（AMA）的银行和采用非高级计量法（non-AMA）的银行。银行在各地区的分布数量、采用的度量方法和各业务线的收入占总收入的比例如表 3 – 1 所示。

表 3 – 1　　　2008 年 LDCE 中按地区划分的银行分布数量、采用的度量方法和各业务线的收入占总收入的比例

项目		所有参与者	澳大利亚	欧洲	日本	北美	巴西和印度
LDCE 参与者数量		121	11	60	18	23	9
采用高级计量法的银行数量		42	5	20	7	10	0
采用非高级计量法的银行数量		79	6	40	11	13	9
业务线收入占总收入的比例（%，结果取中位数）	公司金融	2.1	1.1	3.0	0.9	4.2	0.5
	交易与销售	7.7	11.1	11.4	3.2	4.8	8.8
	零售银行	44.2	51.3	42.3	20.3	49.5	38.4
	商业银行	24.6	17.2	24.9	54.0	17.5	21.0
	支付与清算	2.1	4.9	0.7	4.9	1.1	3.4
	代理服务	1.1	*	0.7	2.5	2.2	1.3
	资产管理	4.0	*	3.4	0.6	4.0	6.7
	零售经纪	2.8	—	2.3	3.0	4.7	0.2

注：少于 4 家银行拥有该业务线的情况用 "＊" 表示。

　　总体看来，2008 年 LDCE 中大约 1/3 的银行采用了高级计量法。虽然新巴塞尔协议鼓励银行采用适合自身的高级计量法，但是由于高级计量法在实施和度量方面的复杂性，多数的银行仍然采用标准法和基本指标法。澳大利亚、日本、北美采用高级计量法的银行比例较大，在这 121 家银行中，欧洲地区有 1/3 的银行采用了高级计量法，而巴西/印度地区则没有银行采用高级计量法。另外，从各个业务线的收入占比可以看出，尽管银行所在的地区不同，但零售银行业务、商业银行业务、交易与销售业务线的收入都占总收入的绝大部分。表 3-2 和表 3-3 是 2008 年 LDCE 操作损失银行内部数据收集的结果。

表 3-2　　　　　按业务线和事件类别划分的年度损失频率总和及占比

业务线		内部欺诈	外部欺诈	就业培训和工作场所安全性	客户、产品以及业务运作	实物资产损失	经营中断和系统出错	执行、交割和过程管理	合计
公司金融	频率（次）	3.5	11.5	21.6	100.2	2.4	4.6	69.1	212.9
	占比（%）	1.7	5.4	10.2	47.0	1.1	2.2	32.5	0.7
交易与销售	频率（次）	32.2	31.7	96.9	398.6	12.2	157.6	2400.6	3129.9
	占比（%）	1.0	1.0	3.1	12.7	0.4	5.0	76.7	9.6
零售银行业务	频率（次）	979.4	7311.9	3203.4	2381.0	245.4	293.8	3743.4	18158.3
	占比（%）	5.4	40.3	17.6	13.1	1.4	1.6	20.6	55.8
商业银行业务	频率（次）	69.6	710.4	104.3	504.4	30.1	65.2	1196.8	2680.8
	占比（%）	2.6	26.5	3.95	18.8	1.1	2.4	44.6	5.4
支付与清算	频率（次）	20.5	185.3	23.3	50.7	21.7	37.5	386.0	725.1
	占比（%）	2.8	25.6	3.2	7.0	3.0	5.2	53.2	2.2
代理服务	频率（次）	11.3	94.5	12.8	44.9	5.9	26.8	698.9	895.0
	占比（%）	1.3	10.6	1.4	5.0	0.7	3.0	78.1	2.7
资产管理	频率（次）	10.7	19.1	30.3	96.5	1.9	22.9	522.8	704.2
	占比（%）	1.5	2.7	4.3	13.7	0.3	3.2	74.2	2.2
零售经纪	频率（次）	196.5	75.9	149.4	2247.0	2.4	16.1	672.7	3359.9
	占比（%）	5.8	2.3	4.4	66.9	0.1	0.5	20.0	10.3

续表

业务线		内部欺诈	外部欺诈	就业培训和工作场所安全性	客户、产品以及业务运作	实物资产损失	经营中断和系统出错	执行、交割和过程管理	合计
无业务类型	频率（次）	50.5	124.7	2072.4	91.6	61.0	17.8	280.1	2698.2
	占比（%）	1.9	4.6	76.8	3.4	2.3	0.7	10.4	8.3
合计	频率（次）	1374.3	8564.9	5714.5	5914.9	382.9	642.3	9970.5	32564.3
	占比（%）	4.2	26.3	17.5	18.2	1.2	2.0	30.6	100.0

资料来源：Results from the 2008 Loss Data Collection Exercise for Operational Risk，BIS，July 2009。

注：（1）损失为等于或超过 2 万欧元的损失；（2）每一业务线的第一行为年度损失频率合计；（3）每一业务线的第二行为各事件类型损失占比分布。

表 3 - 3　　　　按业务线和事件类别划分的年度损失严重性总和及占比

业务线		内部欺诈	外部欺诈	就业培训和工作场所安全性	客户、产品及业务运作	实物资产损失	经营中断和系统出错	执行、交割和过程管理	合计
公司金融	金额（百万欧元）	6.6	3.2	16.2	2565.1	0.1	0.6	146.7	2738.5
	占比（%）	0.2	0.1	0.6	93.7	0.0	0.0	5.4	28.0
交易与销售	金额（百万欧元）	145.8	4.5	30.3	384.7	2.7	23.8	732.6	1324.4
	占比（%）	11.0	0.3	2.3	29.0	0.2	1.8	55.3	13.6
零售银行业务	金额（百万欧元）	198.5	607.9	305.6	1263.6	34.0	48.0	670.6	3128.0
	占比（%）	6.3	19.4	9.8	40.4	1.1	1.5	21.4	32.0
商业银行业务	金额（百万欧元）	84.7	112.8	23.1	262.4	3.3	12.7	241.2	740.2
	占比（%）	11.4	15.2	3.1	40.4	0.4	1.7	32.6	7.6
支付与清算	金额（百万欧元）	7.1	18.1	2.3	18.7	8.0	5.8	194.4	254.4
	占比（%）	2.8	7.1	0.9	7.3	3.2	2.3	76.4	2.6
代理服务	金额（百万欧元）	2.5	8.1	1.7	92.3	46.7	15.4	89.8	256.5
	占比（%）	1.0	3.2	0.7	36.0	18.2	6.0	35.0	2.6
资产管理	金额（百万欧元）	27.0	2.3	6.1	74.9	0.6	3.6	128.3	242.9
	占比（%）	11.1	1.0	2.5	30.8	0.3	1.5	52.8	2.5

续表

业务线		内部 欺诈	外部 欺诈	就业培 训和工 作场所 安全性	客户、 产品及 业务 运作	实物资 产损失	经营中 断和系 统出错	执行、 交割和 过程 管理	合计
零售 经纪	金额（百万欧元）	89.8	6.7	31.1	294.6	0.4	1.0	71.5	495.1
	占比（%）	18.1	1.4	6.3	59.5	0.1	0.2	14.4	5.1
无业务 类型	金额（百万欧元）	38.5	16.3	167.1	166.8	38.3	7.6	154.0	588.5
	占比（%）	6.5	2.8	28.4	28.3	6.5	1.3	26.2	6.0
合计	金额（百万欧元）	600.5	780.0	583.4	5123.1	134.0	118.4	2429.2	9768.5
	占比（%）	6.1	8.0	6.0	52.4	1.4	1.2	24.9	100.0

资料来源：Results from the 2008 Loss Data Collection Exercise for Operational Risk，BIS，July 2009。

注：（1）损失为等于或超过 2 万欧元的损失；（2）每一业务线的第一行为年度损失金额合计；（3）每一业务线的第二行为各事件类型损失金额占比分布。

在大多数的业务线中，因执行、交割和流程管理而发生操作风险损失的比例都比较高，但是在零售银行业务中外部欺诈类型的操作风险事件最多。在业务线/事件类型构成的风险单元中，零售银行/外部欺诈每年发生约 7312 次操作风险损失，是发生频率最高的风险单元。考虑到零售银行业务的特点，这一结果与 2002 年 LDCE 的结果一致。对于公司金融和零售经纪业务，客户、产品以及业务运作类型的操作风险损失发生频率最高，而在 2002 年的 LDCE 中，执行、交割和流程管理类型的操作风险损失发生频率最高。对于未分配类别（涉及多个业务线或公司职能不好分配到具体业务线）的操作风险损失，就业制度和工作场所安全类型的操作风险损失发生的频率最高，因为在大多数银行中与就业制度和工作场所安全相关的损失都被分配到了企业中心而非具体的业务线中。

表 3 - 3 给出了按照业务线和事件类型分类后操作风险损失≥2 万欧元的年度总损失情况。每个业务线/事件类型的风险单元给出了总损失和该事件类型操作风险总损失在该业务线中所占的百分比。零售银行业务的操作风险损失达到了 31 亿欧元，占总损失的 32.0%，是损失最多的业务。结合表 3 - 2，可知零售银行业务如此大的损失和该业务线操作风险损失的高发生频率有关。从业务线的角度来看，2008 年 LDCE 的结果与 2002 年 LDCE 的结果有很大不

同。虽然2008年LDCE中零售银行的损失比例（32.0%）与2002年LDCE的损失比例（29%）比较接近，但是其他业务线的比例变化很大。2002年LDCE显示最主要的操作风险损失发生在商业银行业务线（35%），而2008年LDCE的结果显示发生在商业银行业务线的操作风险总损失仅仅占全部损失的不到8%。同时，变化很大的还有公司金融业务，2002年LDCE的结果显示公司金融业务线的操作风险损失占操作风险总损失的2%，而这一比例在2008年LDCE中飙升至28%。这一变化可能是由于2002年之后公司金融业务线中操作风险的损失增加了，也可能是2002年以后银行的公司金融业务比例增加了，也可能是银行在操作风险数据收集方面做了改进。

客户、产品及业务运作类型每年的总损失达51亿欧元，在所有的事件类型里是最多的。结合表3-2、表3-3的内容，客户、产品及业务运作类型的操作风险每年的发生比例为18.2%，相比之下损失却达到了总损失的52.4%，这表明客户、产品及业务运作类型的单件操作风险损失要大于其他事件类型的操作风险损失。有形资产的损失、经营中断和系统失灵等事件类型造成的操作风险的损失在整个操作风险损失中所占的比例较小，都低于2%。公司金融/客户、产品以及业务运作操作风险单元的年度损失在所有的风险单元中最大。这个结果与2002年LDCE的结果有所不同，2002年LDCE中总损失量最多的两个事件类型分别为执行、交割和流程管理（30%），以及有形资产损失（29%），而在2008年LDCE中有形资产的损失类型的损失比例仅仅为1%。这一变化的主要原因在于，2002年LDCE的数据受到了美国"9·11"恐怖袭击的影响。

表3-2和表3-3是2008年LDCE调查结果所显示的按照各业务部门和事件类型中的损失严重程度（例如损失数量）和损失频率（如发生损失的次数）占总操作损失数量和总损失次数的百分比。其数据表明，不同的业务部门和事件类型的损失数量和频率的分布具有不一致性。例如，公司金融业务每年发生的频率是几大业务类型中最低的，但其损失严重程度仅次于零售银行业务；根据事件类型进行分类的损失中，客户、产品及业务培训的损失频率在几大事件类型中居中，但损失额度占损失总量的50%以上。

最新统计数据显示，在2009~2018年这十年中，总共有5171亿欧元的操作风险和4695亿欧元的净损失，见图3-1。

（亿欧元）

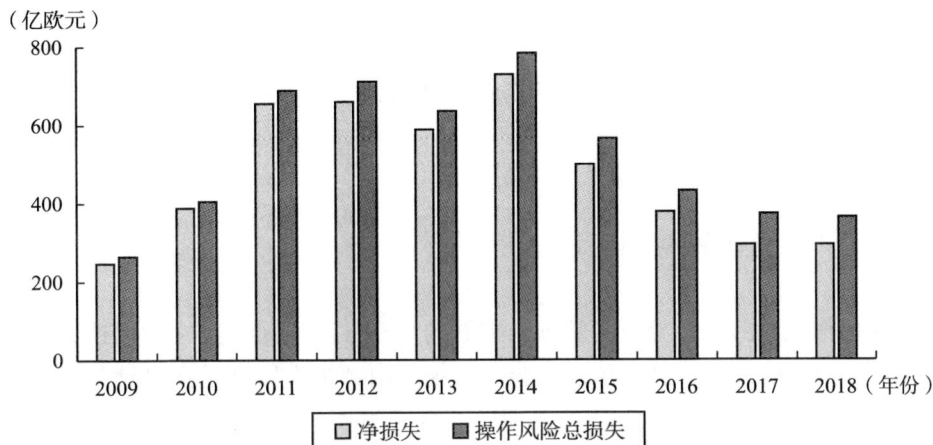

图 3 - 1　2009～2018 年全球操作风险净损失及总损失

资料来源：BIS，第三版巴塞尔协议监管报告，2019 年 10 月。

操作风险的总损失从 2009 年的 266 亿欧元增加到 2014 年的峰值 772 亿欧元。自那时以来，总损失已大幅下降到 356 亿欧元，然而，仍然高于危机前的水平。第一组别银行（银行资产超过 30 亿欧元且为国际活跃银行，共 79 家）的操作风险最低资本要求直至 2016 年底持续增加，至 2017 年 6 月底略为减少。对于第一组别银行和全球系统性银行来说，大多数使用高级计量方法（AMA）作为计算操作风险资本的主要方法，采用高级计量法的份额已经从 2011 年的 58.4% 上升到 2018 年第二季度的 66.4%。这种增长主要是由于金融危机期间和之后操作风险事件的数量和严重程度激增。其他为第二组别银行，共 30 家。采用高级计量法的银行最低比率为 18.2%，最高为 2013 年第一季度的 28.4%，2017～2018 年基本维持在 26% 上下。第一组别银行操作风险最低资本要求占总额的 13.7%，变化率为 -5.1%，第二组别银行操作风险最低资本要求占 9.5%，变化率为 17.7%。

可以看出，即使是先进的国际活跃银行，其操作风险数额仍然是非常巨大的。高级计量法使用占比正在逐步上升。而第二组别银行，其操作风险最低资本要求是上升的。

3.2　操作风险损失的内部数据

3.2.1　操作风险损失内部数据不足

对操作风险的完全分析的基础是数据的完整性和质量。建立内部损失数据库是度量风险的开始，巴赛尔委员会明确规定内部损失数据是高级计量法下资本计算的基础。事件的损失和潜在损失、造成损失的经营行为都要一一记录。应当注意被及时纠正没有造成损失的事件也应当收集（根据操作风险的内涵）。另外，收集的数据应当记录当时的情景，否则事后很难对风险进行细致的定位，也无法按照行业或者监管标准进行准确分类。所有的高级计量法都是建立在损失数据基础上的，拥有充足和高质量的数据对于风险量化来说至关重要。

监管机构要求银行对操作风险计提监管资本是在第二版巴塞尔协议提出之后，在 2001 年，巴塞尔委员会要求一些国际活跃银行向其报告操作风险损失信息。可想而知，即使是国际先进银行，其操作风险损失数据的收集最长也仅有二十余年。而新巴塞尔协议要求的操作风险资本计提能覆盖 99.9% 风险分位数的要求，实际上是要求银行操作风险资本准备能抵御千年一遇的操作风险事件，因此，操作损失数据收集量的不足是困扰操作风险管理的最重要因素之一。另外，涉及操作风险的本质特征，损失数据总是不足的，尤其是低频高危数据，而低频高危事件是度量操作风险资本金的重要因素（Ellen，2005；Giacometti，2007；Chandhury，2010；Degen et al.，2007）。单靠银行内部有限的，尤其是极端损失数据，难以准确、稳定地估计尾部分布（Marcelo，2002；Patrick et al.，2006；Davis，2006；Giacometti，2007），迫切需要采取某些方法对内部数据进行补充。

到目前为止，多数银行才开始内部操作损失数据的搜集，尚未建立起内部操作损失数据库，已经建立起来的数据库中的损失事件多数为高频低危的。内部操作损失数据的不足使得各银行难以精确计算操作风险资本要求，尤其是对高额低频的事件类型。单一银行的损失数据缺乏，对于某些极端损失而言更是如此。

3.2.2　操作风险损失内部数据的补充

对内部数据的补充，可以采用一些方法如引入外部数据和进行情景分析（Ergashev，2012；Dutta et al.，2014；Aroda et al.，2015），或业务环境和内部控制因素（Wei，2007）、利用专家意见（Shevchenko et al.，2006；Agostini，2010；Martign，2011；汤凌霄等，2012）等方式对内部数据进行补充。

（1）外部数据。外部数据介绍见第 3.3 节。外部数据包括公共数据、保险数据及联合数据，由于收集途径、报告偏见、银行经营管理特征等原因具有内生偏差（报告偏差、控制偏差和尺度偏差），对外部数据的内生偏差不进行修正直接纳入计算必然会导致最终结果存在度量偏差。

（2）情景分析。情景分析主要关注于低频/高危事件。情景分析是对虽然很少但却可能发生的重大损失事件的推测和模拟，分别设定各种影响因素可能的状态和发生概率，并经过业务专家的判断，得出多种因素共同作用下可能产生的操作风险损失（吴博等，2012）。相对应的数据为情景数据，情景分析在本质上是一种定性分析、预测和模拟方法，对相应的设计要求很高。情景数据可以为企业提供有效的业务洞见，捕捉未来潜在可能发生的操作风险源泉，这是历史损失数据无法提供的。

情景分析可以设定损失的一定范围，如与新的和将要发生的损失有关的过去发生的近失损失。情景分析数据具有内生主观性，对操作风险度量是一个比较大的挑战，但实践中仍然有许多基于情景的分析。2008 年 LCDE 进一步扩展了调查对象并首次囊括了情景分析以及业务环境和内部控制因子数据，这次行动共搜集到截至 2008 年 17 个国家 121 家机构的 10595318 条损失数据，总损失额高达 596 亿欧元（BCBS，2009）。

（3）业务环境和内部控制因素。业务环境和内部控制因素是采用机构系统所包含的各项指标来描述该机构的操作风险。它是与银行内生风险相关的。与情景分析类似，业务环境和内部控制因素也是用来对历史损失数据进行补充的。然而，它关注的是高频/低危事件，可以通过采用定量数据来确定，也可以通过专家意见法所包含的各种定性方法来度量（Bolancé et al.，2013）。专家意见法对专家的要求很高，且专家的主观性较强。

其中，情景分析是引入非常极端的数据，业务环境和内部控制因素、专家意见法等方法要求对业务、环境非常熟悉，其实践性在中国的大环境下的商业银行会受到一定限制。作为数据匮乏的一个解决方案，可以将银行的内部数据与外部数据相合并。

3.3 操作风险损失的外部数据

目前，国际上实践中的操作风险损失外部数据库主要有资料来源于公开披露的操作损失数据、建立在银行业协会基础上的操作风险损失数据库、操作风险数据库软件及保险公司的保险数据这四种类型（Shevchenko et al.，2013；Kiss et al.，2014；Torresetti et al.，2014；Renaudin et al.，2015）。

3.3.1 资料来源于公开披露的操作损失数据

资料来源于公开披露的操作损失数据库是由达到一定金额（阈值）而需向公众披露的损失数据组成的。这类数据由媒体、杂志、新闻稿等报告的操作风险损失组成，通常多为易引起股东和媒体注意的损失金额很大的损失。损失一般为超过某个阈值的左截断数据，损失事件信息包含损失大小及事件参与人等细节信息，将这类数据作为内部数据的补充，可以补充尾部极端损失，该类外部数据大多由专业的咨询公司搜集和开发，并与相关风险管理软件打包发售给订阅客户。

其中影响力较大的诸如 IBM 公司 2011 年从 Algorithmics 公司收购的 Algo FIRST 数据库，是惠誉评级旗下 OpVantage 子公司的 FIRST 数据库与 Algorithmics 公司的 Algo OpData 数据库在两家公司并购的基础上整合而成。FIRST 数据库本身也是并购的产物，FIRST 是由苏黎世金融服务集团下属的独立咨询子公司所开发的 Zurich IC Squared FIRST 数据库和普华永道公司所开发的 OpVar 操作风险数据库合并而成。Algo FIRST 数据库以案例研究的形式记录了 11000 多条公开披露的操作风险损失事件。该类损失数据库的主要特点是记录了损失金额较大、可用于补充金融机构操作风险损失的极端数据。

尽管细节丰富，此类外部数据的缺点在于缺乏完备性，因为毕竟数据是由媒体而非涉事金融机构直接提供的。某些类型的损失如"执行、交割及过程管理"，因媒体基本不报道就不能恰当地体现，且会因数据收集的性质和媒体报道态度产生"舍入误差"或"化整误差"，成为有缺陷的信息。另外，情报机构可能对损失事件进行误分类，这都使得金融机构无法直接使用情报机构的数据，甚至需要重新对业务部门或事件类型进行整理，这都将带来额外成本。

3.3.2　建立在银行协会基础上的操作风险损失数据库

在一定的保密原则下，通过签订协定，银行将其内部损失数据库交给银行协会以建立数据库，作为回报，参与其中的银行可利用其中数据补充自身内部数据。国外已经逐渐形成了一定规模的专业外部数据库，正式的行业数据库主要有由普华永道会计师事务所（PwC）发起的巴塞尔操作风险协会（Basel Consortium for Operational Risk），由英国银行家协会 2000 年建立的全球操作损失数据库（BBA）发起的全球操作损失数据库（global operational loss database，GOLD），由全球风险专业人员协会（GARP）发起的跨国操作风险交换（multinational operational risk exchange，MOR Exchange）。联合数据由同意分享其信息的参与银行的非公共数据组成，如操作风险数据交换协会（Operational Riskdata eXchange Association，ORX）及英国银行家协会（BBA）。他们为成员银行提供匿名统计分析。例如英国银行家协会，有 35 家英国国内银行和国际银行英国分支机构参与贡献和分享数据，根据其 2012 年的报告，单次事件的损失额中位数在 6 万欧元左右。

其优点是损失界限范围广、覆盖风险类型广、损失数据可信，数据收集阈值比另几种外部数据低，使损失数据量较大。但为确保匿名和同业竞争的考虑，这类数据不能提供损失的事件信息，联合成员银行只能获得基本的统计信息，使数据尺度方面的含义分析很难确定，数据质量和完整性可能存在一定的不足。对我国来讲，建立这类数据库是非常重要的，目前已有银行向银保监会报告损失数据的要求。

3.3.3　操作风险损失数据库软件

比较成熟的操作风险数据库软件有 OpRiskAnalytics、FIRST、Fitch Risk

等。OpRiskAnalytics 拥有约 25000 件全球范围内所有行业发生的操作损失事件，收纳阈值为 10 万美元，难能可贵的是 OpRiskAnalytics 为每件损失提供了详细的背景描述和前因后果解释。这些软件由一些著名的金融机构开发，已发展得较为成熟，但其数据收集同样容易受到主观影响。

3.3.4　保险公司的保险数据

保险公司是外部损失数据来源的重要渠道，主要从保险公司的理赔及其他外部管道取得损失资料，可用作分析并提供相关报告。例如，彻诺拜等（2006）采用 1990～1999 年美国自然灾害保险损失数据来分析因为外部自然灾害等引起的操作风险损失。这类数据来自金融机构的保险索赔，由保险经纪人提供，因其直接由金融机构收集，数据选择偏差较小，损失值可靠性高。然而，其缺陷在于受不同的保险政策免赔额的变化影响，收集阈值不相同，而且风险类别的涵盖面取决于机构的保险政策范围，这意味着只有可保的损失被收录。

3.4　操作风险引入外部数据的原因

可得内部历史数据的稀缺性。银行在开发全面的操作风险模型中遇到的一个主要障碍就是可得历史操作损失数据的稀缺性，甚至连那些最先进的银行也只有 20 多年的损失数据。且操作风险与企业声誉息息相关，企业披露相关信息的内在阻力较大。相关数据的缺乏意味着从这些有限的样本中得出的模型和结论缺乏足够的说服力。反过来，这也意味着我们对期望损失和在险值的估计是高度不稳定和不可靠的。另外，复杂的统计和计量经济模型都不能用小样本来检验。

操作风险资本是为了覆盖称为尾部事件的风险：即那些可能危及机构安全的低频/高危损失事件。这些数据是很稀少的，因此即使机构已经收集了很多年的损失数据，它也永远不敢断言已经有足够的损失数据来精确地测度损失分布尾部的形态。当给一些高操作损失建模时，问题往往会变得更加严重。当内部损失数据库中只存储了为数不多的数据时，我们不能对内部事件建模。

人们已经认识到低频/高危的损失事件构成了操作风险资本要求的主体，要提高资本度量的精度，银行需要从公众或行业数据库中获取外部数据（来源于其他不同的银行，其企业规模、文化、风险偏好、控制结构和业务流程及损失数据与本银行相关性较小）以补充其自身的数据。

纳什（Nash，2003）指出，有证据显示如果商业银行不采用外部损失数据来弥补数据不足的话，就不能准确地估计出操作风险分布的尾部，这很难让监管当局相信度量方法的可行性，所以商业银行采用外部损失数据是不可避免的。帕特里克等（Patrick et al.，2006）采用 OpRiskAnalytics 和 OpVantage 两家数据公司从公共信息渠道收集的损失数据，对国际活跃银行所需提取的操作风险资本金进行了模拟测算，结果表明利用外部数据能很好地测算操作风险所需的资本要求。第二版巴塞尔协议（BCBS，2011）第 248 条认为："外部数据为银行未经历的大型实际损失提供信息，因此是内部数据度量损失强度一种天然的补充。监管机构希望外部数据能够用于损失强度分布估计，因为外部数据能为损失分布尾部提供有用的信息。"第 674 条规定："银行的操作风险计量系统必须利用相关的外部数据，尤其是当有理由相信银行面临非潜在的经常性损失时。"所以，基于数据缺乏的现状，量化操作风险时需要合并单个金融机构以外的外部数据。

基于这些原因，可以使用外部数据来帮助理解损失分布的尾部特征，也帮助那些没有足够的内部数据的银行来直接量化风险。

3.5 操作风险损失外部数据的内生偏差

3.5.1 直接简单采用外部数据存在问题

虽然度量样本中需要引用外部损失数据，但学者们普遍认为直接将内、外部损失数据简单合并在一起使用的这种数据处理方法存在问题，可靠性不高（Baud et al.，2002；Khan et al.，2006）。

毕竟不同商业银行的资产规模、产品线、业务流程、风险偏好及风控体系是有差别的；即便都在同一行业，单个金融机构的损失数据也是服从不同分布的。因此，简单地混合内、外部数据来当作单个金融机构的损失数据的做法比较牵强，会改变原有数据的分布特征，在此基础上建立数学模型会降低度量结果的精确性。拉切夫等（Rachev et al.，2003）利用欧洲公开报道的操作损失数据用稳健统计理论进行了分析，发现操作损失数据极端值严重，有5%的数据属于局外数据不适合大数据模型，而这些局外数据占到置信区间的99%和VaR的70%。帕特里克等（Patrick et al.，2006）用SAS OpRisk和Fitch OpVar的数据做研究时，发现外部损失数据具有明显的报告选择偏差。卡尔霍夫和马库斯（Kalhoff & Marcus，2004）指出，甚至文化和法律标准的差异也能够引起外部损失数据与内部数据不匹配的问题。高丽君（2011）指出行业数据库内各贡献单位的情况各异，提供数据的标准也往往不同，这导致使用外部数据度量操作风险会产生内外数据不同质、扩大规模问题和缺乏兼容性等一系列问题。

外部数据存在内生偏差。新巴塞尔协议（BCBS，2011）第250条认为："由于外部数据不一定适合某一银行风险预测……数据尺度调整需要考虑调整外部数据的损失额度来适应银行业务活动及风险预测。"即，外部数据不进行修正直接纳入计算必然会导致最终结果存在偏差。

3.5.2 外部数据的内生偏差

从操作风险外部数据的数据来源可以看出，外部损失数据的记录都是从一定的阈值开始的。公开数据的来源限定其主要收集造成巨额损失或有重大影响的事件，即低频/高危事件。而行业数据库内各贡献单位的情况各异，提供数据的标准也往往不同。导致使用外部数据度量操作风险会产生内外数据不同质、扩大规模问题和缺乏兼容性等一系列问题，其根源在于损失数据的产生过程，而这与数据的搜集途径有关，即外部数据存在内生偏差（高丽君，2011）。内生偏差可以分成三大类，分别为报告偏差、控制偏差和尺度偏差，这三类内生偏差均影响着外部数据的所有类型。

（1）报告偏差。外部数据具有报告偏差，它源于数据进入的可能性，即每一损失被报告的可能性是不均等的。公共数据中大额损失更可能被媒体报道，这导致数据库中大额极端损失占比会超过实际情况，不对其进行修正会高估大额损失，抬高资本需求；对联合数据，当数据贡献银行及其损失收集阈值未知时会产生报告偏差。联合数据多用来指明频率和强度信息。每一数据贡献银行的损失收集阈值为各不相同的"B"（对参与行来说是未知的），每一参与银行有各自不同的损失收集阈值"A"，导致数据使用银行不能确保损失信息的无交叉、无遗漏；对于保险数据，保险索赔的种类限制及损失要求索赔的概率、免赔额的大小及保险政策类型不同会导致报告偏差。

（2）控制偏差。控制偏差意味着采用不同控制机制的不同机构的环境控制影响程度是不同的，导致损失数据间的可比性问题。评估公共数据的来源银行的质量控制基本是不可行的，尤其是业务线级别。

（3）尺度偏差。因为所记录的损失来自不同规模（如资产、雇员数、收入等）的机构，施等（Shih et al.，2000）证明了损失频率和严重性与机构规模有一定关联性，由于银行规模的不同，采用外部损失数据时也需要考虑损失数据尺度偏差问题。操作风险的基本指标法和标准法，其本质上也是与规模（不专指机构规模）相关的线性函数。

一方面，由于内部操作损失数据的不足，需要借助外部数据来分析操作风险；另一方面，外部数据存在内生偏差，因此，有必要考虑利用外部数据对内部数据进行补充，但需要对外部数据进行必要的修正，才能确保风险分析的可靠性。

3.6 国际上对外部数据内生偏差的修正思路

使用外部数据度量操作风险会产生内、外部数据的不同质，扩大规模问题和缺乏兼容性等一系列问题。其根源在于损失数据的产生过程，而这与数据的搜集途径有关。外部数据库中一般记录极端损失，即损失额的最高部分（公开披露的部分），并且没有经过严格的统计处理。这样综合了内部数据与外部数据进行的损失分布估计会偏向于高额损失，因而计算出来的操作风险资本要求会产生高估。因此，需要对外部数据进行处理。

国际银行主要使用两种方法来处理外部数据。第一种是定量方法，直接将外部数据导入模型，例如，对于内部数据中很少有（或没有）高额损失的损失类型，美国银行和花旗银行使用外部数据来估计其操作风险暴露。用"相关关系"（relative relationships）技术修正报告偏差和银行控制环境中的差异。也有学者建立统计模型论证损失额与银行规模的关系（Baud，2002；Khan et al.，2006；Guillen et al.，2007），并据此关系将外部数据通过函数关系纳入内部风险资本测算。第二种是定性方法，引入外部数据进行参照。大通曼哈顿银行要求其风险管理人员参照其他商业银行相应业务部门的操作损失数据来模拟自身可能的损失，许多银行使用情景分析时也常将外部数据作为可能的情景，例如，放大倍数、定性调整或情景分析的改进情况。银行应该定期对外部数据的使用时间和使用情况、使用方法进行检查，修订有关文件并接受独立检查。

3.7 本 章 小 结

本章探讨了国际上操作风险的损失数据收集状况，分析了银行收集内部数据的必要性及内部数据不足、需要补充的状态并提出了几种内部数据的补充。其中，外部数据是最常见的补充，分析了补充外部数据的必要性、国际上外部数据的类型及其内生偏差、国际上对外部数据调整的基本思路，该思路为笔者后续研究提供了启示。

第 4 章

建立中国银行业操作风险损失外部数据库

4.1 数据收集的必要性

在操作风险的管理研究中，众所周知，对于操作风险而言，尾部极端损失的准确度量是操作风险最后一道防线——计提风险资本金的重要依据。加内戈达等（Ganegoda et al.，2013）认为在风险管理者量化操作风险的过程中，有一些非常明确的挑战：第一，业界并不存在一些广为接受的操作风险量化方法；第二，没有充足的数据去做严密的统计分析；第三，操作损失的厚尾性加剧了数据的不足，使低频高危事件的恰当建模更加困难。这些挑战归根结底都是源于数据问题，即数据问题实际上是操作风险度量与管理最根本的问题。

数据是实施操作风险管理的基础。只有在充足有效数据的基础上，才可能对操作风险进行定量分析，进而提高操作风险管理决策的科学性并执行活动。然而目前国际上对操作风险管理的研究尚处于发展阶段，且由于操作风险的本质特点，国际上多数商业银行在操作风险损失数据收集方面相对于市场风险和信用风险明显滞后，损失数据库的建设亟待提高，学者们认为操作风险管理存在的最重要问题之一就是损失数据的问题（Muzzy，2003；Allen & Bali，2007；Rao & Dev，2006；Wei，2007）。为了解决高级计量法所面临的数据问题，部分大型国际活跃银行开始建立自己的损失数据库。也出现了一些官方性质或商业性质的数据库。如英国银行家协会于 2006 年 6 月构建全球操作风险损失数据库（GOLD），巴塞尔委员会下属的风险管理小组于 2001 年、2002 年、2004 年、2008 年、2014 年分别进行了几次数据搜集。随着规模的扩大，上百家银行提供超过十万个损失事件的资料，国际银行业操作损失数据库建设正逐步发展。

收集操作风险损失资料是健全与完善操作风险管理的重要手段。收集操作风险内部损失资料可强化组织内部对操作风险的了解与认识，通过过去的损失经验与采取的改善行动来掌握操作风险的整体风险，有利于全面提升操作风险管理的品质。进行损失资料的收集还可以改善对风险的态度，若将错误视为改善的契机，对损失事件提供者以适度保护，同时确保资料的机密性，分离数据收集、资料分析与执法等主体，可以鼓励员工以积极、正面的心态揭露操作风险损失。

收集数据过程本身是对银行所面临的操作风险的识别过程。数据收集本质上是对定义讨论的再阐述（杨旭等，2005），是对所选择的操作风险定义的具体化。收集数据时，首先要解决的问题是分析哪些损失事件数据属于操作损失，即确定什么样的数据需要收集，这是一件比较困难的工作（Allen & Bali，2004；Buchelt & Unteregger，2004）。损失数据的收集实际上是对操作风险定义的理解的诠释。分类是对定义内涵的进一步细化，特定的分类结构决定着特定分析方法的可行性和所得结论的实用性。为了与国际接轨，建议我国商业银行根据巴塞尔委员会关于操作风险的分类体系，把银行的操作风险损失映射到业务线和损失类别矩阵中去，在标准矩阵中再进一步根据中国商业银行操作风险损失的特点进一步细分每个单元的损失类型，做到分类具有内在一致性，并保证各数据集间是互斥的，做到不遗漏不重复，涵盖所有的操作损失事件。

内部损失数据。第一，监管机构要求银行对操作风险计提监管资本是在新巴塞尔协议提出之后，在 2001 年，巴塞尔委员会要求一些国际活跃银行向其报告操作风险损失信息。可想而知，即使是国际先进银行，其操作风险损失数据的收集最长也仅有 20 余年。而新巴塞尔协议要求的操作风险资本计提能覆盖 99.9% 风险分位数的要求，实际上是要求银行操作风险资本准备能抵御千年一遇的操作风险事件，因此，操作损失数据收集量的不足是困扰操作风险管理的最重要因素之一。第二，涉及操作风险的本质特征，损失数据总是不足的，尤其是低频高损数据，而低频高损事件是度量操作风险资本金的重要因素。单靠银行内部有限的，尤其是极端损失数据，难以准确、稳定地估计尾部分布，迫切需要采取某些方法对内部数据进行补充。

4.2 中国商业银行操作风险数据

4.2.1 中国银行业操作风险频发，损失严重

最近十几年，中国银行业的操作风险事件和损失层出不穷，操作风险事件正在朝着高职务、高科技、高案值，发案数量基层多、内外勾结作案多、作案手法多的"三高三多"趋势发展：王某某、张某某等都是行长级高官，某实业银行 3.7 亿元票据骗贷案、某银行包头分支机构重大违法经营案、周某某"××系"数十亿元问题贷款、山西"7·28"特大金融诈骗案、某银行刘某某 60 亿元诈骗案……并呈现出"同类案件屡次发生"的特点。这些都从侧面说明中国银行业面临的操作风险正在逐渐显现，且严重程度令人担忧。中国银行业监管者和银行家们痛苦地认识到，操作风险管理疏忽的结果，是比信用风险和市场风险等其他风险更可怕的一类风险，操作风险管理决定着银行的成败，已不是一句戏言。

4.2.2 中国银行业操作风险数据建设迟缓

相比国际活跃银行，到目前为止，中国商业银行的操作风险管理发展较为缓慢。传统定性管理操作风险的方法的局限性越来越明显，中国商业银行获得操作风险数据的途径有限，在定量方法的使用中，目前中国商业银行中

绝大部分银行仍使用风险不敏感的标准法或调整的标准法，风险敏感的高级计量法仅有几家银行尚在建设中。

不论从整个银行业层面还是单个商业银行，中国银行业还没有形成成熟可靠的操作风险损失数据库，有的商业银行还没有把建立操作风险损失数据库提上议事日程（曲绍强，2006）。银行界人士于晨等（2014）认为中国商业银行操作风险的数据问题在于：第一，数据量少难以支撑模型，第二，数据失真难以令人信服。巴曙松等（2017）认为"操作风险内部数据库系统普遍上未在我国银行业形成"，可以说大部分中国商业银行仍处于操作风险数据搜集的初期阶段。相对于国际银行，中国大部分银行还未建立自己的内部数据库：截至 2015 年底，5 家国有商业银行中四大行已有内部数据库，部分有完善的报告系统并持续更新；3 家政策性银行中，仅国家开发银行建立了数据库；12 家股份制商业银行、148 家城市商业银行、邮政储蓄银行、其他农村商业银行、村镇银行、合作社中，大部分还没有对操作风险的管理，少数如招商银行、中国光大银行、富滇银行、浙江泰隆商业银行、南京银行、宁夏银行与某咨询公司合作设计了操作风险管理工具，包括操作风险损失数据库、损失数据收集工具的风险管理模型建设，但仅为模型建设阶段。

总体而言，即使个别银行已经开始建立操作风险数据库，但操作风险数据管理并不成熟，仍没有开发出完善的系统投入使用。可以说，大部分商业银行对本机构的操作风险有多大，该如何有重点、有针对性地进行管理，并没有非常清楚的认识。而要达到巴塞尔委员会对大型银行的监管管理要求，中国商业银行操作损失数据库建设还任重道远。巴曙松等（2017）建议加强操作风险内部数据建设。损失数据库的建立是一项基础性工作，是一个长期积累的过程，也是实践中最容易忽视的工作。

4.3　中国学者的操作风险数据收集概况

中国商业银行对操作风险的重视始于 2005 年中国银监会发布的《关于加大防范操作风险工作力度的通知》。巴赛尔委员会明确规定内部损失数据是高级计量法下资本计算的基础，拥有充足和高质量的内部数据对风险量化来说至关重要（高丽君，2011）。操作风险内部数据主要来源于稽核监测、检查督导、内部审计及中国人民银行、中国银保监会的检查发现问题（张小珍，2015）。但中国操作风险内部损失数据收集起步较晚导致数据不足，不公开导致难以获取，操作损失事件上报缺乏恰当的奖惩机制，相对市场风险而言，操作风险事件的记录和数据积累十分贫乏，给中国银行业操作风险度量与管理乃至监管，以及学者研究银行操作风险带来了极大的困难。

缺乏可靠的内部风险数据的同时，中国商业银行操作风险外部数据的收集渠道也比较单一。相比国外操作风险外部数据来源的分类，中国操作风险外部数据的来源主要是公共数据。金融监管部门和审计署会定期整理一部分操作风险案件对外发布，但与实际操作风险损失相比，数量较少，操作风险数据的收集工作有待权威的主体系统地主导、推进。我国没有相关的非营利性组织推动公共数据库的建立，相关行业协会也没有启动同业金融机构间的操作风险数据的共享机制，学者们研究中国商业银行的操作风险主要基于学者自行收集公开渠道披露的损失数据。

定性分析方面，中国学者从建立操作风险损失数据库的重要性、国际上操作风险损失数据库的类型、特点等方面进行了论述。例如：杨旭等（2005）、曲绍强（2006）、李志辉等（2005）论述了设立银行操作风险损失数据库的构想、建立操作风险损失数据库的动因，介绍了操作风险损失数据库的类型，并对确定阈值及处理内、外部数据库的关系进行了定性论述，概述了中国商业银行操作损失数据收集的进展；张宏毅（2006）论述了采用信度理论可以解决操作风险频度数据不足问题（未做实证）；吴博（2012）分析了高级计量法四类数据元素的整合和应用。

定量分析方面，樊欣和杨晓光（2003）收集了1990~2003年国内媒体公开报道的71起操作风险损失事件。高丽君等（2006b，2007）从审计署网站、原中国银监会网站和门户网站的财经新闻专栏中收集到时间跨度由1994年至2005年10月的损失事件共193起。袁德磊和赵定涛（2007）整合了媒体披露的2000~2005年的307起操作损失事件，并从业务类型、损失类型和地区分布等方面，对操作损失的频度和强度进行了归类。费伦苏和邓明然（2007）研究了国内媒体和监管机构公开报道的中国商业银行在2000~2006年被揭露出来的578件操作风险事件。高丽君和李建平（2009）共收集到损失事件894起，时间跨度为1995~2006年。司马则茜等（2008，2009）和丰吉闯等（2011a，2011b）利用媒体和案卷收集了1995~2006年的860多条操作损失数据……

　　囿于中国商业银行操作风险信息披露及数据采集的实际情况，中国学者主要采用外部数据中的公共数据进行操作风险分析，基本没有采用保险数据和行业数据进行分析的研究。学者采用自行收集的数据，不同学者对操作风险内涵理解、采用数据源及时间跨度的不同都会导致数据库的不一致，见表4-1。个别学者按照广义操作风险的思路，将全部风险去除信用风险和市场风险视为操作风险，采用上市银行年报数据，利用收入模型或证券因素模型进行度量。

表4-1 中国学者对中国商业银行操作风险度量与分析的样本数据收集情况

作者	发表年份	样本量	样本年份	数据收集手段	模型
樊欣、杨晓光	2003	71	1994~2002	媒体报道	仅基本统计分析
樊欣、杨晓光	2004	未列明	1996~2001	上市银行年报	收入模型、证券因素模型
樊欣、杨晓光	2005	71	1994~2002	媒体报道	LDA + MC 模拟
周好文、杨旭枫	2006	96	2001~2004	据《福克斯》整理	极值理论
高丽君、李建平等	2006	193	1994~2005	媒体报道	HKKP 估计极值
袁德磊、赵定涛	2007	307	2000~2005	媒体报道	仅统计分析
詹原瑞、刘睿	2007	102	1994~2005	媒体报道	极值 + 贝叶斯估计
费伦苏、邓明然	2007	578	2000~2006	媒体报道	蒙特卡洛（MC）模拟
司马则茜、蔡晨等	2008	860	1995~2006	媒体报道	分形理论
张宏毅、陆静	2008	161	1990~2005	媒体报道	损失分布法（LDA）
司马则茜、蔡晨等	2009	868	1995~2006	媒体报道	POT 幂率
卢安文、任玉珑等	2009	227	2003~2007	媒体报道	贝叶斯推断
钱艺平、林祥等	2010	220	1994~2008	媒体报道	分块极大值（BMM）模型
司马则茜、蔡晨等	2011	868	1995~2006	媒体报道	g-h 分布
宋坤、宋鹏	2011	343	1987~2010	媒体报道	变点分析阈值法
吴恒煜、赵平等	2011	202	1994~2007	媒体报道	极值 + Copula
丰吉闯、李建平等	2011	860	1995~2006	媒体报道	LDA + 随机和模型、广义误差模型

续表

作者	发表年份	样本量	样本年份	数据收集手段	模型
施武江、丰吉闯	2011	860	1995～2006	内体报道	最大熵、压力测试
周艳菊、彭俊等	2012	409	1994～2009	媒体报道	Bayesian-Copula
陆静	2012	439	1990～2009	媒体报道	分块极大值（BMM）模型
宋坤、刘天伦	2012	344	1987～2011	媒体报道	贝叶斯估计
王宗润、汪武超等	2012	426	1994～2010	媒体报道	BS-PSD-LDA 模型
高丽君、丰吉闯	2012	1469	1994～2008	媒体报道	变位置参数贝叶斯预测
陆静、张佳	2013	213	1990～2010	媒体报道	信度理论
陆静、张佳	2013	238	1990～2010	媒体报道	极值 + 多元 Copula
宋加山、张鹏飞等	2015	330	2000～2013	媒体报道	对数正态 + 完全独立 EVT + t Copula
汪东华、徐驰	2015	935	1994～2010	媒体报道	非参数，正态近似法、经验似然法、数据倾斜法
李达、陈颖等	2016	2959	1978～2012	媒体报道	新标准法、收入法、信度法
戴丽娜	2017	577	1994～2008	媒体报道	非参数 Champernowne 法 + 参数法
徐驰、汪东华	2018	1093	1994～2012	媒体报道	系数序列法 + 动态 Levy Copula + 极值
高翔、郭雪梅	2019	3336	1987～2012	媒体报道	统计分析
陈倩	2019	549	1994～2013	媒体报道	双截尾 + POT
谢俊明、胡炳惠等	2019	267	1997～2016	媒体报道	损失分布法 + 左截断 + 保险缓释

注：若方法基本相同，收集数据手段也相同，则仅列先发表者文献。

由于数据量问题，多数学者将收集到的各银行损失数据视为同一银行（即看作一巨型银行）的损失数据。对操作风险计提资本金是操作风险管理的最后一道防线。不考虑外部数据的内生偏差，不进行预处理、直接进行分析，数据样本不一致，模型方法不一致等，导致中国学者对操作风险的分析会产生偏差。例如，究竟需为中国商业银行分配多少资本金这个问题，众说纷纭，没有统一的答案，结果可信性存疑，模型说服力不强，业界也难以采用研究者所提出的模型。具体原因见第5章。

至少存在两个问题：一是如何保障或证明现有的外部数据能够代表总体特征；二是如何选择或开发有效的模型，从而能从这些非常有限的数据中发现与实际接近的操作风险值，并验证模型。这表明在操作风险度量过程中，数据本身的研究非常重要，数据是操作风险度量与管理的基础性工作，需要收集具备何种基本特征的外部数据、至少需收集多少才能体现总体特征、外部数据内生偏差如何处理等，均需要深入探讨。在数据规范、充分、准确基础上，模型的适用性、准确性、一致性亦需要验证，以加强模型说服力，促使业界采纳。如何证明现有的外部数据能够代表总体特征，笔者将在第5章分析；外部数据的内生偏差问题，笔者将在第6章详细阐述。本章笔者重点阐述数据收集与整理的规范性问题。

4.4　操作风险数据收集过程

有多种收集损失数据的来源，为了简化目的，假设这些来源都已经得以识别。

首先，要对内部数据进行收集、分类、汇总和检查，这是量化分析过程中最重要的，也往往是最容易被忽略的一步。收集数据过程本身是对银行所面临的操作风险的识别过程。数据收集本质上是对定义讨论的再阐述，是对所选择的操作风险定义的具体化。

收集数据时，首先要解决的问题是分析哪些损失事件属于操作损失，即确定什么样的数据需要收集，这是一件比较困难的工作。损失数据的收集实际上是对操作风险定义的理解的诠释。周凯（2014）分析了不同风险经济资本测量的数据要求，高级计量法风险敏感度高，操作风险对数据定性、定量的要求也高。实践中，在一个机构内有不少地方能够收集在操作风险定义中规定的损失事件，例如法律、人力资源管理、信用卡欺诈检查和内部审计等。在数据收集过程中要注意剔除重复数据，要理解使用的阈值不同，每一个数据源中数据累积使用的程序也不同，还要注意把握应该包括在损失数据库中的对建模有重要意义的遗失信息（如业务职责、销账数据、事件分类等）。

另外，还有专门的步骤确认收集的事件确实是操作风险事件、这些事件已经结束、损失的回收价值已经得到合适测量。

其次，检查数据的质量。在操作风险度量过程中数据的数量特征往往被视作主要的限制因素。对数据涵盖范围的检查能够告诉我们是否需要更多的数据调查或者需要什么样的定性调查对得到的数据集进行补充。进行数据质量检查时，可以首先从以下内容开始：不同时期事件个数一致性的检查；损失分布"平滑性"检查；数据中低端与高端截点大小；各业务线和事件种类的相对事件个数等。另外，还可以检查损失数据中存在的一些明显趋势、数据突出点或缺口点等。

4.5　中国商业银行操作损失外部数据库的构建

4.5.1　中国商业银行操作风险数据库建设主体问题

首先回答为什么要建设操作风险损失数据库，这个问题已经在上一节阐述清楚了。

要在中国建立操作风险损失数据库必然涉及两个问题：一是由谁来建立；二是如何建立。第二个问题借鉴国际经验比较好解决。第一个问题可以有两种思路，第一个思路是由各个商业银行自己建立；第二个思路是由一个统一的机构来设立。

根据前面所讨论的结果，单个银行遭遇较多重大的操作损失事件是比较少见的，另外中国的商业银行在很多方面都很相似，即具有一定的同质性，一个银行的操作风险的经验对其他商业银行有很强的借鉴意义。所以由一个统一的机构来主导集中建立数据库比较好。这个机构可以选择社会机构或者商业银行监管部门。笔者认为在当前情况下，社会机构的信用和影响力还不足以去建立这个数据库，由商业银行监管部门建立是当前的最佳选择。

那么是由中国银保监会还是由中国人民银行建立？这里，笔者认同王瑜玺（2007）的观点，即中国银保监会是中国商业银行的直接监管机关，商业银行往往因为怕惩罚而不能积极真实地上报数据；中国人民银行并不直接监管商业银行，而且中国人民银行本身就在运营一个涵盖各个商业银行的信贷征信系统，其数据库里的历史数据也非常容易转换为风险损失数据。因此，笔者认为由中国人民银行建立一个涵盖各类风险的损失数据中心，特别是搜集操作风险损失数据是可行的，也是最佳的选择。

然而现实是，据 2014 年笔者所获得的信息，中国人民银行并没有着手此项行动。而中国银保监会①，在 2009 年前后设计了比较翔实的操作风险损失数据收集框架，涉及条目超 20 项。这里，需要对数据收集和使用中的一些关键问题进行说明。严格来说，在形成统一制定的标准之前，不同银行或者不同业务单位收集到的损失数据都是建立在各自主观判断的基础上，这些数据的随意混同将导致一系列的混乱和偏差，甚至结果的失效。所以，需要制定一系列的数据标准，包括一个完整的由多层次定义子集构成的"操作损失"数据手册；统一各个数据集合的进入标准，如时间、地域、金额等；各部门、业务、产品使用统一的风险称谓等。中国银保监会所设计的这个数据收集框架，基本上满足了统一的数据标准问题，是一个较好的尝试。但由于种种原因，如表格设计过于详尽，完整填写一条记录较烦琐耗时；银行具体负责风险控制的业务人员对表格的理解有偏差，或有隐瞒失误的可能（数据收集当中的一个难题是隐瞒失误的文化，这需要逐渐克服），或仅就此项填表而言中国银监会对银行没有强制力，据中国银保监会专门研究操作风险的人员介绍，数据收集效果并不佳，银保监会掌握的相关数据只有少量案件信息，信息较少且不对外公开。这个问题涉及社会文化、企业制度、企业文化、薪酬奖惩机制等多方因素，短期内难以克服，需要长期逐步改善，这里不多加讨论。

4.5.2　中国操作风险外部数据库构建

因此，由谁来建这个问题，在这"最佳选择"——最适合的两家机构由于种种原因不对外公布相关信息的情况下，虽然少部分银行在操作风险数据库建设方面也做出了一定的努力，但目前的状况是学者及业界人士很难获得充足的银行内部数据或联合机构的外部数据，需要自行收集。在此前提下，

---

① 原中国银监会，后与中国保监会合并，简称中国银保监会。

学术界从学术研究的角度建立了商业银行操作风险外部损失数据库。

鉴于中国并无统一开放的外部数据库，而研究操作风险必然要用到外部数据，从学术研究的角度，笔者与两个研究团队进行了数据交换与合作：中国科学院李建平团队的数据库及开发了科德中国金融机构操作风险损失数据库（www. cord-oprisk. com）的高翔团队，对数据进行了整合、查遗补缺及反复核实、清洗。笔者参与了两个团队的外部数据库数据收集标准的设计，及李建平团队数据库收集的第 1 ~ 3 次数据核实与清洗，以规范数据收集与使用，这也是外部数据整合的基础与前提。

4.5.2.1 确定操作风险外部损失事件的收集标准

（1）新案例收集时不设阈值，如最终损失金额为 0（差点儿造成损失而无实际损失，或在一定时期内造成了损失但随后能够完全复原）、损失金额仅包括为了防止操作风险损失发生而放弃的项目收入，或损失事件最后反而造成了营收，这三类案例也要记录。最终计算时可按照需要自行去除不符合要求的事件，例如，左截断数据损失金额小于 1 万元的案例以及损失金额等于 0 的案例等。

（2）编号：为每一件损失事件分配唯一编号，便于后期查找和核对。目前设置为损失归属年份加数字序号。

（3）时间（按先后顺序列出，如可查需记录年月日，重要时间节点用星号标出）：

a）开始时间（occurrence date）：人员第一次行使违规行为，内部流程第一次出错，系统第一次崩溃或外部事件第一次冲击的日期。如果为涉及人员违规的被审理案件，多数可从案件描述中找到。

b）终止时间（termination date）：人员最后一次行使违规行为，内部流程最后一次出错，系统最后一次崩溃或外部事件最后一次冲击的日期。如果为涉及人员违规的被审理案件，多数可从案件描述中找到。

c）识别时间（recognition or discovery date）：金融机构自身内部察觉或对外宣布某损失事件的日期。

d）披露时间（press date）：操作风险事件由首家媒体向公众披露的日期。

e）结算时间（settlement or accounting date）：案件最终被金融机构相关部门登记在案，或反映在金融机构财务报表上的日期。第 2 条编号中的损失归属年份即是按照结算时间的年份考虑。如果为涉及人员违规的被审理案件，嫌疑人归案时间和结案审判时间也可作为结算时间的代理。

f）收集时间（capture date）：本数据库首次收录该损失事件的日期。

g）修改时间（revision date）：本数据库维护人员对该损失事件进行后续修订，或更新其他损失事件信息的日期。

h）开始到披露持续的时间：以月为单位，不到 1 个月的算作 1 个月，用于衡量金融机构内部的风险事件侦查效率。

（4）金融机构：具体金融机构的名称，按照中国银保监会、中国证监会定义。

（5）案发地点：省、市、区县、部门，尽可能具体。

（6）涉案金额：案件涉及金额，从始至终使多少金额处于或曾处于风险状态，以万元人民币为单位。涉案金额不包括保险的赔付和税收效应，也不包括机会成本、放弃的收入、风险管理的成本或为了预防未来操作风险损失而加强风险控制的成本（这里金额的认定比较复杂，需要找 2～3 个数据源来认定。多个媒体，对同一事件的报道会有不同）。

（7）损失金额：最终通过司法等各种途径追回后的实际总损失金额，如果为被审理案件，多数可从案件描述中找到。损失金额不包括从保险公司获得的赔付。某类案件如信用卡盗刷，需要判断是否银行被判担责，以及银行负责的赔付是多少；如果法院判决后由案犯的家人或朋友帮助分期偿还，还需考虑利息问题，并最终计算出银行的实际损失。最终计算数例为最终损失金额项，而非涉案或出于风险之下的金额项，因银行计提资本考虑的是实际损失。

（8）事件类型：按照新巴塞尔协议相关内容定义。

（9）业务部门：按照新巴塞尔协议相关内容定义。

（10）案件描述：对案发始末和分析的文字描述。

（11）新闻链接：报道过该案件的新闻媒体。如有多个媒体对某事件进行不同的描述，选择数据最精确的。凡遇概数金额（如涉案金额超过 1000 万元或 1000 多万等文字描述）需按照案件的描述进行再搜索，尽可能找到更具体精确的损失数额；若近期的找不到具体损失额度，可滞后一年按照案件描述重新搜索。

（12）人员身份：如果是由人员因素引起的，需记录人员的岗位和职务信息，如果有多人参与，记录职位最高的人员信息，如果是由非人员因素引起的，需记录是由流程、系统还是由外部事件引起的。

（13）省份：案发机构按照省级行政区划分的地理位置。

（14）机构性质：记录发生操作风险事件的金融机构的行业和类型，按照中国银保监会相关规定。

（15）机构级别：记录属于哪一个级别的分支机构。

（16）是否涉及多家机构或一家机构多地分支机构：如果等于 1 则意味着该样本的金融机构或案发地点处包含多个词条。

关于颗粒度（granularity）的特别说明：如果案例涉及多人，无法划分清楚责任分配，其中某人既参与了 A 银行的事件，也参与了 B 银行的事件，但无法分清楚涉及 A 银行多少损失，B 银行多少损失，等等之类，则认定为一件操作风险。若涉及持续时间超过 1 年，且无法将具体损失额度归于其中所有年份的某具体年份，则认定为一件操作风险。

4.5.2.2　已有操作风险案例纳入最终计算数例的标准

（1）案件爆发时风险金额不少于 1 万元。

（2）案件最终损失金额不为 0 值。

（3）如果案例涉及多人，无法划分清楚责任分配，其中某人既参与了 A 银行的事件，也参与了 B 银行的事件，但无法分清楚涉及 A 银行多少损失，B 银行多少损失，等等之类，则认定为一件操作风险事件。

（4）若涉及持续时间超过 1 年，且无法将具体损失额度归于其中所有年份的某具体年份，则认定为一件操作风险事件。

（5）损失归属年份按照终止年份考虑。

（6）最终计算数例为最终损失金额项，非风险金额项。

（7）如有多个网站对某事件进行描述，选择数据最精确的。凡概数金额（如涉案金额超过 1000 万元或 1000 多万等文字描述），需按照案件描述搜索案件，尽可能找到更具体精确的损失数额。

（8）若近期的找不到具体损失额度，可滞后 1~2 年按照案件描述重新搜索。

（9）某些案件如信用卡盗刷，需要判断是否银行被判负责任，银行损失是多少。

（10）某些案件如信用卡盗刷，可能通过法院判决后其家人朋友帮其偿还，需判断银行最终损失是多少；这会涉及本息问题。

4.5.2.3 银行操作风险事件的自动挖掘过程

利用金融风险事件挖掘系统，从多种信息源对操作风险损失历史数据进行收集。

金融风险事件的自动挖掘，本系统主要处理过程如图 4-1 所示。

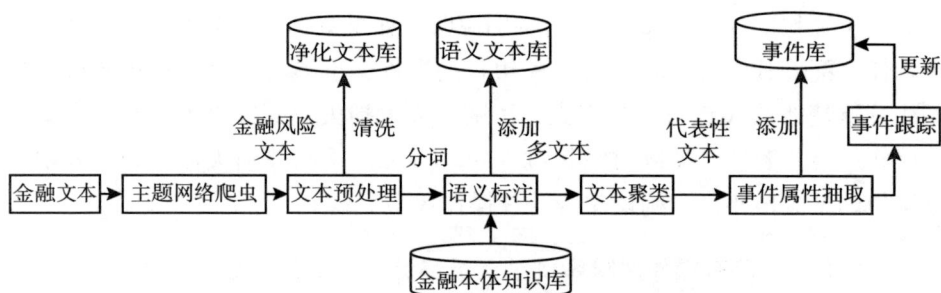

图 4-1 银行操作风险事件的自动挖掘

（1）金融文本：主要来自银行内部、行业监管机构、行业协会、商业机构、学术研究和其他渠道披露的等 6 种数据源的金融文本。作为第三方比较可行的数据获取方式是分析网页和学术论文等公开发布的文本，从中提取金融风险事件。主要的文本来源有：

①金融新闻。主要来自以下网站：163 财经，http：//money. 163. com/（主要汇集其他网站新闻）；中国法院网，http：//www. chinacourt. org（案例大全）；中国金融网，http：//www. zgjrw. com；审计署，http：//www. au-dit. gov. cn；银监会，http：//www. cbrc. gov. cn；证监会，http：//www. cs-rc. gov. cn；保监会，http：//www. circ. gov. cn①；中国银行业协会，http：//www. china-cba. net；中国证券业协会，http：//www. s-a-c. org. cn；中国中小银行网，http：//www. minbank. net；国家反贪局，http：//www. hicourt. gov. cn/

---

① 中国银监会已与中国保监会合并成立中国银保监会，网址：www. cbirc. gov. cn。但中国银监会、保监会原网址仍可登录查阅信息。

news/default. asp；李若然：《近年银行大案要案一览》，http：//bank. cnfol. com。

②中国学术论文。主要来自以下网站：中国知网，www. cnki. net；万方数据库，www. wanfangdata. com. cn。利用光学字符阅读器（OCR）文字识别技术将下载得到的 pdf 文档转化为 txt 文档。

③国外学术论文。主要来自 Google 学术，scholar. google. com。

（2）文本预处理：包括文本清洗和分词处理。预处理后的文本存储在净化文本库。

①文本清洗。一般从网站上获得的网页中含有一些无用的噪声，如网页上的广告、页眉、页脚等。通过文本清洗技术，提取出需要的文本。

②分词处理。利用分词处理软件，将中文句子划分为词语。

（3）语义标注：上一步获得的词语，对计算机来说仍然是一些没有具体含义的字符串，计算机无法理解它们。为此，利用本体知识库，对词语进行自动语义标注。经过标注的文本具有计算机可以理解的语义。

（4）文本聚类：针对文本特征（即标有语义的词语），利用机器学习算法对文本进行聚类。将描述同一个金融风险事件的所有文本聚集成为一个类，用代表性的一篇或几篇文章描述该事件，即文本去重。

（5）金融事件关键属性抽取：从代表性的文本中，抽取出描述金融事件的关键属性。这些属性主要包括时间、金融机构、案发地点、涉案金额、损失金额、事件类型、业务部门、案件描述、来源文献、新闻链接、人员身份、省份、机构性质、机构级别、涉及机构等信息。

然后，将抽取的事件及其属性与金融事件数据库中的信息作对照，如果数据库中不存在，将发现的新事件添加到金融事件库中。否则，抛弃之。

（6）事件跟踪和演化：在事件库中的原有的事件，随着调查深入更为详尽的信息逐渐披露。经过一段时间后，新发现的事件可能是原有事件的一个更新，因此，据此更新该事件信息。

4.6 外部数据下中国银行业操作风险数据

由于内部数据的不可得性，笔者利用公共信息渠道收集了 60 多家银行 1994~2015 年（如报纸、网络、案卷等，具体途径见上一节）3500 多条中国银行业的操作风险损失数据，建立了中国商业银行操作风险损失外部数据库。未列示2016年及之后的中国银行业操作风险损失数据，原因有二：第一，考虑到损失事件的披露具有时滞性，且某些事件其最终损失仍未确定（如，案件未审理完，或司法介入后又回收部分资金等）；第二，外部数据具有不精确性，报道时出于主观感情或客观无精确数据而采用大概数据，如"1039万元"会报道为"1000万元"等，需要核实每一条记录的精确性，时间成本较高且有一定时滞。研究者每隔约3~4年进行一次大规模的数据清洗及核实。因此本操作风险外部数据库仅记录截至2015年底结束的操作损失事件。

其中，每一事件都尽可能地记录了以下方面的信息：事件发生、发现及结束的时间、地点，事件的责任主体，事件发生的业务类别和事件类别，损失大小，损失收回的金额及其收回的途径，是否与市场风险和信用风险相关，事件原因的描述等内容，鉴于外部数据存在收集偏差，除来源于中国银保监会、审计署、法院网站等权威网站的案例，案例库中其他每一条案例都需经过2个或以上来源的验证，才能被纳入最终数据库，以此来确保本外部数据库数据来源的真实性。

表4-2给出操作风险损失频率的统计特征，可以看出，中国商业银行操作损失频发。

表4-2 1994~2015年中国银行业操作风险损失频率

年份	1994	1995	1996	1997	1998	1999	2000	2001	2002	2003	2004
频率	22	45	65	80	86	93	180	150	169	201	272
年份	2005	2006	2007	2008	2009	2010	2011	2012	2013	2014	2015
频率	238	185	150	182	222	161	228	210	183	261	170

这里需要说明，这不意味着1994年前中国银行业发生的操作损失事件很少，仅由于历史事件发生得早，当时网络、媒体信息不够发达，信息披露得较少。笔者最初的71条记录源于中国科学院数学与系统科学研究院杨晓光研究员的赠予，再次感谢杨研究员。

4.7 本章小结

中国银行业由于种种原因，至今没有公开的内部数据库，而行业协会、监管机构也无公开或可共享的外部数据库。从国外的经验看，层面越多，有效数据越多，数据库发挥的效用越大。本章探讨了中国学者研究银行操作风险的结果各异的原因；分析在内部数据不足情况下，外部数据库由谁建立最合适；但在未建立情况下，从学术研究的角度分析外部数据收集标准，规范外部数据收集，建立操作风险外部数据库。

本研究可以作为中国商业银行初步的操作风险外部数据库，以此为依据，有助于为商业银行提供有益的操作风险外部数据补充。

第 5 章

外部数据度量中国商业银行
操作风险的样本量研究

5.1 问题提出

对操作风险计提资本金是操作风险管理的第一支柱的内容，是操作风险管理的最后一道防线。资本度量需要充足的、切实可信的数据为基础。然而中国商业银行与国际银行业在度量银行操作风险上的一个最重要的不同在于：尽管国际银行业的操作风险数据也是不足的，但由于数据收集工作入手比较早，有一定的可信的内部数据基础，有相应的国际监管机构按一定标准收集的行业数据库或企业数据库的外部数据作为补充，研究者关注的重点在于内、外部数据的合并问题（Guillen et al.，2007；Dahen et al.，2010）。而中国商业银行，内部操作损失数据收集起步晚，甚至有的银行还未提上议事日程，未开发出相应的行业数据库。这导致对中国商业银行操作风险度量的研究，绝大多数学者采用外部数据，将整个中国商业银行看作一家大银行进行度量与分析（见表 5 - 1）。

表 5-1　国内学者估算中国商业银行操作风险资本金的研究结果对比

方法隶属框架	计量方法	样本区间（年份）	样本数	估计资本金（亿元）	置信度（%）	作者	发表年度	度量结果验证
损失分布法（LDA）	LDA + MC 模拟	1990~2003	71	1900	99.9	樊欣、杨晓光	2005	—
极值理论	HKKP 估计	1994~2005	193	13624	99.9	高丽君、李建平等	2006	占银行业总资产比
极值理论	POT 极值	1994~2005	193	13089	99.9	高丽君、李建平等	2007	占银行业总资产比
模拟	蒙特卡洛模拟	2000~2006	578	3163	99.9	费伦苏、邓明然	2007	—
模拟	灰色动态残差模拟	1994~2005	219	1733.87	99.9	金婷、秦宏志	2007	—
LDA	LDA	1990~2005	365	107	99.9	张宏毅、陆静	2008	—
极值、贝叶斯	贝叶斯推断法	2003~2008	227	697.9	99.9	卢安文、任玉珑等	2009	与 HKKP 法比误差
极值理论	POT 幂率	1995~2006	868	9700	99.9	司马则茜、蔡晨等	2009	—
极值理论	BMM 模型	1994~2008	220	31.91	99.9	钱艺平、林祥等	2010	—
极值理论	POT 极值	1995~2006	860	1236	99.9	丰吉闯、李建平等	2011	与 GED、SGED 比
LDA	GED	1995~2006	860	1201	99.9	丰吉闯、李建平等	2011	与 POT、SGED 比
LDA	SGED	1995~2006	860	1057	99.9	丰吉闯、李建平等	2011	与 POT、GED 比
LDA	LDA + 估计阈值	2000~2006	280	1930	99.9	丰吉闯、李建平等	2011	压力测试
LDA	LDA	1994~2009	409	39	99	周艳菊、彭俊等	2011	与 MLE 法比较
LDA	LDA + 相关性	1994~2009	409	32	99	周艳菊、彭俊等	2011	与不相关法比较
极值理论	变点分析阈值法	1987~2010	343	749.4	99.9	宋坤、宋鹏	2011	—
极值理论	g-h 分布	1995~2006	868	8780	99.9	司马则茜、蔡晨等	2011	与 POT 幂率法比

续表

方法录属框架	计量方法	样本区间(年份)	样本数	估计资本金(亿元)	置信度(%)	作者	发表年度	度量结果验证
极值理论	POT + Copula	1994~2007	202	4.99	99.9	吴恒煜、赵平等	2011	与不相关法比
极值+模拟	贝叶斯参数估计	1987~2011	344	1080.1	99	宋坤、刘天伦	2012	与MLE法比标准差
极值理论	BMM	1990~2009	439	11.95	99.9	陆静	2012	KS及AD检验
极值+LDA+模拟	BS-PSD-LDA模型	1994~2010	426	16.91	99	王宗润、汪武超等	2012	Kupiec返回检验
极值+相关性	极值+Copula多元	1990~2010	238	1097.9	99.9	陆静、张佳	2013	与简单极值、LDA比
极值+相关性	尾相关Copula	不明	200	883.22	99.9	明瑞星、谢铨	2013	与不考虑尾相关比
极值+相关性	极值+Copula	2000~2013	330	272.00	99.9	宋加山、张鹏飞等	2015	与对数正态+完全独立比
非参数法	正态近似、经验似然、数据倾斜	1994~2010	935	94.03	99.9	汪东华、徐驰	2015	与参数法比
损失分布	广义Champernowne核密度估计	1994~2008	国:310;非国267*	国:2711;非国:6248	99.9	戴丽娜	2017	与参数方法比
损失分布法	左截断+保险缓释	1997~2016	267	645.7	99.9	谢俊明、胡炳惠等	2019	与不考虑左截断比
损失分布法	系数序列法、动态Levy Copula+极值	1994~2012	1093	504.46	99.9	徐驰、汪东华	2019	与同单调模型、传统copula模型比
损失分布法	双截尾分布+POT	1994~2013	549	102.69	99.9	陈倩	2019	与单一损失及未截尾比

注:*国,代表国有商业银行;非国,代表非国有商业银行。限于篇幅,简写。表格数据根据各研究所研文献统计整理。本表仅表4-1略有区别,本表仅体现实证度量度中国商业银行操作风险资本金的文章。

对于究竟需为中国商业银行分配多少操作风险资本金这个问题，中国学者众说纷纭，没有统一的答案，最小者 5 亿元，最高者 1.3 万亿元；即使同一个人，采用不同的数据集、不同的方法，结果差异也较大。导致对中国商业银行操作风险进行度量的模型说服力不强，业界也难以采用研究者所提出的模型。究其原因，主要有以下几个方面：第一，操作风险内涵广泛，巴塞尔委员会并未提出内涵非常明晰的定义，不同研究者对操作风险的理解不同，导致收集的操作损失案例不同，数据标准亦不同；第二，由于我国商业银行内部数据应保密，不易收集，多数研究采用外部数据直接度量，每个团队收集的外部数据都难以穷尽所有，均是小样本的，是否能够代表总体样本情况，并不清楚；第三，外部数据本身具有内生偏差，而目前中国研究者均是将外部数据直接纳入模型，不修正外部数据的内生偏差，度量操作风险会产生内、外数据不同质、扩大规模问题和缺乏兼容性等一系列问题，可能会对结果造成重大影响；第四，采用的度量模型不同，模型能否较准确度量操作风险，近半数未验证，进行验证的多数为与其他模型互比结果，验证方法较单一。

以上说明中国商业银行操作风险的度量存在一系列未决问题，即至少存在三个问题：一是如何保障或证明，现有的外部数据能够代表总体特征；二是外部数据的修正问题；三是如何选择或开发有效的模型，从这些非常有限的数据中，发现与实际接近的操作风险值，并验证模型。

这表明操作风险度量，数据本身的研究非常重要，数据是操作风险度量与管理的基础性工作，需要收集具备何种基本特征的外部数据、至少收集多少才能体现总体特征、外部数据内生偏差如何处理等，都需要深入探讨。在数据规范、充分、准确基础上，模型的适用性、准确性、一致性也需要验证，以加强模型说服力，促使业界采纳。

本章立足第一个问题，即在外部数据小样本情况下，研究其是否能够代表总体样本特征。即，至少需收集多少有效的外部数据（其中包含极端值），才能体现总体特征？

5.2 假设前提

该研究在以下几个假设前提下进行分析：

前提1：中国研究者们经过多年对新巴塞尔协议的理解和对操作风险的研究，对操作风险的范畴的理解基本达到了一致。即，尽管各研究团队所收集到的操作风险外部数据案例不同，但假设已经收集到的操作损失外部数据标准基本保持一致。在第4章，笔者已与合作者设立了外部数据收集标准，对外部数据的收集和检验进行了规范性设置。这两个团队有目前中国学术界最大的两个操作风险外部数据库，且就此标准也与学术界、金融界人士进行了探讨，标准经得起推敲。

前提2：在中国社会背景条件下，可以认同各商业银行的操作运营具有一定的同质性，可以将各商业银行看作一个巨型中国商业银行。这也是众多中国学者目前均采用的一个假设前提。

前提3：过去发生的损失今后仍有可能发生，且损失额度与发生年份之间的关系不大。高丽君等（2011）利用内部欺诈数据证明了损失额度与损失发生年代之间的影响较小。在此假设前提下，历史数据才可以用来估计损失频率和强度，进而预测未来，即不考虑过去损失额度的时间效应。

前提4：外部数据确有内生偏差，但中国学者收集到的外部数据多为公共数据（因为中国目前无相关行业数据库，也很少有相应的保险数据），在假设2的前提下，通过虚拟一家大的中国商业银行可以不考虑控制偏差和尺度偏差。即只需考虑报告偏差。报告偏差可以通过某些修正技术进行数据预处理加以修正。

前提5：银行可以采用外部损失数据来测算操作风险所需的资本要求。亚历山大（Alexander，2003）指出，有证据显示如果商业银行不采用外部损失数据来弥补数据不足的话，就不能准确地估计出操作风险分布的尾部，这很难让监管当局相信度量方法的可行性，所以商业银行采用外部损失数据是不可避免的。帕特里克等（Patrick et al.，2006）采用 OpRiskAnalytics 和 OpVantage 两家数据公司从公共信息渠道收集的损失数据，对国际活跃银行所需提取的操作风险资本金进行了模拟测算，结果表明利用外部数据能很好地

测算操作风险。所以，出于内部数据缺乏的现状，量化操作风险时需要外部
数据来测算。

前提 6：通过随机抽样技术多次抽取样本，并对各在险值取均值，即使
是小样本，也能抽取到极端值。

在此假设前提下，思考需要收集的外部数据量，即至少需要收集多少有
效的外部数据样本，才能体现总体特征。

5.3 研究方法

采用非参数变规模拔靴法生成不同的模拟样本量，考虑各分位数、尾部
在险值的变化情况，选择能反映总体特征的比较稳定的最小样本量。

亚历山大（Alexander，2003）认为当损失事件个数大于 100，并且包括
损失非常大的数据（尾部）时，就可以直接对风险建模，使用的数据量越
大，度量结果越稳定。恩博切特（Embrechts，2003）认为数据量的不足会对
数据的平稳性以及结果产生严重不利影响。因此，首先需要考虑备选初始样
本规模，初始样本规模从 100 开始。其次，需要考虑单次规模增加量，这里，
本书选取 100。

利用样本数据集，以非参数拔靴法（bootstrap）变规模分析，探求最小
样本数多大时，总体样本比较稳定。具体思路：样本数据集有放回抽样，从
中抽取 100 ~ 10000 个样本数，每个规模抽取一定次数（本研究抽取 5000
次），分析每个规模的新样本的特征。由于操作风险具有显著的尖峰厚尾特
征，本研究分析的重点显然不应像正态分布那样分析均值、中位数、方差等。
本研究分析分布的总体特征，考虑四分位数、尾部极端值的变化情况。当各
分位数比较稳定时，可以认为该样本量基本能体现总体特征。选取达到稳定
的最小规模量作为所求最小的能体现总体特征的样本量。这里，本研究视均
值变化率来表征稳定，当某样本规模的所有在险值的均值的变化率小于一定
值时，认为达到稳定。这个取样规模即所求的能代表总体特征的最小样本
规模。

5.4 实 证 分 析

5.4.1 原始外部样本数据描述

从外部公共媒体如报纸、财经网站、中国银保监会网站、审计署、法院案例收集到从 1994~2012 年的单件损失共 2323 例（此部分内容所采用数据库为较早期数据库，研究者每 3~4 年会大规模检验、更新数据库。鉴于损失额度与发生年份之间的关系不大，不另行再做同样的分析）。考虑到数据收集成本，低于 1 万元人民币的损失暂不列入数据库，即，本数据库的数据为左截断数据。由表 5-2 可知，样本数据损失跨度非常大，平均单件损失超亿元，损失分布存在严重的尖峰厚尾现象。

表 5-2　　　　　　　　　　**外部数据样本集描述**　　　　　　单位：万元

样本数	最小值	最大值	均值	中位数	标准差	偏度	峰度
2323	1	800000	10586	192.5	48070.5	8.878	96.669

注：其中 2009 年以前的数据见 www.casipm.ac.cn。相关数据收集标准及规范见第 4 章。

5.4.2 确定最小样本规模

表 5-3 是利用非参数 bootstrap 法变规模分析，将原始样本抽样 5000 次得出的分布分位数数值，限于篇幅，表中仅列了其中几个样本规模的情况。

表 5-3　　　**原始样本非参数抽样模拟 5000 次在险值（100~10000）**　　单位：万元

在险值取样数		VaR_{25}	VaR_{50}	VaR_{75}	VaR_{90}	VaR_{95}	VaR_{99}	$VaR_{99.9}$	$VaR_{99.99}$
100	均值	22.09	209.85	2733.09	16921.21	42768.08	184149.95	325570.23	339712.30
	方差	96.25	12954.35	2111959	62824778	610690049	16340352575	33756759021	3.75E+10

续表

在险值取样数		VaR_{25}	VaR_{50}	VaR_{75}	VaR_{90}	VaR_{95}	VaR_{99}	$VaR_{99.9}$	$VaR_{99.99}$
200	均值	20.49	194.08	2576.07	16491.31	43092.22	205558.29	416371.08	444687.4
	方差	36.65	4680.80	814618.80	26006420	292990765	12012215050	27955600705	3.31E+10
					......				
5000	均值	19.38	188.31	2481.16	16179.75	43458.57	227151.18	597975	1938378
	方差	1.49	153.32	31136.08	1104421	10200785	999819106	3987182769	2.7E+09
					......				
10000	均值	19.45	189.08	2477.12	16155.39	43430.57	225092.53	602342.57	789390
	方差	0.72	107.06	12935.34	648890.3	5267462	559359697	2323977055	1.25E+09

注：限于篇幅，表中仅列示部分取样数值的分位数。

为确定最小的能体现总体样本特征的样本量，考虑各分位数均值最大变化率。其中：

$$\max\{均值变化率\} = \max\{变化率(VaR_{05}, VaR_{25}, VaR_{50}, VaR_{75}, VaR_{90},$$
$$VaR_{95}, VaR_{99}, VaR_{99.9}, VaR_{99.99})\} \qquad (5-1)$$

这里选取最大均值首次出现小于 0.001 的规模作为能体现总体样本的最小规模。当取样数达到 800 时，首次出现最大均值变化率小于 0.001，为 0.0009。表 5-4 是各取样规模下在险值最大均值变化率情况，图 5-1 是各样本规模不同分位数均值的变化率。因此初步确定的最小取样规模为 800 例。

表 5-4　　　　　　　　各样本规模下在险值最大均值变化率

取样规模	100	200	300	400	500	600	700	800	900	1000
最大均值变化率	—	0.0751	0.0150	0.0098	0.0094	0.0053	0.0095	0.0009	0.0259	0.0098
取样规模	1100	1200	1300	1400	1500	1600	1700	1800	1900	2000
最大均值变化率	0.0072	0.0009	0.0023	0.0114	0.0032	0.0046	0.0059	0.0023	0.0028	0.0044

续表

取样规模	2100	2200	2300	2400	2500	2600	2700	2800	2900	3000
最大均值变化率	0.0052	0.0048	0.0010	0.0000	0.0060	0.0005	0.0028	0.0046	−0.0001	0.0039
取样规模	3100	3200	3300	3400	3500	3600	3700	3800	3900	4000
最大均值变化率	0.0043	−0.0012	0.0048	0.0028	0.0020	0.0012	0.0015	0.0020	0.0080	0.0003
取样规模	4100	4200	4300	4400	4500	4600	4700	4800	4900	5000
最大均值变化率	0.0054	0.0019	0.0021	0.0015	0.0030	0.0021	0.0004	0.0010	0.0026	0.0047

注：限于篇幅，样本规模大于 5000 次的此处未列。

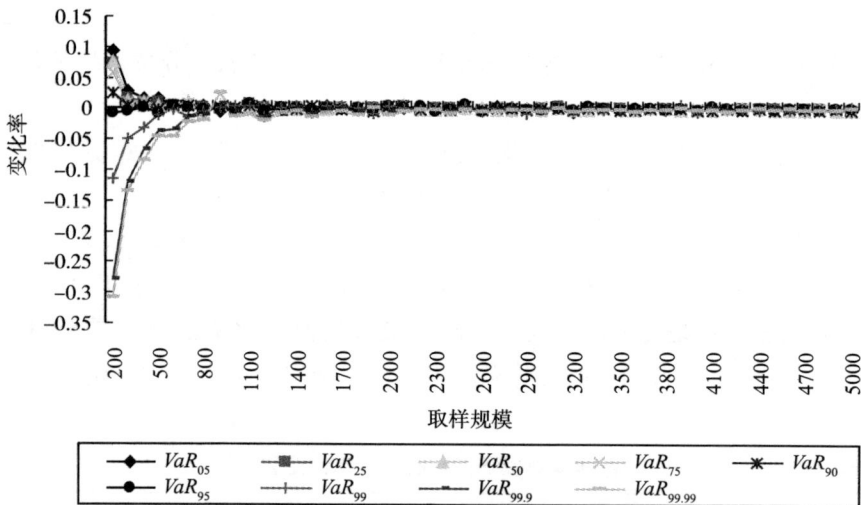

图 5 - 1　取样规模与各在险值均值变化率

5.4.3　利用样本数据集的数据分析损失频率

国际上研究操作风险损失频率，学者们基本达成共识，一般采用泊松分布或负二项分布。表 5 - 5 是原始样本数据损失频率分布估计。损失频率分布根据 Kolmogorov-Smirnov（K-S）检验选择分布形式，这里根据表 5 - 5，选择负二项分布，模拟损失频率分布。根据估计的损失频率分布模拟生成损失频率随机分布。模拟服从负二项分布的损失频率发生的随机数 10000 个，得出 10000 个单位时间发生的损失次数（这里，本研究视单位时间为 1 年）。

表 5 - 5　　　　　　　　　　原始样本集损失频率分布估计

分布	参数估计值		D	P value
泊松分布	122. 2105		0. 366	0. 0123
负二项分布	3. 2996	122. 2105	0. 2418	0. 2164

5.4.4　根据估计得出的最小样本量模拟损失强度分布

估计损失强度分布。采用非参数拔靴方法有放回抽样 800 个，模拟 10000 次获得 10000 组模拟数据。对每一组数据进行排序，使得：

$$t[i-1, j] \leqslant t[i, j] \leqslant t[i+1, j], \ i = 2, \cdots, 799, \ j = 1, \cdots, 10000$$

$$(5-2)$$

再对每一组已排好序数据按顺序取平均值，$t[i] = \dfrac{1}{10000} \sum\limits_{j=1}^{10000} t[i, j]$，获得模拟的平均损失强度。操作风险损失强度估计，参数模型中常用威布尔分布及对数正态分布（具体见第 7 章），表 5 - 6 为模拟的平均损失强度的分布情况。

表 5 - 6　　　　　　　　取样规模为 800 例时平均损失强度分布

分布估计	对数正态		威布尔	
	5. 2128	3. 0064	0. 3178	936. 53
P value	0. 15		< 0.05	

5.4.5　联合分布估计及进一步分析

为考虑不同样本规模对最终结果的影响，本书在分析不同预设最大均值变化率截点下，得出的各取样规模（结合表 5 - 4）及根据第 5.4.2 节方法

（仅取样规模不同）模拟的损失强度分布。本例中，各规模下损失强度分布通过 K-S 检验均可认为服从对数正态分布（其他常见分布形式如威布尔分布、正态分布、泊松分布等均未通过拟合优度检验）。表 5-7 为选择不同最大均值变化率截点所确定的取样规模，及由此获得的平均损失强度的分布估计。

表 5-7　不同最大均值变化率截点所确定的取样规模及损失强度分布估计

最大均值变化率截点	取样规模	分布	损失强度分布估计	
			参数 1	参数 2
0.01	400	对数正态	5.5027	3.0754
0.005	800	对数正态	5.2128	3.0064
0.001	800	对数正态	5.2128	3.0064
0.0005	2400	对数正态	5.4077	2.9063
0.0002	2400	对数正态	5.4077	2.9063
0.0001	2400	对数正态	5.4077	2.9063

利用蒙特卡洛模拟得出损失联合分布。得到损失分布如表 5-8 所示的分位数及 $VaR_{99.9}$ 的均值。

根据表 5-7，只需分析 3 组样本规模，即 400、800 和 2400，来判断取样规模的稳定性。由表 5-7 及表 5-8 可以看出，当取样规模达到 800 例后，计算结果相对比较稳定，考虑到样本收集的难度及各种成本（时间、人工等成本）问题，确定最小外部数据取样规模为 800 例且其中包含极端损失时，可以体现总体特征。

表 5-8　　　　　模拟联合损失分布在险值均值　　　　　单位：万元

取样规模	VaR_{05}	VaR_{25}	VaR_{50}	VaR_{75}	VaR_{95}	VaR_{99}	$VaR_{99.9}$	$VaR_{99.99}$
400	167502	652578	1397886	3009735	9858056	33525557	100331295	1318285301
800	100547	487986	997926	1966726	6236727	17555229	57485541	170847407
2400	125961	439691	915957	1835201	5290181	12367790	56213740	129869540

根据模拟结果，按照新巴塞尔协议 $VaR_{99.9}$ 的要求，如果中国商业银行未

对预期损失进行较好的预防，则应计提操作风险资本金约 5748.55 亿元，如果银行已对预期损失进行了较好的预防，则应计提操作风险资本金：

57485541 万元 − 22439 万元 = 5746.31 亿元

根据 Wind 数据库对中国 2013 年银行业的风险加权资产（四个季度），按照新巴塞尔协议计提操作风险资本不应低于风险加权资产 10.5% 的要求，操作风险的资本要求大小约为 5197 亿 ~ 6208 亿元，而按照最小取样规模为 800 例估计的操作风险资本金约为 5746 亿 ~ 5749 亿元，因此可以认为度量比较准确。

首先分析外部数据是否能够体现总体特征来确定最小样本规模，再模拟得出的操作风险资本金相比直接对一组外部数据进行拟合分布估计，度量的资本金更准确（与表 5 − 1 对比）。此结果亦表明，此方法估计的能代表总体特征的最小样本数比较准确。

5.5　本 章 小 结

本章针对"采用外部数据分析中国商业银行的操作风险，至少需收集多少数据才能够体现总体特征"这个问题进行分析，采用非参数变规模拔靴法，设定在险值均值变化率截点值，根据最早出现的小于截点值的最大在险值均值变化率来选择样本规模，模拟一定次数后利用新生成的样本的排序均值拟合损失强度分布并模拟年度操作风险资本金，经过比较分析后，得出最小样本规模在 800 例（包含极端值），模拟结果比较稳定。与 Wind 数据库对中国银行业的操作风险资本金判断相比，度量结果比较合理，说明外部数据的取样规模对中国商业银行操作风险资本金度量具有一定的影响，不考虑所收集的数据是否能体现总体特征就进行计算，会产生一定的偏差。

| 第6章 |

外部数据的内生偏差分析

　　第 4 章已经阐述了操作风险数据问题的重要性，所有的高级计量法都是建立在损失数据基础上的，拥有充足和高质量的数据对于风险量化来说至关重要。到目前为止，多数中国的银行才开始内部操作损失数据的搜集，尚未建立起内部操作损失数据库，已经建立起来的数据库中的损失事件多数为高频/低危的。内部操作损失数据的不足使得各银行难以精确计算操作风险资本要求，尤其是对低额/高危的事件类型。单一银行的损失数据缺乏，对于某些极端损失而言更是如此，因此，虽然存在很多困难，但在实践中仍然需要将内部和外部数据混合使用。

　　国际学者对操作风险外部数据研究的重点主要在内、外部数据的同质性，各数据库的兼容性问题，各数据库的收集阈值整合问题：达亨等（Dahen et al.，2010）分析了采用尺度模型对外部数据进行调整；吉兰等（Guillen et al.，2007）分析了外部数据的少报漏报情况并对其进行估计、调整。

　　由于数据库建设方面存在显著差别，国内学者关注的重点应该是外部数据三种内生偏差中的报告偏差。原因在于多数学者是从公共媒体获得数据，而媒体对不同损失的报道态度会产生舍入误差或化整误差，即对中国的银行而言，报告偏差是公共数据中影响最严重的内生偏差。本章重点分析对操作风险外部公共数据报告偏差可能采取的修正措施，分析公共数据报告偏差的程度，集成外部数据进行操作风险度量的方法。

6.1　操作风险的报告偏差分析

6.1.1　公共数据的报告偏差

操作风险的外部数据报告偏差，分为公共数据的报告偏差、联合数据的以及保险数据的报告偏差等。鉴于中国商业银行的外部数据很少涉及联合数据及保险数据，重点分析公共数据的报告偏差。

主要思路是对高频/低危的损失频度进行修正：假设高额损失数据发生的频率会被高估且可以获得某一银行高频/低危损失的年度发生平均频率，$\underline{N_t}$代表内部频度历史数据集合，EI 为风险暴露指标，N_t 为服从参数 $\lambda \times EI$ 的泊松分布。对高频/低危的损失频度建立比例模型，调整其高频/低危损失的损失频度。

一种思路是根据信度理论的思想调整其频度，设定银行风险参数为 λ，假设服从伽马分布。某研究对象（银行）的损失数据定义为条件预期：

$$\pi_t = E[N_t | \underline{N_{t-1}}] = EI \times E[\lambda] = EI \times E[\lambda | \underline{N_{t-1}}] \qquad (6-1)$$

进行数学变换后可得

$$\pi_t = a \times b = \frac{EI \times a \times b}{1 + b \times t \times EI} + \left(1 - \frac{1}{1 + b \times t \times EI}\right) \times \left[\frac{1}{t}\sum_{k=1}^{t} N_{t-k}\right]$$

$$(6-2)$$

在满足以上假设的情况下，依靠信度理论可以修正操作风险损失数据混合问题。

也可采用其他方法对损失频度进行调整，如可采用截断泊松分布或截断负二项分布模型对高频/低危损失频度进行蒙特卡洛模拟建模，也可咨询主题专家对每一业务线的报告偏差的程度进行估计，生成漏报函数进行纠偏，但该方法由于专家的意见可能会产生内生的主观偏差。

6.1.2　算例分析

预期损失频数估计。笔者和合作者通过数据交换协议获得了某大型银行某分支机构的操作风险损失内部历史数据若干，同时有笔者收集十年的该大型银行外部数据若干。但考虑到外部数据集最终纳入计算的收集阈值为 1 万元，而内部数据为该银行某分支机构的部分业务线数据，且多数为高频/低危数据，在数据合并时将有大量数据被删失。

分析的第一步：确定外部数据集的损失强度非预期损失阈值。确定该阈值的目的是为确定内部数据集预期损失，即笔者假设两个数据集在收集阈值、非预期损失阈值方面都是一致的。度量操作风险阈值常采用极值理论。极值理论不研究序列的整体分布情况，只关心序列的尾部特征，利用广义帕累托分布（generalized pareto distribution）或者广义极值分布（generalized extreme value distribution）来逼近损失的尾部分布情况。极值理论已经被广泛地应用在市场风险的度量中，并且显示出了其独特的优势。具体方法见第 7 章。

分析第二步：以某大型国有银行为例，根据广义帕累托分布编程得到阈值 18064.67 万元，则需度量的预期损失是以低于 18064.67 万元的历史损失数据进行估计的。[①] 用：

N_t：第 t 年发生的预期损失事件数量，假设服从参数 $\lambda \times EI$ 的泊松分布，其中 λ 是衡量银行风险的参数；

$\underline{N_t}$：内部频度历史数据集合，过去损失事件 $\{N_t, N_{t-1}, \cdots\}$ 的集合；

EI：风险暴露指标（例如总收入）。

则第 t 年该银行的预期事件数量是 $E[N_t | \underline{N_{t-1}}]$ 而不是 $E[N_t]$，因为后者是预期事件数量的平均水平，即行业水平，前者是符合该银行发展轨迹的条件预期事件数量。根据信度理论的思想，将行业数据作为外部数据，在银行自身操作风险损失数据和行业操作风险损失数据之间求加权平均来解决数据混合问题。

---

① 限于保密性要求，此处不对该银行历史操作损失数据进行描述分析。

$$U(\Theta) = (1 - z)PM_0 + z \times PM_e \qquad (6-3)$$

其中，$z \in [0, 1]$ 为可信性因子或信度系数。其中，$z \in [0, 1]$ 为可信性因子或称信度系数。$z = \dfrac{an}{an + S^2}$。其中，n 为观测年数，异质方差 $a = \mathrm{Var}[E(X \mid \Theta)]$，同质方差 $S^2 = E[\mathrm{Var}(X \mid \Theta)]$。

根据历史损失数据，计算得出预期操作风险损失的内部数据的年度损失频数：

$$\overline{X} = \sum_{i=1}^{n} x_i / n = 40.2 \qquad (6-4)$$

内部数据的同质方差：

$$v = \frac{1}{k-1} \sum_{i=1}^{k} \sum_{t=1}^{n} (x_{it} - \overline{x}_i)^2 = 2169.36 \qquad (6-5)$$

不同组别的异质方差 $a = 4600.24$。则信度系数为

$$z = \frac{n}{n + S^2/a} = \frac{13}{13 + 2169.36/4600.24} = 0.965 \qquad (6-6)$$

m 为外部预期损失年度的频度估计，通过对审计署公布的 2003~2007 年银行机构损失案件的统计（注：获得的该银行内部数据为此年限），并排除笔者收集到的该银行预期损失数据，可得 $m = 165.4$，则该大型银行操作风险损失的年度损失信度频度为

$$z\overline{x} + (1 - z)m = 0.965 \times 40.2 + (1 - 0.965) \times 165.4 = 44.583 \qquad (6-7)$$

同理，可得该银行预期损失强度的估计：

$$z'\overline{y} + (1 - z')m' = 0.9997 \times 4082.084 + (1 - 0.9997) \times 10920.12 = 4113.62$$
$$(6-8)$$

由此，根据事先估计的损失频率和损失强度的分布检验，可得预期损失的分布。

6.1.3 联合数据及保险数据的报告偏差

对于联合数据的报告偏差，由于没有具体的联合数据，仅提供思路：

对此类外部数据可以假设外部损失数据库和内部损失数据库是同分布的，区别仅在于外部数据在某一阈值截断而已。假设每一贡献机构的收集阈值是服从某些未知的统计分布的，运用统计方法如

$$f^*(\zeta;\theta): = f(\zeta;\theta|H = h) = 1\{\zeta \geq h\} \frac{f(\zeta;\theta)}{\int_h^{+\infty} f(x;\theta)\,\mathrm{d}x} \qquad (6-9)$$

其中，$f(\zeta;\theta)$ 代表损失分布，θ 代表分布的参数特征，H 为未知阈值。可得

$$L(\theta; H) = L(\theta, 0) - n^* \ln \int_H^{+\infty} f(x;\theta)\,\mathrm{d}x \qquad (6-10)$$

其中，n^* 代表外部损失数据的数量。

计算出每一银行预期的阈值，再根据阈值大小的比较，结合已确定了的统计分布补缺或去除多余值，将内部损失数据和外部数据结合起来。这种方法的缺点在于如果参与银行数很多，计算强度会比较大。

保险数据库的特征同联合数据库类似，可以采用类似的方法修正报告偏差。

6.2　外部数据控制偏差分析

有些银行机构采用一些简单的规则来获得外部数据库的子数据库，组成该子数据库的损失来自与该银行运营和控制结构最相似的数据贡献银行。然而，该方法要求银行对自身及类似银行的认知非常清楚，银行必须识别损失间的差别，排除不满足标准的数据，使用所有相关的外部数据。在银行某一业务线平均情况下解释每一损失水平的相关概率。

也可以用"相关关系"（relative relationships）技术修正报告偏差和银行控制环境中的差异。然而，由于外部数据的披露限制，较难明确每一机构、每一业务线的控制结构究竟如何。

在滤除外部损失数据时，汗等（Khan et al.，2006）建议银行找出所有相关的规模相当的银行该业务每一损失级别的概率的外部数据作为相关数据，而不是随意选取相关的子数据库的数据。这样原银行作业量会很大，但引用外部数据的说服力会提高。

6.3　外部数据的尺度偏差

可以建立统计模型论证损失额与银行规模的关系（Guillen et al.，2007；

Baud et al.，2002），并据此关系将外部数据通过函数关系纳入内部风险资本
测算。然而，由于联合数据库的机密性要求，这类信息只存在于公共数据库。
对尺度偏差的损失严重性方面的研究比较多，但频率也会影响银行的风险
轮廓。

许多银行采用严重性缩放比例机制来将外部损失值调高或调低，如引入
银行差异因子。达亨等（Dahen et al.，2010）采用泊松分布、负二项分布回
归分析对多个尺度因素如资产、位置、业务线和风险类别，认为由于泊松分
布对所有权具有等效散布性能，负二项分布更适用于操作风险频率建模，调
整因子 $\gamma_i^* = \dfrac{\lambda_i}{(1+\alpha)^{\alpha^{-1}\lambda_i} - 1}$。纳等（Na et al.，2006）认为操作损失事件可
以分为对多数银行共有的公共部分和仅针对个体银行的异质部分，并假设公
共部分和异质部分完全可分离。公共部分解释了宏观经济、地理经济及文化环
境的差异性，而异质部分表达了个体银行面临的风险和控制环境。单一因素不
能独立地解释损失大小变化，但因素的集合，包括机构规模、位置、业务线和
风险类别等，可以部分地体现损失严重性异质元素的关系。在区分出异质部分
的前提下，以下尺度调整方法可以用于调整外部数据，见公式（6 - 11）。然
而，由于联合数据的保密性要求，这种方法更适用于公共数据库。

$$损失_y = \frac{g(部分_{异质})_y}{g(部分_{异质})_x} \times 损失_x \tag{6-11}$$

6.4 使用外部数据的思路

从对操作风险外部数据的内生偏差的分析可知，采用外部数据进行操作
风险建模需慎重，但在内部数据普遍不足的情况下需要引入外部数据进行分
析，因此，既要考虑如何使用外部数据，又需考虑如何修正外部数据内生偏
差。国际上有三种使用外部数据的思路。

第一种是集成法，直接将外部数据导入模型。集成外部损失数据进入度
量模型会产生大量不确定性，度量稳健性很难保证。银行倾向于摒弃集成法，
建立更有效的鲁棒的损失度量模型。

第二种是外部损失数据独立建模，从而获得一分离的外部损失的监管资

本。这一部分同其他数据导出的资本相结合，获得最终的资本要求。其关键在于结合点的确定，可以采用比例调整方法保证资本要求不被高估，因为外部损失数据库中高额损失相对较多。当数据信息增加后，度量的精确度会更高。

第三种称为暗中含蓄地合并。因为内生偏差产生的不确定性，某些银行不愿明确使用外部损失数据建模。他们把外部损失数据作为可能的情景参考资源和标杆工具，作为结构分析和情景分析的依据。中小型银行可以在银行缺少极端损失时，获得包含外部损失数据的预评估信息来产生与外部数据频率和强度相似的情景模拟仿真，其中可采用放大倍数、定性调整来改进。采用这种暗合的方法使银行不用转换或调整数据比例。如大通曼哈顿银行要求其风险管理人员参照其他商业银行相应业务部门的操作损失数据来模拟自身可能的损失，但采用这种方法应该定期对外部数据的使用时间和使用情况、使用方法进行检查，修订有关文件并接受独立检查。这要求提供更多的机构特殊的信息，完全满足要求并非易事。

银行采用高级计量法度量操作风险必须明确地或暗合地在其风险度量模型中包含外部损失数据。由于数据存在内生偏差，集成外部损失数据进行风险管理过程没有统一的方法，移除内生偏差的计算强度比较大，较难在大型数据集中实现。多数银行限制外部损失数据的直接影响，他们把外部损失数据作为一参考和标杆工具用于情景分析中，进行尽职调查，应用关注。

6.5 本章小结

中国商业银行操作风险数据库的建设还处在初期阶段，各银行间的信息共享仍未实现，仅使用内部数据难以获得可信的操作风险资本，需要采用外部数据度量操作风险。外部数据的内生偏差产生于数据选择过程，其纠偏也没有统一的方法，但要按照偏差产生的原因采取措施来降低外部数据内生偏差。移除内生偏差的计算强度比较大，本章对中国商业银行最常见的外部数据报告偏差进行了信度分析的算例分析，提供了一种公共数据报告偏差预处理思路。

第7章

常见的操作风险模型

7.1 模型结构

模型结构涉及操作风险损失度量的数学方法。所采用的方法既可以是高粒度化的也可以是以集成观点考虑损失类别或风险类别来计算操作风险的。

7.1.1 高粒度化方法

高粒度化的方法，主要是在数据量较少情况下，不易进行损失类别或风险类别分类时，数据细化程度较低时采用的方法。国际上学者获得操作风险损失数据的难度相对较小，学者采用高粒度化方法主要是提出新方法的分析及建模并辅以算例分析；如分析单元内部的操作风险数据颗粒度大小问题，这涉及频率和程度分布的相关性问题，及每个单元内部一段时间内的第 k 次损失与第 $k+1$ 次损失的相关性问题（Guégan et al.，2013）。国内学者由于数据可获得性的限制，早期实证分析多数采用高粒度化方法。

7.1.2 集成方法

目前，操作风险资本金度量过程最有争议的方面是操作风险相关性的建模。主要是因为缺乏可信的数据用来量化这些相关性，且在度量相关性时存在很大程度的主观性，如假设服从某种相关性。实际上，由于一些共同的因素作用，多数操作风险损失是相关的。

度量操作风险集成方法方面国际上学者采用最多的是 Copula 方法，布莱克曼等（Brechmann et al.，2014）对不同业务线或损失类别的操作风险采用高斯 Copula 及学生 t-Copula，利用一一对应相关、尾相关性分析证明了考虑相关性的联合损失减少约 38%。米特尼克等（Mittnik et al.，2013）采用意大利银行业月度数据，采用参数 Copula 方法及由经验决定的尾部依赖结构的非参数尾部依赖系数，也证明了考虑相关性能降低联合损失估计。他们选取的 Copula 函数包括高斯 Copula、学生 t-Copula、Gumbel 及 Gumbel survival Copula、Clayton 及 Clayton survival Copula。寇普等（Cope et al.，2008）利用 ORX 数据拒绝了各单元之间存在强相关性的假设，但这很可能是由于操作风险损失的相关性主要存在于尾部。在考虑了尾部相关性以后，布莱克曼等利用意大利银行业协会的（DIPO）数据发现，放松该假设可以使经济资本的估计值减少 38%。

国内学者主要采用正态 Copula 和学生 t-Copula 对操作风险进行整合获得联合损失分布函数，如李建平等（2010）、周艳菊等（2011）、吴恒煜等（2011）、宋加山等（2015）的结论基本相同：在高置信水平下，考虑相关性联合损失明显减少（10%~35%），不同类型的操作损失之间存在较明显的尾部相关性，学生 t-Copula 能在高分位数区域更好捕捉操作风险尾部损失，其中，周艳菊等采用了 Bayesian-Copula 相结合的方法。陆静和张佳（2013）采用 Gumbel Copula、Clayton Copula 和 Frank e Copula 的实证分析表明，Clayton Copula 能更好地反映各操作风险单元之间的相关性结构，考虑相关性可以提高估计的准确性。但这些研究都是事先假设好各单元之间的相关性服从某种相关结构。

虽然操作风险相关性的建模争议较大，但无论国际学者还是国内学者，多数都认同考虑相关性比各单元简单相加更合理，操作风险内部各单元之间存在相关性。

7.2 量化模型

模型度量包括三个组成部分：输入，包括假设条件如分布、参数等；结果，各种从模型得出的结果，用来检测度量的合理性；度量过程，对数据进行抽取和分析的各种方法和过程，模型输入的建立及分析及模型结果的检验。

由于巴塞尔委员会并未规定操作风险高级计量法的具体方法，且操作风险涵盖面涉及机构的方方面面，学术界从多个角度设计操作风险的量化模型，考虑了操作风险的多个方面。

7.2.1 基于流程法的度量模型

流程法是一种自下而上的建模方法，即在单独业务线或流程层面估计操作风险。流程法将一个操作流程（如交易清算）分解为多个组成部分，每一组成部分都蕴含着一个操作风险因子（如执行清算指令所需时间服从一个概率分布函数）。最后通过合计每一个组成部分中的操作风险，就可以衡量整个流程的操作风险。

最早使用的流程法是因果网络法，这是一种描述流程组成部分和逻辑关系的可视图形。该图形可以被抽象为一个连通性矩阵，此类方法是高级计量法（AMA）中计分卡法的基础。贝叶斯信息网络法是因果网络法的扩展，它把因果网络作为初始的零假设，根据收集到的数据不断更新之前专家对于风险因子分布函数的信息，从而更贴合实际（Shevchenko et al.，2006）。模糊逻辑法是另一类独立的流程法，它认识到主观判断不是非黑即白，而是一个渐进过程。

流程法能把专家意见和历史数据有机结合起来，体现出风险因子之间的内在相关性，能直接为操作风险管理措施的制定提供参考，并能加强操作风险管理决策的透明度。但流程法需考虑先验信息的质量，且建设和维护成本都非常可观，优化计算量的算法还有待开发。

7.2.2 基于因子法的度量模型

因子法是一种自上而下的建模方法，它利用线性回归的方式找出影响操作风险大小（被解释变量）的决定因素（解释变量），特别适用于预测操作风险在未来时段的平均水平。因子法也包括多种形式。风险指标法中的被解释变量是实际观测到的操作风险发生频次或损失程度；解释变量通常包括总资产或总收入（Shih et al.，2000；Wei，2007）、外部审计评级、员工离职率和培训、新技术投资和操作系统年龄等微观指标（Chernobai et al.，2011），也可以包括一些宏观经济指标（Moosa，2011；Cope et al.，2012；Dahen & Dionne，2010）。通过自回归或体制转换的手段，该方法可以扩展为时间序列模型。通过结合因果判别分析的手段，该方法可以用来预测未来损失发生的概率。国内杨青等（2012）采用类 CAPM 法把上述回归中的解释变量替换为 CAPM 多因子股票定价回归模型中的残差，或者也可以替换为收益的波动性。

因子法的优势在于可以把商业环境和内控因素对操作风险的影响考虑进来，其劣势在于只能考虑线性影响。此类方法是非高级计量法两种方法和高级计量法中内部计量法的基础：非高级计量法认为操作风险的不可预见损失是金融机构总收入的线性函数，内部计量法则认为操作风险的不可预见损失与可预见损失存在线性相关的关系。

7.2.3 基于精算法的度量模型

精算法包括基于损失分布法的一类自下而上的建模形式。巴塞尔委员会把计量操作风险经济资本的方法分为两大类：一类是高级计量法（AMA），另一类是非高级计量法（non-AMA）。非高级计量法又可分为基本指标法（basic indicator approach，BIA）和标准法（standardized approach，SA），其本质上是简化后的风险指标法模型，是风险不敏感的。2017 年，巴塞尔委员会对标准法进行调整后，标准法有了一定的风险敏感性。

高级计量法的具体形式多种多样，其中以损失分布法和情景模拟分析法最为常见（BCBS，2011）。根据 2008 年巴塞尔委员会的调查（BCBS，

2009），42 家采用高级计量法的国际银行中有 31 家采用了损失分布法，损失分布法是最常见的操作风险度量方法，其他方法如计分卡法、内部计量法等往往仅作为过渡、验证或补充。损失分布法把金融机构一年内的总损失分解为各单元事件发生频次和平均损失金额乘积之和。涉及为产品线/事件类型矩阵中每一个单元估算频率和程度两种分布，德意志银行高级计量法（AMA）项目小组详细记录了应用损失分布法的步骤（Aue & Kalkbrener，2007）。原银监会副主席阎庆民（2011）提出了操作风险管理"中国化"的命题，并把损失分布法应用到 559 条我国商业银行的操作风险损失数据中。

情景模拟和压力测试是比较常见的操作风险评估方法。该法一般是由专家估计风险的损害程度和发生频率，这些估计值往往会纳入专家对在其他机构发生过的类似事件，和专家对未来商业环境的考量，因此具有向前看的优势。此类方法是高级计量法中情景模拟分析法的基础。

7.2.4 管理模型与评估模型

管理模型首先包括几种独立于度量模型的方法，这包括关键自我评估、关键风险指标、识别操作风险升级的触发器、工序流程审查和操作风险损失事件收集等。虽然是独立的方法，但并非它们不能用来计算经济资本，马尔廷（Martijn，2011）提供了一种利用定性专家意见计算定量在险值的方法。其次，管理模型还包括纯度量模型的扩展。属于自下而上模型的流程法和损失分布法在把流程层面操作风险聚合到企业层面时可以为管理提供指导。属于自上而下模型的因子法在预测操作风险方面的优势也可以为管理所用。

7.3 损失分布法

损失分布法把金融机构一段时间内的总损失分解为各单元事件发生频次和平均损失金额乘积之和。

7.3.1　频率分布

从学术界来看，学者对频率分布的选择有一定共识。一般采用参数分布中的泊松或负二项分布（Davis，2005；Chernobai et al.，2006）。这是因为估算频率分布的参数对数据量的要求相对较少，分歧和误差也小。2008 年巴塞尔委员会操作损失数据搜集行动中 42 家采用高级计量法的银行里有 39 家使用泊松分布。此法的重大缺陷是没有考虑到频次数据的非同质性和时序相关性，贾科梅蒂等（Giacometti et al.，2007）与彻诺拜等（Chernobai et al.，2008）尝试在这方面进行改进，并探讨了操作损失聚集发生的现象。

7.3.1.1　泊松分布

泊松分布常常被用于寻找一定数量的事件在确定的时间范围内发生的概率。如果在一个单位时间的范围内事件的平均数用 λ 来表示，那么在这个时间范围内将会有 k 个事件发生的概率能通过下列表达式来估算：

$$P(X=k)=\frac{e^{-\lambda}\lambda^{k}}{k!},\ k=0,\ 1,\ \cdots \qquad (7-1)$$

泊松分布随机变量的均值和方差分别为：$\mathrm{Mean}(X)=\lambda$，$\mathrm{Var}(X)=\lambda$。

泊松分布假设存在一个常数均值（也称为强度等级或强度因素），因此它也叫作齐次泊松过程。如果用泊松分布来拟合数据，就需要在先前具体的时间间隔内估计事件发生的平均数，即 λ 的取值。需要注意的是，由于所考虑的时间范围长短不一，因此事件的平均数往往各不相同。为了重新度量更长期限内的泊松分布，只需用 λ 乘以时间期限即可。

泊松分布有一个便利的性质：如果 X 和 Y 是两个独立的泊松随机变量，它们的参数分别为 λ_X 和 λ_Y，那么变量 $X+Y$ 也服从泊松分布，其参数为 $\lambda_X+\lambda_Y$。例如，两个独立的业务部门或者银行所有的业务部门损失的频率分布，适用于泊松分布的上述性质。因为分析不会改变泊松分布的结构。

泊松分布的另一个重要的性质是事件间相联系的间隔时间与分布有关。两个连续事件的间隔时间长短服从参数为 λ 的指数分布，λ 与定义在这个时间间隔内相应的泊松分布参数 λ 是一致的。泊松分布的均值与间隔时间的均值互为倒数。

7.3.1.2 负二项分布

负二项分布是泊松分布的一种特殊归纳形式，在负二项分布中，强度等级 λ 不再是常数，而是服从伽马分布。负二项分布就是泊松 – 伽马的混合分布，它放宽了常数均值的假设（因此也放宽了关于事件独立性的假设），并考虑了损失事件的数量在某个时期内有着更大的灵活性。

假设一个特定值 λ，X 服从参数为 λ 的泊松分布。随机变量 λ 服从参数为 n 和 β 的伽马分布（$n>0$，$\beta>0$），随机变量 X 的分布律为（用其他参数化是可行的）：

$$P(X=k) = \binom{n+k-1}{k} p^k (1-p)^n, \ k=0, \ 1, \ \cdots, \ 其中, \ p = \frac{\beta}{1+\beta}$$

$$(7-2)$$

为了用负二项分布拟合数据，可以用伽马分布来拟合表示强度等级的随机变量，并获得 n 和 β 的值。那么事件的均值和方差分别为：$\mathrm{Mean}(X) = n\beta$，$\mathrm{Var}(X) = n\beta(1+\beta)$，可以看出负二项分布的方差大于它的均值。

7.3.1.3 其他分布

如非齐次泊松过程（Cox 过程）及混合分布。Cox 过程是对有常数强度等级的简单泊松过程的归纳。它假设在某个特定的时间间隔内（也因此是特定的强度等级 λ 的取值），服从参数为 λ 的泊松分布的非齐次过程。需要强调的是，使用像 Cox 过程这样复杂的模型的基本要求就是有大量的数据集；在混合分布中，强度等级 λ 服从某一特定分布，λ 只取正值（因为任意两个事件之间的时间间隔只取正值）。该模型通过参数取值的变化考虑了潜在的泊松随机变量的额外变化。先前讨论的负二项分布就是一个泊松——伽马混合分布的例子，参数 λ 服从伽马分布。其他归纳方法也是可能的。混合分布的种类经常被归类到非齐次泊松过程的种类中去。

7.3.2 损失强度分布

对程度分布的选择则更具挑战。模拟操作损失的方法主要有两种，图 7－1 概况了对操作损失强度建模的可能方法。

```
非参数法                参数法
  ├─ 经验分布             ├─ 一般分布
  │                       ├─ 混合分布
  └─ 平滑曲线近似         ├─ α-稳定分布
                          ├─ 极值理论
                          └─ 截尾分布
```

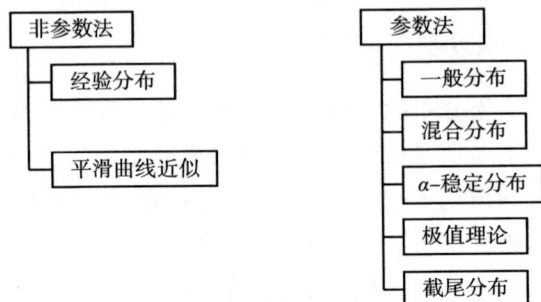

图7-1 损失强度建模方法

7.3.2.1 非参数法

这种方法可以直接使用数据的经验密度或者它的平滑曲线形状。[①] 非参数法与下列两种情形有关：第一种情形，可用的数据不服从任何常用的分布；[②] 第二种情形，手头可用的数据组非常复杂。

用经验分布函数进行操作损失建模是一种非参数方法，因为它不涉及损失分部的参数估计。从这个意义上来说，它是最简单的方法。事实上，经验分布函数有如下两个有关未来损失数据的假设条件：

（1）历史损失数据都是很全面的；

（2）所有过去的损失都有可能在未来重新出现，过去未发生的损失（例如，不属于现存数据库的潜在极端事件）则不可能发生。

如果想找到损及变量 X 的经验分布函数，则可以由下式得到：

$$P(X \leqslant x) = \frac{\text{损失数量} \leqslant x}{\text{总的损失数量}} \quad (7-3)$$

经验分布函数看起来像一个阶梯函数，每一处观测值对应一个不断上升的阶梯。密度函数只是在每一处观测数据值带柱状的相对频率图，每条柱的高度表示这种等级的损失在总损失中所占的比重。

值得注意的是，经验分布函数通常被用于拟合优度检验，人们还可以将其与拟合损失分布做比较。如果拟合的损失分布函数非常接近于经验分布函数，就表示其为一个好的拟合度；如果它不完全服从经验分布函数，那么这

---

① 一个例子是采用立方线性近似来做该曲线。

② 参见 Rosenberg & Schuermann, 2006。

种损失分布就不是最优的。

最初使用的是由数据直方图生成的非参数经验分布，但由于损失数据的数量缺乏，经验分布非常不平滑。解决方法是明确指定一系列候选参数分布，并通过其与数据的拟合优度来排序和筛选，比如 Kolmogorov-Smirnov、Anderson-Darling 和 Cramér-von-Mises 检验，以及 Pearson 卡方检验等都是常用的检验手段。但由于损失数据的质量堪忧，参数分布的拟合效果并不是很好。

7.3.2.2 参数法

如果我们能用满足某些特性且具有简单解析式的曲线来拟合操作损失，那么任务被简化。参数法总的目的即在于找到某个损失分布，使其非常近似地表示样本数据的损失量。很明显，选择参数法，如果合适的曲线代表已经选择好的参数分布的密度，那么能够用作操作损失建模的分布是那些右偏的、可能有尖峰的并且取正值的分布。

学者们（如：Davis，2005；Marc，2007）普遍认为厚重尾分布比轻尾分布更好。但具体采用哪种厚重尾分布依然让人无所适从。谌利和莫建明（2008）指出当用几种厚重尾分布对同一样本进行拟合时，常会出现因为拟合度都很接近而难以决策的情况。这是因为样本数据主要集中在概率分布曲线的低置信度区域，而厚重尾分布之间的区别往往是在高置信度区域。

常用的损失强度分布（即图 7-1 中的"一般分布"）如：

（1）指数分布。其特征是只有一个参数 $\lambda(\lambda>0)$，λ 代表尺度参数。指数密度朝右单调减少，右尾 $\bar{F}(x)=e^{-\lambda x}$，其值不断减少，这也就意味着高风险事件发生的概率接近于零。

（2）对数正态分布。对数正态分布有轻微的厚尾特征，右尾 $\bar{F}(x)\sim x^{-1}e^{-\log^2 x}$。需要注意的是，极大似然估计会产生相同的参数估计，但矩估计将会产生不同的参数估计。

（3）威布尔分布。威布尔分布是指数分布的概括，它有两个参数，因此威布尔分布具有更大的灵活性和厚尾。且威布尔参数的极大似然估计不存在确定的形式，且应该从数量上进行估计。威布尔随机变量的右尾行为服从方程 $\bar{F}(x)=e^{\beta x^{\alpha}}$，所以，当 $\alpha<1$ 时，威布尔分布是厚尾形的。

（4）伽马分布。伽马分布是指数分布的另一种概括形式。

（5）贝塔分布。贝塔分布可以用来拟合调整操作损失数据的间隔。贝塔分布与伽马分布是相关的，假设有两个随机变量 X，Y，其参数分别为 α_1，β_1 和 α_2，β_2，则变量 $Z = \dfrac{X}{X+Y}$ 服从参数为 α_1，α_2 的 β 分布。贝塔分布的这一性质使其能用两个伽马分布的随机变量来构造贝塔分布。

（6）帕累托分布。帕累托分布的密度和分布函数的形式如下：

$$f(x) = \frac{\alpha\beta^\alpha}{x^{\alpha+1}}, \; F(x) = 1 - \left(\frac{\beta}{x}\right)^\alpha, \; \beta < x < \infty \qquad (7-4)$$

需要注意的是，变量 X 的取值范围取决于尺度参数 $\beta(\beta>0)$，参数 $\alpha(\alpha>0)$ 则决定着分布的形状。帕累托分布是厚尾分布，α 决定了右尾的厚度，且尾部是单调减少的。α 越接近于零，尾部越厚。右尾 $\bar{F}(x) = \left(\dfrac{\beta}{\beta+x}\right)^\alpha$。尾部与 $x^{-\alpha}$ 成比例，即尾部服从幂函数，因此被叫作"强尾"（与指数分布的弱尾相对）。当 $\alpha \leq 1$ 时，是厚尾形状，均值和方差均无限大，这也意味着无限大的损失也是可能的。

虽然从一方面来说，帕累托分布对操作风险建模似乎很有吸引力，因为它可以描述大量的损失，然而从另一方面说，无限大的均值和方差也难免给实际应用带来困难。注意以下几点：①不同形式的帕累托分布是可能的。偶尔也会用到简化的、一个参数形式的帕累托分布，此时 $\beta=1$。②一个参数的帕累托随机变量可通过指数随机变量的简单转化获得。若一个随机变量 Y 服从参数为 λ 的指数分布，则 $X=e^Y$ 服从一个参数的帕累托分布，且形态参数不变。③两个参数的帕累托分布可用获得广义帕累托分布的方法，将随机变量再次参数化来获得。广义帕累托分布可用于建模超过高限的极端事件。

（7）布尔分布。布尔分布是经过概括的三参数形式的帕累托分布。由于多了一个形态参数 $\gamma(\gamma>0)$，从而使其在形状上具有更多的灵活性。布尔分布的右尾有幂定理的性质，并服从 $\bar{F}(x) = \left(\dfrac{\beta}{\beta+x^\gamma}\right)^\alpha$。当 $\alpha<2$ 时，该分布呈厚尾状；当 $\alpha<1$ 时，分布呈肥厚尾状。在这里，需要注意以下两点：第一，当 $\gamma=1$ 时，布尔分布就成了帕累托分布；第二，可对布尔分布进行其他参数变换。例如，$\beta=1$ 时的布尔分布也被称为对数逻辑分布。

数据的质量问题（Schael et al.，2007；Chaudhury，2010）催生了一些改进：针对右侧尾部数据数量极少的问题。第一种解决方案是使用几种分布分别刻画主体和尾部（高丽君、李建平，2009；王宗润等，2012），即混合分布的思路。此方法在业界中较常见，被 50% 的采用高级计量法的银行所采纳。此方法还能顺带解决数据直方图中的多峰问题。

第一种建模方法就是考虑用广义帕累托分布进行尾部事件建模，并用一个经验分布或者其他分布对剩下的小额损失进行建模。另一种可供选择的方法，就是考虑采用由一个或几个分布所组成的混合分布。

m 个分布所组成的混合分布的密度及分布函数如下：

$$f(x) = \sum_{j=1}^{m} w_j f_j(x), \ F(x) = \sum_{j=1}^{m} w_j F_j(x) \qquad (7-5)$$

在这里的 w_j，$j = 1$，2，…，m 是每个组成分不在混合分布所占中的比重，其值为正，且 $\sum_{j=1}^{m} w_j = 1$。可见，用不同种类的分布组成一个混合分布是可行的，比如指数分布与威布尔分布或者服从不同参数的同一分布的混合分布。混合分布参数（包括比重）极大似然估计的估计量只能从数量上进行估计。"期望值最大化法"是估计混合分布参数的常用方法。

混合分布的优势在于它适应实际应用中各种形状的损失分布。混合分布中的成员扩大会使 m 成为一个参数，并且由数据来决定有多少个分布可以进入到混合分布中去。然而这也会使模型更依赖于数据且变得更加复杂。由于大量参数需要估计，模型可能缺乏可信度（特别是当可用的损失数据组不足够大时）。

例如，两个混合指数分布要求 3 个参数，4 个混合指数分布则需要 7 个参数。在某种情形下，当模型被简化时，这个问题也许能被克服。例如，用 4 个而非 5 个参数来获得两元混合帕累托分布是可行的。可是几种分布如何结合需要考虑（Carrillo et al.，2012；Güegan et al.，2011；司马则茜等，2008，2009）。

第二种解决方案是采用多参数分布代替单参数或双参数分布，例如拥有三个参数的广义 Champernowne 分布（Sayah et al.，2010；Buch-Larsen et al.，2005）、拥有四个参数的 G-and-H 分布（Dutta et al.，2007；司马则茜等，2011）、广义 Beta 分布（Charpentier et al.，2010）和双重随机 Alpha-Stable 分布（Gareth et al.，2011）。可更多参数也可能造成过度拟合问题和估计精度的偏差。

第三种解决方案是采用极值理论，该理论不研究序列的整体分布情况，只关心序列的极值分布情况，利用广义帕累托分布（generalized Pareto distribution）或者广义极值分布（generalized extreme value distribution）来逼近损失的尾部分布情况。极值理论是测量极端市场条件下风险的一种方法，它具有超越样本数据的估计能力，并可以准确地描述分布尾部的分位数（高丽君等，2006）。

对操作风险的实证研究倾向于选择广义帕累托分布，这属于极值分布。德冯特努维尔（de Fontnouvelle，2006）等通过对 2002 年巴塞尔委员会数据中 6 家最完整的美国银行的 9 种候选损失强度内部数据拟合度的分析（4 种轻尾分布，即指数、威布尔、伽马和对数正态分布；5 种厚重尾分布，即对数伽马、帕累托、广义帕累托、布尔和对数逻辑分布）认为对绝大多数业务线和事件类型，广义帕累托函数可以很好地拟合数据。吴俊和宾建成（2011）利用 1994~2008 年中国商业银行的操作风险损失金额数据，比较了正态、对数正态、广义极值分布的适用情况后发现损失程度近似服从与广义帕累托分布同源的广义极值分布。这一结论也被实践证实，前文中使用损失分布法的 31 家采用高级计量法的国际银行中，13 家使用广义帕累托分布，7 家选择对数正态或含有对数正态分布的混合分布，剩下选择了其他分布函数。

极值理论主要包括两类模型：BMM 模型和 POT 模型。其中 BMM 模型是一种传统的极值分析方法，主要用于处理具有明显季节性数据的极值问题上，用来检验各等分时间段中的样本极大值的行为（陆静，2012）。POT 模型是一种新型的模型，对数据要求的数量比较少，是目前经常使用的一类极值模型。它的重点是对超过某一高阈值的观测值进行统计分析。

极值理论的优点和局限性：

其优点如下：极值理论提供了极端事件的极限分布的理论特性。因此，它为接近观测数据边界的低频高危损失事件提供了直接的处理方法；超阈值模型可以用来处理超过高阈值的灾难性损失；理论和计算工具都是可得的。损失分布的尾部有一个先验的函数形式；形态参数的非参数估计量——Hill 估计量和 Pickands 估计量都具有较好的渐进性。

极值理论不是万能的，其分组方法和阈值设定均存在一定的任意性（Berliant et al.，2001）。学者们通过对参数法和极值理论的比较分析，发现两者的差异远小于参数分布法内由于程度分布选择的不同所造成的差异（Jobst，2007；Degen et al.，2007；丰吉闯等，2011）。它的局限性有如下几点：

在超阈值模型中，参数解释和估计都是基于小样本进行的。这可能会使得估计量不具有无偏性，其对高阈值的选择非常敏感；在超阈值模型中，对决定极端损失的高阈值的选择主要是基于直接观察相应的图形，更严密的方法还有待发展；基于极值理论的分析都依赖于极端损失的分布特性，完全忽视了中、低程度损失数据的特性。

关于极值理论的详细内容见笔者参编的著作《商业银行操作风险度量与监管资本测定》第七章（李建平等，2013），本书不再累述。

截尾分布：在理想的情况下，数据的收集过程将使得所有的操作损失事件被发现，并被妥当地记录下来。然而，记录这些数据是要受限于较低的记录阈值的，因此只有高于特定数值的数据才可以被录入数据库之中。从这个意义上说，用于估计的数据似乎是左截尾的。在估计的过程中，为了确定一个正确的资本要求，必须对左截尾数据予以适当处理。

报告偏倚问题：2002 年，在由巴塞尔委员会主持的 LDCE（定量影响研究 3）里，89 家参会银行被要求报告他们用于记录操作损失数据的最低收集水平。在该报告中，大部分的银行将阈值水平定在 10000 欧元。对于内部数据库来说，最低收集阈值大约被定在 10000 欧元，而对于公众（或外部）数据库和大财团来说，最低阈值大约被定在 1000000 美元。

正是这种临界点，在数据采集的过程中，造成了报告偏倚的问题。对于设置最低阈值来说，有如下几方面的理由：第一，数据记录费用昂贵。当阈值呈线性降低时，记录数据成本的增加也是呈指数增长的。另外，大量的小损失被错误地记录，将很可能导致额外的操作损失。第二，规模较小的损失，比较容易隐藏。较大的损失则是比较难以隐藏的。如，犯了交易错误的交易者很可能伪造文件，并成功地使小规模的损失逃过银行管理人员的视线。然而，大规模的损失则较难隐藏。第三，在过去一年中，对于操作损失数据中数额较小的亏损可能并无记录，而较大的损失却被报告与记录。

在银行的内部数据库中，只有高于某一损失值的数据才会被记录。则我们用 H 来表示这一最低阈值。若根据所观察的损失数据构造一个直方图，展现在我们眼前的将是一个只有右尾的损失分布，而不是整个（或真实）分布。李建平、丰吉闯等（2013），谢俊明等（2019）探讨了左截尾数据的损失分布法损失频率、损失强度的估计方法，这是操作风险录入数据的特点，进行操作风险度量需要考虑该内容。陈倩（2019）考虑了双截尾问题，即数据左截断及尾部阈值问题。

7.3.3　整体风险损失分布及监管资本的测算

根据损失分布法，获得操作风险的频次分布和程度分布的参数后，将两种分布结合得到一定时期（巴塞尔委员会通常规定为一年）的操作风险的整体风险损失分布，从而计算操作风险大小。一年操作风险的随机损失和 $L = X_1 + \cdots + X_n$ 的累计分布函数为

$$F_L(x) = \Pr(L \leq x) = \sum_{n=0}^{\infty} p_n \Pr(L \leq x \,|\, N = n) = \sum_{n=0}^{\infty} p_n F_X^{*n}(x)$$

$$(7-6)$$

其中，$F_L(x) = \Pr(X \leq x)$ 为损失程度 X_i 的累积分布函数，F_X^{*n} 为损失程度 X 的累积分布函数的 n 重卷积。一年操作风险损失分布的密度函数可以表示为 $f_L(x) = \sum_{n=0}^{\infty} p_n f_X^{*n}(x)$。它虽然在数学上可以表示为程度分布的 n 重卷积的形式，但在实际中很难得到解析解。

贾科梅蒂等（Giacometti et al.，2008）回顾了结合频率和程度分布的复合过程中所运用的方法。我们把这些方法按照从最常见到较罕见的顺序排序：蒙特卡洛法（Brunner et al.，2009；樊昕等，2005）、Panjer 迭代递归结合法（Guégan et al.，2009）、快速傅立叶变换法（Jang et al.，2008；Embrechts et al.，2009；Jin et al.，2010）、近似封闭解法（Hernández et al.，2013；Bocker et al.，2005）、数值计算法（Luo et al.，2011）和分位数估计法（Gzyle，2011a，2011b）。坦诺夫等（Temnov et al.，2008）比较了蒙特卡洛法、Panjer 迭代递归法和快速傅立叶变换法三种方法的优劣。

最常见的为采用蒙特卡洛模拟的近似算法求解。

蒙特卡洛模拟法是以实际发生的损失数据的统计概率分布的形式，来预测将来操作损失频率和损失程度的表现（Minsky et al.，1969）。其基本原理是，首先建立各类或次级操作风险的数据库，将随机产生的数据编入相关操作风险次级类别，利用计算机技术对成千上万个假定年份进行模拟，直至分别得出稳定的"根据历史数据经验"的发生频率和损失程度的概率分布函数，然后再分别根据这两个函数模拟产生足够的数据，据以利用计算机技术

进行模拟估计出累积损失分布函数。这一过程也可按比例缩小，应用于个别业务线，每一次级类别的相关操作风险都可以得出损失分布。

运用蒙特卡洛模拟法评估操作风险价值，关键环节是得到操作风险损失的累积损失分布函数 $F(x)$，其具体步骤如下：

（1）收集操作风险的历史损失数据，建立历史损失数据库。丰富的数据是提高计算结果准确度的基础。

（2）利用历史损失数据库，对发生频率和损失金额的分布进行估计，可以使用的方法包括参数方法和非参数方法。参数方法是通过数据模拟分布估计出发生频率和损失金额服从的某种已知分布函数，然后对分布函数中的参数进行估计。非参数方法是通过各种核函数来产生一个最为恰当的分布函数。

（3）在得到发生频率的分布函数后，进行一定次数的模拟，假设为 n 次（n 的次数选取与需要的计算精度有关）。由此产生 n 个符合该分布的随机数 m_1，m_2，$\cdots$，m_n。对每一个 m 值进行下一步模拟。

（4）假设 m 取值 m_1，即在一个事件周期内可能发生 m_1 次损失事件。由此对损失金额进行 m_1 次模拟，就可以得到 m_1 个损失金额 S_1，S_2，$\cdots$，S_{m_1}，它们代表了在这一周期内的每一次损失金额的大小。

（5）将这 m_1 个损失金额加总，就得到一个操作风险值的可能取值 S，

$$S = \sum_{i=0}^{m_1} S_i \text{。}$$

（6）重复以上（4）和（5）两项 n 次，就得到 n 个操作风险价值的可能取值。

（7）利用这 n 个可能的取值，可以模拟得到操作风险的累积损失分布函数 $F(x)$，并运用统计方法进行检验。

（8）利用操作风险的整体损失分布函数 $F(x)$，可以根据置信度的要求来决定操作风险的在险值。

蒙特卡洛模拟法的缺点主要有（Robert et al.，1999）：

第一，模拟和计算过程过于复杂，需要开发并运用计算机模拟技术软件，具有模型风险、执行风险和"错进错出"风险。

第二，由于操作风险事件前后关系依赖性强，环境的任何细微变化都会对分布形态产生巨大影响，这些都要求人们对相关模拟中的整体环境重新审视。

然而，与一般的量化计量方法相比，蒙特卡洛模拟法具有以下明显的优点。

第一，通过有效模拟，能够克服数据少的缺点，产生较为准确的数据。我国商业银行由于操作风险损失事件的有效记录历史比较短，而且操作风险损失事件发生的损失金额分布范围广，具有一定的厚尾性，很难直接利用一些传统的参数或非参数估计方法。因此，如何利用仅有的、稀缺的数据准确地估计操作风险价值成为一个很困难的问题，蒙特卡洛模拟有助于克服这一数据不足的问题。

第二，在获得了发生频率和损失金额的两个概率分布函数后，在考虑两者的联合分布的时候，由于损失发生强度呈厚尾分布，损失分布法较难给出两者的联合分布的解析形式。蒙特卡洛模拟能较好地解决这一问题。

第三，蒙特卡洛模拟得出的是操作风险损失值的一个概率分布，从分布可以很方便地得出不同水平的分位数，这对于使用在险值的框架度量整个金融机构的风险是很有益处的。

第四，可以对结果进行压力测试。

第五，实践中，对每个业务线和风险类型的组合（共 56 个组合）都计算联合分布较为烦琐，也很不方便。使用蒙特卡洛模拟的方法，可以对每个组合使用同样的计算机程序化的操作，大大节约处理时间。

通过蒙特卡洛模拟近似算法获得到一年操作风险损失分布后，可根据整体损失分布计算操作风险和资本金。巴塞尔委员会（BCBS，2006）规定在计算银行操作风险监管资本时，资本金要涵盖操作风险的期望损失和非预期损失，除非银行有理由说明自己的期望损失已经得到很好的处理，同时监管资本要在一年展期内和 99.9% 的置信水平下。

若监管资本包含操作风险的期望损失和非期望损失，那么一年的监管资本为

$$VaR_{0.999} = F_L^{-1}(0.999) \tag{7-7}$$

其中，F_L 代表一年期操作风险的损失分布的累积分布函数；F^{-1} 为 F_L 的反函数。

如果需要满足一次性测度，满足次可加性，则可用 $CVaR$ 来度量操作风险：

$$CVaR_{0.999} = E(X_i \mid X_i > VaR_{0.999}) \tag{7-8}$$

若银行有充足的理由说明自己的期望损失已经得到很好的处理，如通过

风险缓释等手段规避了期望损失，则在高级计量法中银行操作风险的监管资本 RC 等于非预期损失 UL，是 VaR 与 EL 的差，即 $RC = UL = VaR - EL$。

7.4 本章小结

本章针对操作风险建模的三个部分——进行评述。

（1）数据部分。此部分需结合前面章节考虑，外部数据是最常用的补充数据，但需对其内生偏差进行调整，调整思路中最常见的是比例模型，可采用基于因子法的模型进行调整。针对其仅考虑线性影响的不足，未来思路可进行预处理将"线性"调整为非线性。在数据收集到一定程度后，流程法亦是未来研究重点之一。

（2）模型结构方面。集成观点是未来发展方向，现已有研究分析如何选择适配的相关性结构（Kojadinovic et al.，2011），该思路有利于克服预设相关性结构的不足。

（3）模型度量方面。基于精算法的模型是学者研究的重点。学者们的关注点在损失强度的分布及由此可能产生的分段函数及相关内容，本章综述了常见的操作风险损失分布模型，从损失频率分布、损失强度分布两方面入手，重点探讨了损失强度分布的常见分布、方法及其优点和不足，体现了操作风险度量的难点，然后分析了年度损失分布。随着操作风险数据库建设的开展，基于流程的模型及动态模型的建立可行性提高，这将有助于确认操作风险形成机理，管理时做出理性的判断和决策，并可以据此对在险价值进行预测。随着不同的模型方法的提出，模型验证与评估方法也将逐步推广展开，因为只有做好这一步才能提高模型的认可程度。但目前以现有的数据，中国学者关注的重点仍在精算法模型上。

本章未进行实证度量或算例分析，在探讨操作风险度量的常用方法过程中，提出的某些与数据相关的部分问题是本书后续章节需要考虑和解决的问题。

第 8 章

基于贝叶斯推断的中国商业银行
内部欺诈分析

前述章节已经阐述了由于操作风险损失事件的有效记录历史相对比较短，很难获得充分的数据。因此如何利用仅有的、稀缺的数据准确地度量操作风险成为一个很困难的问题。解决内部数据不足的一种方法是利用贝叶斯技术，将相对客观的"硬"数据和纯粹主观的"软"数据结合在一起对参数进行估计。本章考虑使用贝叶斯推断的方法来度量操作风险。在对操作风险度量模型分析的基础上，应用贝叶斯推断来对中国商业银行操作风险内部欺诈进行度量，可以较好地解决目前操作风险损失事件数据不足的问题。

8.1 贝叶斯估计

在操作风险模型中，"硬"数据是指最近的和与现在联系密切的内部历史数据，"软"数据可以是来自外部数据协会的数据，也可以纯粹是主观数据，用业内专家或风险经理的主观观点对风险进行记分的形式给出。"软"数据还可能是过去的内部数据，只是由于在兼并、收购或资产出售等大的变化发生后这些数据与现在的情况有比较大的差别。

贝叶斯估计方法基于两种不同的信息源，一种是用于估计我们想要的参数的先验密度的"软"数据，另一种是用于估计样本似然密度的"硬数据"。这两个密度相乘就得到模型参数的"后验密度"（吴俊等，2011；周艳菊等，2012；Behrens et al.，2004；Shevchenko et al.，2006；Eicher，2011；Bernardo，1994；Bolance，2013；Bocker，2005；Ergashev，2013）。还可以从后验分布密度中得出参数的点估计，这就是贝叶斯估计。

如果先验分布与样本似然分布的参数形式相同，称两者为"共轭"分布，它们的乘积（后验分布）也具有相同的分布形式。例如，如果先验分布与样本似然分布都服从正态分布，后验分布同样也是正态的；如果两者都是贝塔分布，后验分布也是贝塔分布。共轭先验分布的概念让我们较容易地将不同数据源的数据结合到一起。有共轭先验分布，后验分布就易于解析解，否则只能用模拟法估计后验分布。

使用贝叶斯估计方法度量操作风险，它可以综合先验信息、总体信息和样本信息，因而对小样本也有较好的推断效果，可以在一定程度上克服数据不足导致的参数稳定性问题。达拉等（Dalla et al.，2008）、卢安文等（2009）、周艳菊等（2011）、詹原瑞（2007）分别采用贝叶斯估计的方法度量操作风险或内部欺诈风险，其中达拉等对损失强度采用的是指数分布和帕累托分布，卢安文等、周艳菊等采用的是对数正态分布，对数正态分布在极端厚尾情况下容易低估，尤其是在操作风险要求的 99.9% 置信度下。詹原瑞（2007）采用贝叶斯随机模拟方法对内部欺诈 POT 参数进行估计，其采用的是预先设定几个阈值的两参数估计，且假设两参数是相互独立的（假设形状参数服从帕累托 I 型先验分布，尺度参数服从伽马先验分布），最终进行结果比较选择确定阈值。且这些分布均有共轭先验分布。

8.1.1 贝叶斯定理

设 $X = (x_1, x_2, \cdots, x_n)$ 为来自总体分布 $p(x|\theta)$ 的一个简单随机样本，参数 θ 的先验分布密度函数为 $p(\theta)$，则 $p(\theta, x) = p(x|\theta)p(\theta) = p(\theta|x)p(x)$，其中，$p(x)$ 为 X 的边缘密度或预测分布。当给定 $X = x$ 时，θ 的条件密度为

$p(\theta|x) = \dfrac{p(x|\theta)p(\theta)}{p(x)}$，其中 $p(x)$ 与 θ 无关，称 $p(x|\theta)$ 为似然函数，所以 $p(\theta|x)$ 与 $p(x|\theta)p(\theta)$ 成比例。称 $p(x|\theta)p(\theta)$ 为 $p(\theta|x)$ 的核，记为 $p(\theta|x) \propto p(x|\theta)p(\theta)$。在给定的条件 X 下，θ 的条件密度称为 θ 的后验分布密度，即 θ 的后验密度正比于似然函数乘 θ 的先验密度。

后验分布由于综合了先验信息，总体信息和样本信息，因而对较小样本也有较好的推断效果。和先验信息一样，样本信息也不可能完全准确，而贝叶斯方法将这两者结合起来，因而有较好的推断效果。在得到后验分布后，就可基于后验分布对参数 θ 作出推断。

在先验分布中，经常有未确定的参数，称为超参数。超参数的确定可以利用先验矩方法。如果根据先验信息能够获得 θ 的若干估计值：θ_1，θ_2，$\cdots$，θ_k，可得先验均值和先验方差，令其等于先验分布的期望值和方差，可得超参数的估计值。

利用贝叶斯推断来度量操作风险时，先验分布的选取至关重要，常用的方法是选取共轭先验分布。利用共轭先验分布时的计算方便，而且后验分布的一些参数可以得到很好的解释。设 X 的总体分布为 $p(x|\theta)$，若参数 θ 的先验密度函数 $p(\theta)$ 与由抽样信息得到的后验密度函数 $p(\theta|x)$ 有相同的函数形式，则称 $p(\theta)$ 是 θ 的（自然）共轭先验分布。

8.1.2 操作风险损失频率先验分布

根据操作风险损失频率的特征，操作风险损失频数的分布常常设为 Poisson 和负二项分布，因此，需要分析 Poisson 分布 $p(\lambda)$ 均值 λ 的共轭先验分布和负二项分布的共轭先验分布。

8.1.2.1 泊松分布的共轭先验分布

设样本 $X = (x_1, x_2, \cdots, x_n)$ 为来自泊松分布 $p(\lambda)$ 的一个简单随机样本，样本 X 的似然函数为 $p(x|\lambda) \propto \dfrac{e^{-\lambda}\lambda^{n_t}}{n_t!}$，取参数 λ 的先验分布 $\pi(\lambda)$ 为 Gamma 分布，$\lambda \sim \Gamma(a, b)$，即 $\pi(\lambda) \propto \lambda^{a-1}e^{-b\lambda}$，$\lambda > 0$，得后验分布：

$$p(\lambda|x) \propto \lambda^{a+t-1}e^{-(n+b)\lambda}, \quad \lambda > 0 \tag{8-1}$$

即 $p(\lambda|x) \sim \mathrm{Gamma}(a+t, b+n)$。故 Gamma 分布 $\Gamma(a, b)$ 是泊松分布 $p(\lambda)$ 的共轭先验分布。得后验均值 $E(\lambda|x) = \dfrac{a+t}{b+n}$。

8.1.2.2 负二项分布

设 X 服从负二项分布 $NBi(r, p)$，根据负二项分布的性质，$prob = size/(mu + size)$，$V(x) = (mu + mu^2)/size$。假定每次试验成功概率 p 的先验分布为 $Beta(\alpha, \beta)$，$f(p) = \dfrac{p^{\alpha-1}(1-p)^{\beta-1}}{B(\alpha, \beta)}$，这里 $Beta(\alpha, \beta)$ 服从贝塔分布，得其后验分布：

$$Beta(\alpha + rn, \beta + \sum_{i=1}^{n} x_i) \tag{8-2}$$

这里 n 代表样本损失期数。故贝塔分布 $Beta(\alpha, \beta)$ 是负二项分布的共轭先验分布。

平方误差函数后验均值为

$$E(p) = \frac{rn + \alpha}{rn + \alpha + \beta + \sum_{i=1}^{n} x_i} = \frac{rn + \alpha}{rn + \alpha + \beta + n \times m_n}$$

其中，m_n 代表预测数据。

8.1.3 操作风险损失强度的联合先验分布

目前，对操作风险损失强度分布，业界及学术界并未达成共识，这主要是因为操作风险历史损失数据不足，且损失强度的分布范围广泛，常见的统计分布不一定能较好地拟合。但大部分学者们认为轻尾分布不适合操作风险损失强度分布，中尾或厚尾分布可能更适合。

笔者根据操作风险损失强度的尖峰厚尾特征，对较常用的操作风险损失强度分布的极值分布或对数正态分布进行先验分析。

8.1.3.1 对数正态分布的共轭先验分布

对数正态分布，即损失强度取对数后服从正态分布。设 $X = (x_1, x_2, \cdots, x_n)$ 是来自正态总体 $N(u, \sigma^2)$ 的简单随机样本，其似然函数为

$$L(u,\ \sigma^2\,|x) \propto (\sigma^2)^{-n/2}\exp\left[-\frac{1}{2\sigma^2}\big[(n-1)S^2+n(u-\bar{x})^2\big]\right]$$

$$\bar{x}=\frac{1}{n}\sum_{i=1}^{n}x_i,\ S^2=\frac{1}{n-1}\sum_{i=1}^{n}(x_i-\bar{x})^2 \tag{8-3}$$

当 u，σ^2 未知时，u，σ^2 的联合共轭分布为正态 – 倒 Gamma 分布：

$$N-IGa(v_0,\ u_0,\ \sigma_0,\ k_0)$$

$$p(u,\ \sigma^2)\propto \sigma^{-1}(\sigma^2)^{-v_0/2+1}\exp\left[-\frac{1}{2\sigma^2}\big[v_0\sigma_0^2+k_0(u-u_0)^2\big]\right]$$

可以得到 u，σ^2 的后验分布仍为正态 – 倒 Gamma 分布 $N-IGa(v_n,\ u_n,$ $\sigma_n,\ k_n)$，其中：

$$u_n=\frac{k_0}{k_0+n}u_0+\frac{n}{k_0+n}\bar{x},\ k_n=k_0+n,\ v_n=v_0+n$$

$$v_n\sigma_n^2=v_0\sigma_0^2+(n-1)S^2+\frac{k_0n}{k_0+n}(u-\bar{x})^2$$

可以得到 u 的后验均值为 u_n，σ^2 的后验均值为 $\dfrac{v_n\sigma^2/2}{v_n/2-1}$。

8.1.3.2　极值分布

极值分布没有共轭先验分布。对于极值分布，笔者采用了两种思路。

第一种思路：假设有先验信息的情况下，将极值分布的位置参数进行尺度变化转化为指数分布，指数分布有共轭先验分布，再考虑尺度参数，假设其先验分布为帕累托分布，可得其后验分布。再综合为极值分布的联合分布。

假设有先验信息的情况：

$X=(x_1,\ x_2,\ \cdots,\ x_n)$ 是来自极值分布的简单随机样本，X 为次序统计量。极值型分布的标准分布密度为 $g_0(x)=e^x\exp\{-e^x\}$，这是极值型分布位置参数为 0、尺度参数为 1 的情况，但在操作风险的度量中，损失分布多为右偏厚尾分布，损失强度的位置参数多数情况下不为 0、尺度参数不为 1，为待估参数。因此，度量操作风险的极值分布函数可以写为 $\dfrac{1}{\sigma}e^{(x-u)/\sigma}$。

$\exp\{-e^{(x-u)/\sigma}\}=\dfrac{1}{\sigma}g_0\left(\dfrac{x-u}{\sigma}\right)$，其中，$u$、$\sigma$ 分别为极值分布的位置参数、尺

度参数。令 $\eta = e^{(x-u)/\sigma}$，则可以验证 η 服从标准指数分布。令 $u = 0$，则 $\eta = e^{x/\sigma}$。设 η 的共轭分布族是 $\Gamma(\alpha, a)$，可以得出其后验密度为 $\Gamma(\alpha+1, a+x)$，η 的参数的后验均值为 $\hat{\lambda} = (n + \alpha)/(n\bar{x} + a)$。还需考虑尺度参数 σ。令 σ 的先验分布为 $Pareto(c, d)$，得出其共轭后验分布为：$Pareto(c+n, \max\{d, m\})$，$m = (y_1, \cdots, y_n)$。

第二种思路：根据操作风险损失强度的尖峰厚尾特征，操作风险损失强度的分布常常设为广义帕累托分布（GPD），常见的有二参 GPD 分布和三参 GPD 分布。三参广义帕累托分布的累计分布函数为

$$F(x \mid u, \sigma, \xi) = 1 - \left(1 + \xi \frac{x-u}{\sigma}\right)^{-1/\xi}, \quad x \geqslant u, \ 1 + \xi \frac{x-u}{\sigma} > 0 \quad (8-4)$$

这一分布中 $u \in R$ 为位置参数，参数 ξ，σ 必须通过数据得以估计，参数 ξ 为分布的形状参数，这一参数决定了尾部分布的厚度，参数 σ 是分布的尺度（scale）因子。当 $\xi \neq 0$ 时，似然函数为

$$L(\theta \mid x) = \exp\left(-\frac{n}{n_y} \Lambda_\theta [u, \infty)\right) \prod_{i=1}^{n_u} \lambda_\theta (x_i),$$

$$\Lambda_\theta [u, \infty) = \int_u^\infty \lambda_\theta (x) \, \mathrm{d}x = \left\{1 + \frac{\xi(u-\mu)}{\sigma}\right\}_+^{-1/\xi} \quad (8-5)$$

其中，n_y 为每年的观测值。

纳西门托等（Nascimento et al.，2012）认为广义帕累托分布的参数先验分布服从混合 Gamma 分布 MG_k 分布和 $MPGD_k$ 分布，潘迪等（Pandey et al.，2009）认为广义帕累托分布的形状参数服从倒 Gamma 分布，贝穆德兹等（Bermudez et al.，2003）认为，当形状参数 $\xi < 0$ 时，令 $\tau = 1/\sigma$，$\xi_2 = -\xi$，$\sigma > 0$，ξ_2 的先验分布服从帕累托 I 型分布，τ 的先验分布服从 Gamma 分布，而当 $\xi > 0$ 时，形状参数、尺度参数的先验分布均服从 Gamma 系分布。而对于操作风险的尖峰厚尾损失，有理由认为形状参数 $\xi > 0$，因此，本研究认为损失强度分布的先验分布为混合 Gamma 系分布。令 $u - \Gamma(c, d)$，$\sigma - \Gamma(e, f)$，$\xi - \Gamma(g, h)$，则参数的后验分布为

$$\pi(u, \sigma, \xi \mid x) \propto L(u, \sigma, \xi \mid x) \pi(u, \sigma, x) \quad (8-6)$$

其中，$\pi(u, \sigma, \xi) = \pi(\sigma, \xi) \cdot \pi(u)$。这里，Gamma 分布的参数由不同概率下分位点来体现。

8.1.4　损失联合分布

根据损失分布法的思想，每一业务线和事件类型的组成的子集 i 的总损失可以定义为一定时期 t 随机损失 n_t 的和，即 $L_{it} = X_{1t} + X_{2t} + \cdots + X_{in_t}$，这里，$L_{it}$ 代表总操作风险损失，$X_{1t} + X_{2t} + \cdots + X_{in_t}$ 代表个体损失强度而 n_t 代表损失频率。因此，对每一子集，对每一时间段，总损失可表示为 $L_t = s_t \times n_t$，这里 n_t 代表损失频率，而 s_t 代表某时间段的损失强度的均值。

个体损失 X_{ij}，$j = 1$，$\cdots$，n_t 相互独立，损失频率 n_t 与损失强度均值也是独立的。令损失强度分布服从 $f(x_j | \eta)$ 而损失频率服从 $f(n_t | \theta)$，这里 η 代表强度分布的向量参数而 θ 代表频率分布的向量参数，则

$$L(x, n | \theta, \eta) = \prod_{t=1}^{M} \Big[\prod_{j=1}^{n_t} f(x_j | \eta) \Big] f(n_t | \theta) \qquad (8-7)$$

其中，M 代表时间段的数目。

根据我们事先确定的分布类型，总损失分布的表达式为

$$L(x, n | \lambda, u, \sigma, \xi) = \prod_{i=1}^{M} \Big[\prod_{j=1}^{n_t} \frac{1}{\sigma} \Big(1 + \frac{\xi}{\sigma}(x - u) \Big)^{-(1+\frac{1}{\xi})} \Big] \frac{e^{-\lambda} \lambda^{n_t}}{n_t!}$$

$$(8-8)$$

8.2　算例分析：有先验信息的中国商业银行内部欺诈风险

8.2.1　样本数据描述

内部欺诈损失事件是中国商业银行非常重要的操作风险类型，表 8 – 1 为中国商业银行 1994 ~ 2008 年仅内部欺诈类型的操作损失的统计描述，由表 8 – 1 可以看出，中国商业银行内部欺诈事件频发，损失额均值在亿元以上。我国商业银行操作损失事件主要来源于银行内部，特别是银行内部人员或内部人员与外部人员相互勾结所进行的主观的、故意的欺诈行为，据不完全统计，

仅内部欺诈这一类型的损失就超过全部样本数据总损失的一半以上。因此，内部欺诈事件类型是中国商业银行操作风险管理的重点，加强内部员工的道德素质教育和职业操守教育，提高内部控制水平，对操作风险管理水平的提高，具有重要意义。

8.2.2 先验超参数估计使用的数据

有关先验分布中超参数估计的数据，援引了中国科学院科技战略咨询研究院（原科技政策与管理科学研究所）商业银行操作损失数据库的操作风险损失数据，得到 1993～2006 年每年损失频数和损失强度均值的数据（见表 8-2）。

8.2.3 损失频率分布估计

8.2.3.1 假设损失频率服从泊松分布

确定中国商业银行操作风险内部欺诈损失频数分布泊松分布参数 λ 的共轭先验分布 Gamma 分布 $\Gamma(a, b)$，先确定先验分布中的超参数。

先验均值 $E(\lambda) = 38.5714$，先验方差 $S_\lambda^2 = \frac{1}{n-1}\sum_{i=1}^{n}(\lambda_i - \bar{\lambda})^2 = 495.802$，

则 $\begin{cases} a/b = E(\lambda) \\ a/b^2 = S_\lambda^2 \end{cases}$，则可得 $p(\lambda)$ 均值 λ 的共轭先验分布 Gamma 分布 $\Gamma(3.0007, 0.0778)$。

利用 1994～2008 年的 899 件损失事件作为"硬数据"，结合 λ 分布的先验信息，得到参数 λ 分布的后验分布 $p(\lambda|x) \sim \text{Gamma}(a+t, b+n)$，其中，$t=899$，$n=15$，得到泊松分布 $p(\lambda)$ 参数 λ 的贝叶斯估计后验均值，因此操作风险损失频数服从泊松分布 $p(59.8231)$。

8.2.3.2 假设损失频率服从负二项分布

设负二项分布的参数（$size$, $prob$），结合表 8-3 的数据，根据负二项分布的概率 $v = (mu + mu^2)/size$，$prob = size/size + mu$，得 $E(p) = 0.6399$，$V(p) = 0.1499$，

表 8 - 1　1994~2008 年中国商业银行内部欺诈样本数据的统计描述

项目	商业银行	资产管理	公司金融	零售银行	支付与结算	交易与销售	机构服务	零售经纪	其他
损失频率（次）	390	81	1	215	86	19	18	5	84
占总损失比（%）	26.55	5.51	0.07	14.64	5.85	1.29	1.23	0.34	5.72
损失强度（万元）	13375590.5	3811004.6	152936.2	315198.5	1035825.5	942413.3	226278.4	1115.8	576421.4
占总损失比（%）	38.28	10.91	0.44	2.33	2.96	2.70	0.65	0.00	1.65

表 8 - 2　1993~2006 年先验估计用样本数据描述

项目	1993 年	1994 年	1995 年	1996 年	1997 年	1998 年	1999 年	2000 年	2001 年	2002 年	2003 年	2004 年	2005 年	2006 年
损失频率（次）	3	4	20	28	27	35	40	57	43	42	62	85	56	38
损失强度均值（万元）	121	23.75	49495.05	5148	10281.48	36685.29	46188.68	6156.58	31916.3	9217.85	27359.25	5676.24	19598.13	12264.48

$size = 69$。假定每次试验成功概率 p 的先验分布为 $Beta(\alpha, \beta)$，结合贝塔分布的先验信息，得到参数 p 分布的先验分布 $Beta(0.3438, 0.1934)$，利用 1994 ~ 2008 年的 899 件损失事件，结合贝塔分布的先验信息，得到参数分布的后验分布 p 的均值 $E(p) = \dfrac{rn_n + \alpha}{rn_n + \alpha + \beta + \sum\limits_{i=1}^{n_n} y_i} = 0.5349$，根据负二项分布的性质，可得负二项分布后验分布服从 $Nbi(119, 0.5349)$。

8.2.4　损失强度分布估计

8.2.4.1　假设损失强度服从极值分布

令 $\eta = e^{x/\sigma}$，确定中国商业银行操作风险内部欺诈损失强度分布极值分布参数 $\eta = e^{x/\sigma}$ 的共轭先验分布 Gamma 分布 $\Gamma(\alpha, a)$。因为 η 服从标准指数分布，根据指数分布的性质，可得指数分布的共轭先验分布 $\Gamma(1.1082, 1.1082)$，$\sigma = 18580.86$。利用 1994 ~ 2008 年的 899 件损失事件，结合指数分布的先验信息，得到参数 η 分布的后验分布 $p(\eta|y) \sim Gamma(\alpha + 1, a + y)$，得到 η 的指数分布参数 λ 的贝叶斯估计后验分布 $\lambda = \dfrac{n + \alpha}{n\bar{y} + a} = \dfrac{15 + 1.1082}{15 \times 1.3495 + 1.1082} = 0.7545$，均值 $E(\eta) = 1/\lambda = 1.3254$。令 σ 的先验分布为 $Pareto(c, d)$，得出其共轭后验分布为 $Pareto(c + n, \max\{d, m\})$，$m = (y_1, \cdots, y_n)$。

根据表 8 - 2 的数据，可得 σ 的先验分布：

$$E(\sigma) = \frac{cd}{c - 1} = 20607.5, \quad V(\sigma) = \frac{cd^2}{(c-1)^2(c-2)} = 10079.16, \quad c > 2$$

解得 $c = 206.267$，$d = 20507.6$。采用我们的年度均值数据，可得 $\max\{x_{(n)}\} = 53240.6$，$n = 15$，故尺度参数 σ 的共轭后验分布为 $Pareto(221.267, 53240.6)$。则 σ 的后验均值 $E(\sigma) = 53482.31$。

8.2.4.2　假设损失强度服从对数正态分布

将历史损失年度均值取对数后通过移动平均法得到正态分布均值（均通过样本正态 K-S 检验）u 的 7 个估计值，得到 u 的先验均值 $E(u) = \dfrac{1}{n}\sum\limits_{i=1}^{n} u_i = 9.4453$

和先验方差 $S_u^2 = \dfrac{1}{n-1}\sum_{i=1}^{n}(u_i - \bar{u})^2 = 0.334$ 。

同理，得到 σ^2 的先验均值和先验方差 $E(\sigma^2) = 1.3928$，$S(\sigma^2)^2 = 0.797$。因为 u，σ^2 的联合先验分布为正态 – 倒 Gamma 分布 $N\text{-}IGa(v_0, u_0, \sigma_0, k_0)$，（其中 k_0 为先验数据中样本点的个数，此处为14），根据正态 – 倒 Gamma 分布的性质，利用先验矩法，令 $u_0 = \bar{u}$，$\dfrac{v_0\sigma_0^2}{v_0-2} = S_u^2$，$\dfrac{(v_0\sigma_0^2/2)^2}{(v_0/2-1)^2(v_0/2-2)} = S_{\sigma^2}^2$，解得 v_0，u_0，σ_0 的估计值：$v_0 = 4.8381$，$u_0 = 9.4453$，$\sigma_0 = 0.4426$。

于是得到联合先验分布正态 – 倒 Gamma 分布 $N\text{-}IGa(4.8381, 9.4453, 0.4426, 14)$。结合 1994~2008 年这 15 年的年均内部欺诈损失事件，可得后验分布：$N\text{-}IGa(v_n, u_n, \sigma_n, k_n)$。其中，$u_n = \dfrac{k_0}{k_0+n}u_0 + \dfrac{n}{k_0+n}\bar{x} = 9.5480$，$k_n = k_0 + n = 29$。

$$v_n\sigma_n^2 = v_0\sigma_0^2 + (n-1)S^2 + \dfrac{k_0 n}{k_0+n}(u-\bar{x})^2 = 24.1271,\quad v_n = v_0 + n = 19.8381$$

采用平方损失函数，可得参数 u，σ^2 的贝叶斯估计 $\hat{u} = u_n = 9.584$，$\hat{\sigma_n^2} = \dfrac{v_n\sigma_n^2}{2}\Big/\left(\dfrac{v_n}{2}-1\right) = 1.3526$，即中国商业银行操作风险内部欺诈损失强度服从对数正态分布 $LN(9.584, 1.3526)$。

8.2.5　联合分布模拟

采用蒙特卡洛模拟。利用历史的损失数据得到损失频率和损失强度的先验分布，然后利用新近数据结合先验分布得到后验分布，再基于后验分布得到总体分布的参数估计值后，即得到发生频率和损失金额的统计分布，这样就可以对联合分布函数进行蒙特卡洛模拟，从而进一步估计未来的操作风险损失值。图 8-1 至图 8-4 为用 R 模拟 1000 次的年度商业银行操作风险内部欺诈损失。

其中，图 8-1 为损失频率服从泊松分布，损失强度服从对数正态分布的模拟情况，图 8-2 为损失频率服从泊松分布，损失强度服从极值分布的模拟情况，图 8-3 为损失频率服从负二项分布，损失强度服从对数正态分布的模拟情况，图 8-4 损失频率服从负二项分布，损失强度服从极值分布的模拟情况。

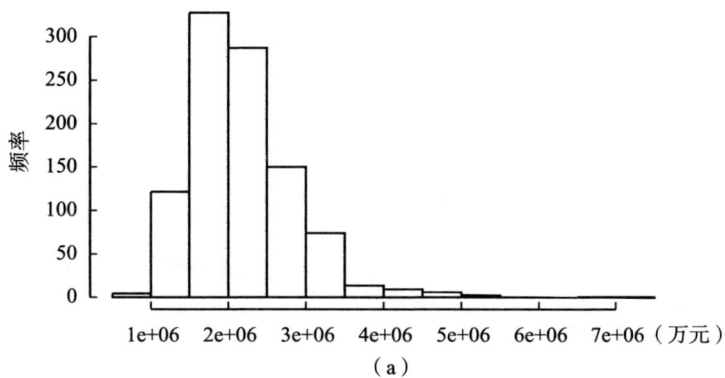

（a）

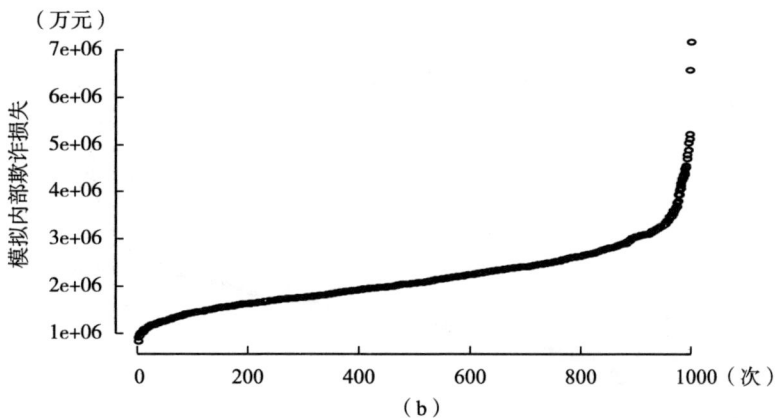

（b）

图 8-1 泊松-对数正态模拟损失柱状图及分布

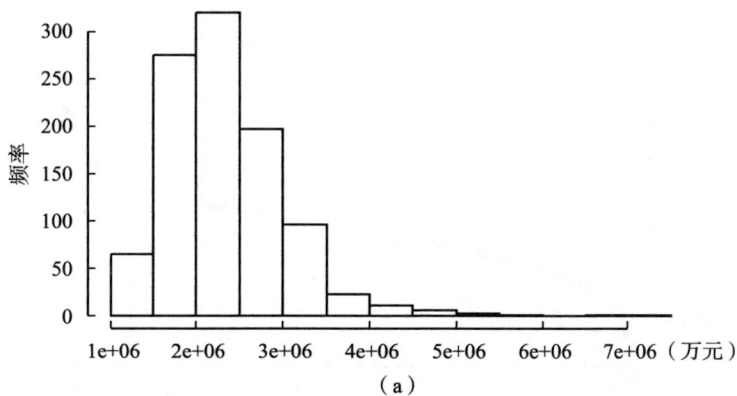

（a）

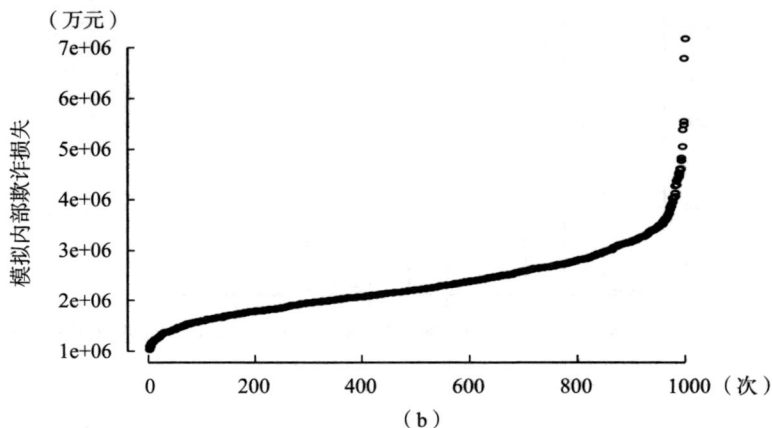

（b）

图8-2 负二项-对数正态模拟损失柱状图及分布

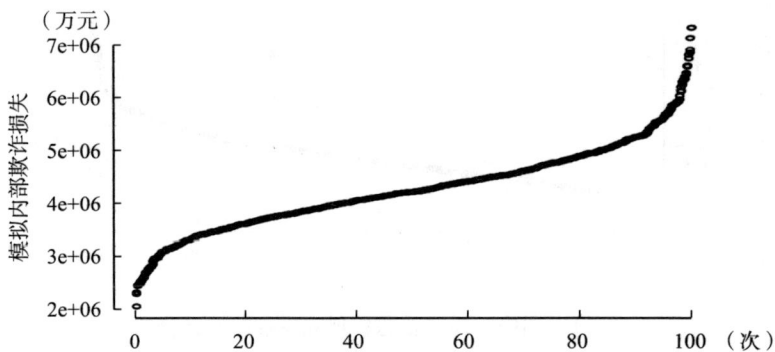

图8-3 泊松-极值分布模拟损失分布

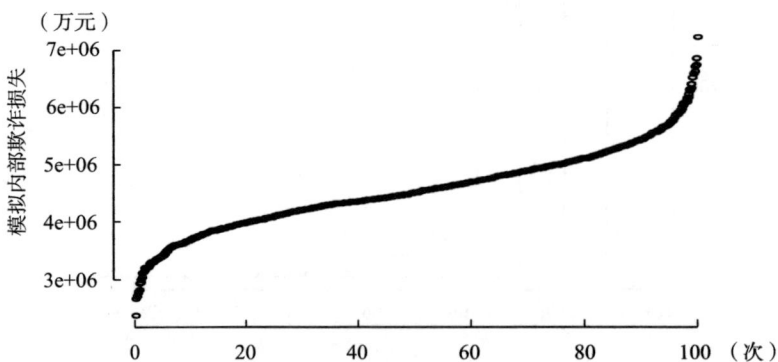

图8-4 负二项-极值分布模拟损失分布

8.2.6 分析

采用上述方法得到 4 组模拟结果,从图 8-1 (b)、图 8-2 (b) 和图 8-3、图 8-4 的比较可以看出,损失频率分布不同导致的模拟结果相差不大,因为两种分布模拟的损失频率随机数类似,从而在相同损失强度分布下,模拟的损失分布比较类似。

但从表 8-3 可以看出,损失频率采用负二项分布,无论在损失强度服从对数正态分布的情况下还是极值分布的情况下,负二项分布模拟的总体损失分布都略高于采用泊松分布的。而损失强度分布不同,对模拟结果有一定影响,在假设损失强度服从对数正态分布的情况下,损失除了尾部分布比较接近外,都要略小于极值分布。

表 8-3 　　　　　　中国商业银行内部欺诈年度损失模拟比较 　　　　　单位:亿元

分布	均值	标准差	中位数	VaR_{25}	VaR_{50}	VaR_{75}	VaR_{90}	VaR_{95}	VaR_{99}	$VaR_{99.9}$
泊松 – 对数正态	218.01	68.97	207.09	171.11	234.60	251.68	304.83	329.49	450.10	658.42
泊松 – 极值	426.49	78.32	421.60	374.18	421.57	475.93	524.75	560.53	638.90	712.36
负二项 – 对数正态	233.04	68.40	221.45	185.55	247.14	267.49	316.64	345.36	453.67	680.02
负二项 – 极值	456.01	70.00	451.35	410.20	451.24	500.17	544.65	572.31	640.39	685.15

可以看出:首先,采用几种分布得到的操作风险具有较好的一致性,特别是在新巴塞尔协议要求的在一年展望期 99.9% 的置信区间下,从一定程度上验证了这几种分布都是能较好刻画操作风险分布的方法。其次,极值分布对损失强度的模拟的尾部较好,极值理论在刻画损失的尾部具有独特的优势。

8.2.7 结论

本节的主要思路是使用贝叶斯推断的先验分布,在得到样本观测值 X 后,由 X 与先验分布提供的信息,得到后验分布。这一后验分布综合了样本与先验信息,组成较完整的后验信息,这一后验分布是贝叶斯推断的基础,由于利用了先验知识,因而对小样本一般也有较好的统计推断效果。

本节利用操作风险常采用的损失频率分布（泊松分布和负二项分布）和损失强度分布，结合先验信息，推断后验分布。结果显示拟合效果比较好，能够准确地度量操作风险。采用不同的分布对操作风险的结果影响不大，说明这几种损失分布选择都是比较有效的，银行要有效地利用先验信息选择模型分布，并利用实际数据分析模型。

由于中国商业银行有关操作风险事件的数据积累年限不长，数据不多，应用贝叶斯推断可以基于样本、结合先验信息做出统计推断，可以较好地解决数据不足的问题。同时后验信息可以作为今后的先验信息，结合历史数据对先验信息进行修正，随着时间的推移，数据的不断积累和事态的发展变化对先验信息进行不断修正，使分布不断逼近客观事实，对操作风险的度量能不断深化和完善。

由于中国商业银行操作风险事件类型分布极不均衡，本节仅分析了一种历史损失数据较多的事件类型，实际上，正是由于贝叶斯分析具有的特点，在利用先验信息的情况下，可以综合考虑多种事件类型或业务线的损失分布情况，并研究其相关性，这是未来需要深入的方向。

8.3 算例分析：分业务线的无先验信息的中国商业银行内部欺诈风险

本节选取业务线发生内部欺诈历史事件年度频率较高的三条业务线，其他统称其他业务线（因年度损失频率不高或极不均匀，部分年份无损失数据而不宜单独分析）进行分析。

8.3.1 中国商业银行内部欺诈损失频率分析

假设损失频率服从泊松分布，无先验信息。根据 Poisson-Gamma 分布的特性，确定先验分布参数，进行 MCMC 分析获得损失频率 λ 的后验估计。表 8-4 是不同业务线的内部欺诈损失频率分析结果。图 8-5 ~ 图 8-8 为不同业务线损失频率参数的回溯图和密度分布图。从后验分布的标准差和自相关函数可以看出，后验分布拟合较好。

表8-4

不同业务线内部欺诈损失频率描述

项目	业务线一		业务线二		业务线三		其他业务线	
先验	a	b	a	b	a	b	a	b
	16.98056	1.18469	33.75128	1.29815	10.61743	1.96619	22.83021	1.61535
后验	均值	标准差	均值	标准差	均值	标准差	均值	标准差
	14.33574	0.93228	26.01384	1.26183	5.4084	0.56113	14.14156	0.93779
自相关	$Lag10$	$Lag50$	$Lag10$	$Lag50$	$Lag10$	$Lag50$	$Lag10$	$Lag50$
	0.02109	0.01858	-0.00901	-0.01461	0.00873	-0.0041	-0.00099	-0.01754

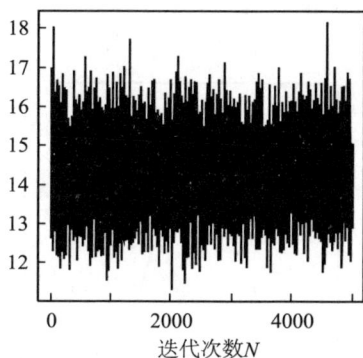

（a）频率 λ 的回溯

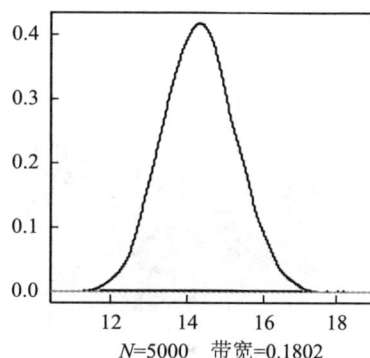

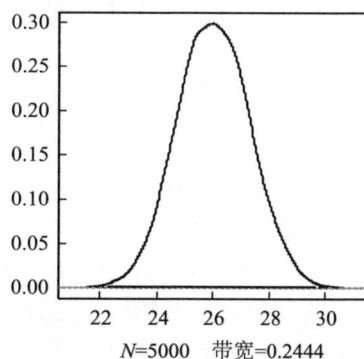

（b）频率 λ 的密度分布

图8-5 业务线一损失频率参数描述

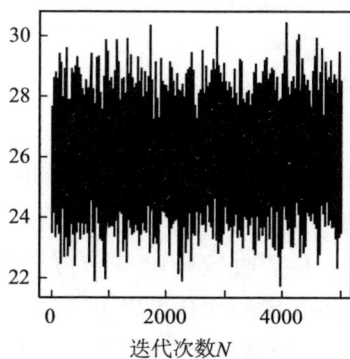

（a）频率 λ 的回溯

（b）频率 λ 的密度分布

图8-6 业务线二损失频率参数描述

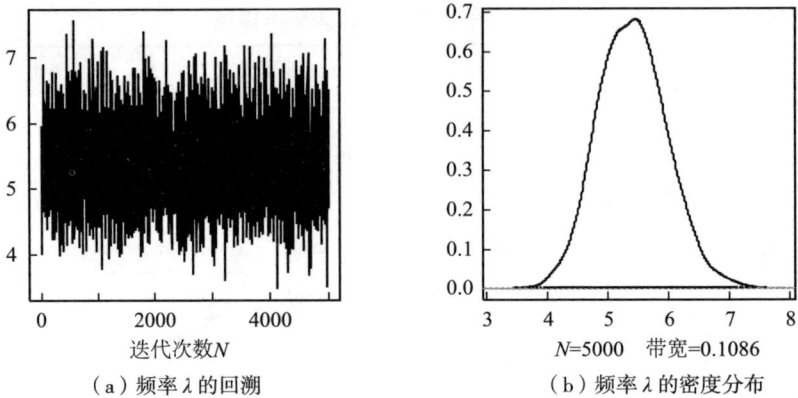

（a）频率λ的回溯 （b）频率λ的密度分布

图 8-7　业务线三损失频率参数描述

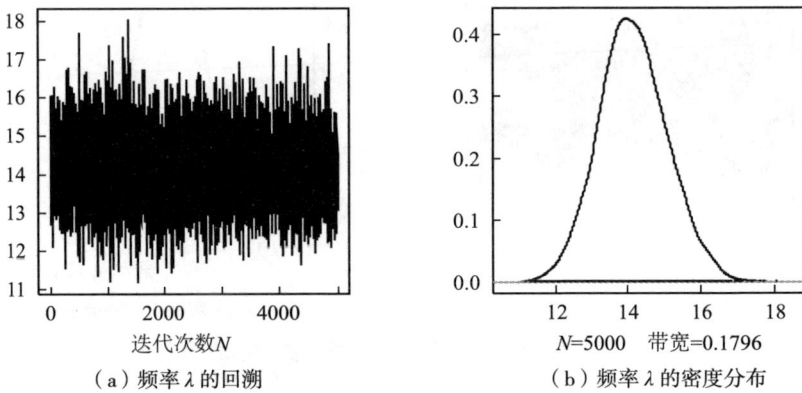

（a）频率λ的回溯 （b）频率λ的密度分布

图 8-8　其他业务线损失频率参数描述

8.3.2　中国商业银行内部欺诈损失强度分析

通过 R 编程，可以获得广义帕累托分布的参数后验分布。各业务线损失强度均无先验信息，初值为自行设定。表 8-5 是对不同业务线进行贝叶斯 MCMC 模拟 5000 次的分析结果，可以看出，参数收敛后验分布拟合结果很好，参数的后验标准差较小，建议的标准差接受率均在 0.5 以上，混合良好。

限于篇幅，本研究仅以一条业务线为例画出参数密度分布图。图 8-9 是业务线一的三个参数轨迹图和后验密度分布图。由此，可以根据先验或后验分布，获得先验或后验预测密度分布。令 z 代表未来的观测值，密度函数

表 8－5　不同业务线损失强度分布估计 MCMC 模拟

单位：万元

业务线	初值			先验						建议 SD			接受率	后验					
	u	σ	ξ	c	d	e	f	g	h	u	σ	ξ	总	$E(u)$	$V(u)$	$E(\sigma)$	$V(\sigma)$	$E(\xi)$	$V(\xi)$
业务线一	0	500	0.5	0.5	1000	5	5000	0.5	1000	0.83	0.5	0.53	0.62	-0.0007	0.774	146.06	403.1	0.752	0.0015
业务线二	0	1000	0.3	5	5000	3	10000	1	3000	0.70	0.60	0.54	0.61	-5.213	66.33	3711	195000	0.506	0.0008
业务线三	0	1000	0.3	5	500	5	1000	3	500	0.72	0.73	0.61	0.69	-0.5866	136.8	773.7	19928	0.386	0.0013
其他业务线	1	1000	0.3	2	5000	5	500	2	500	0.8	0.53	0.61	0.65	1.88	68	751.3	16471	0.377	0.0011

$f(z|\theta)$，其中 $\theta \in \Theta$。在给定观测值为 x 的情况下，z 的后验预测密度为 $f(z|x) = \int_{\Theta} f(z|\theta)\pi(\theta|x)\mathrm{d}\theta$。如果我们未观测到任何数据 x，则未来的观测值 z 是基于先验预测密度的，$f(z) = \int_{\Theta} f(z|\theta)\pi(\theta)\mathrm{d}\theta$，可以根据后验信息进行对未来的预测。

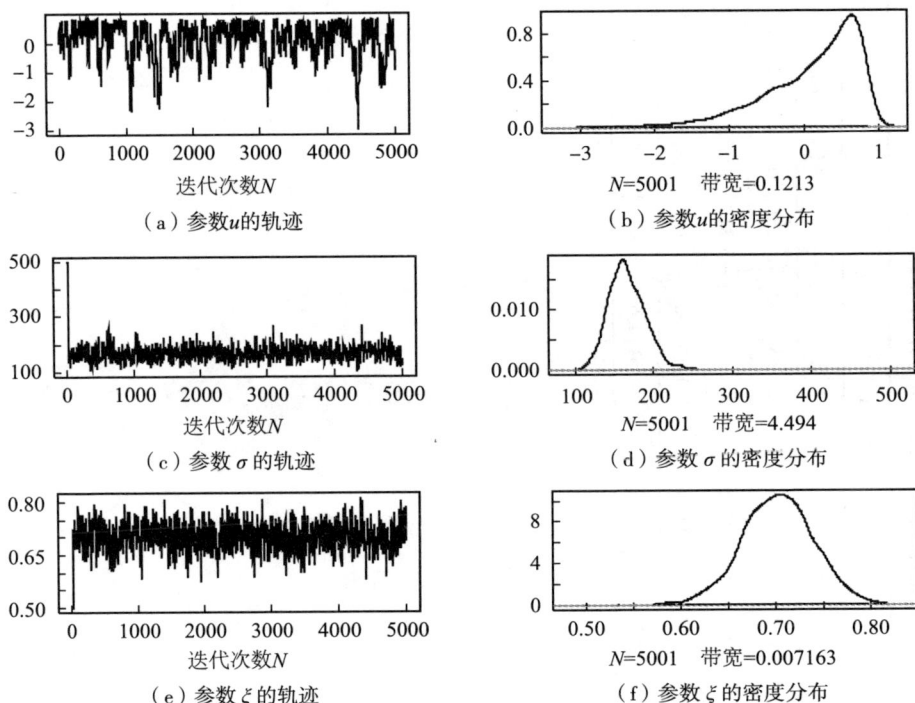

（a）参数 u 的轨迹

（b）参数 u 的密度分布

（c）参数 σ 的轨迹

（d）参数 σ 的密度分布

（e）参数 ξ 的轨迹

（f）参数 ξ 的密度分布

图 8 - 9　业务线一参数后验分布

8.3.3　联合分布

获得了损失频率和损失强度的后验分布和后验预测密度函数，就可以进行联合分布的估计，采用后验预测函数生成随机数，获得损失强度的后验分布。采用蒙特卡洛模拟 10000 次获得总损失分布。采用极大似然估计方法得到模拟的 10000 次损失的参数及在险值、预期超额损失估计，见表 8 - 6。

表 8-6　广义帕累托后验分布总损失参数估计

单位：万元

业务线	u	σ	ξ	VaR_{95}	ES_{95}	VaR_{99}	ES_{99}	$VaR_{99.9}$	$ES_{99.9}$	$VaR_{99.97}$	$ES_{99.97}$	$VaR_{99.99}$	$ES_{99.99}$
业务线一	39689.8	26972	0.617	16772	50275	52115	142546	228385	602735	484463	1271283	958077	2507756
业务线二	539326	147565	0.614	413745	596276	607264	1097597	1566419	3582341	2953368	7175306	5509821	13797937
业务线三	25061	8312	0.224	16332	24523	28650	40396	56114	75787	77211	102972	102112	135058
其他业务线	44062	8972	0.573	36290	46875	48233	74867	102620	202338	176402	375271	306246	679602

通过表 8 – 6 可以看到，根据新巴塞尔协议的规定，在一年展望期 99.9% 的置信区间，采用贝叶斯 MCMC 模拟方法中国商业银行业务线一内部欺诈的在险值为 22.84 亿元，应该分配 2.28×10^{10} 元的监管资本金，超过 99.9% 置信度的预期损失为 60.27 亿元，如果银行想得到更高的评级。例如想得到 AA 级的评级，需要分配 48.45 亿元的资本金。同理，业务线二为中国商业银行最主要的业务，内部欺诈风险严重，在险值为 156.6 亿元，AA 级评级则需要分配 295.3 亿元资本金。采用同样的方法可以分析各业务线在 95%、99%、99.97%、99.99% 置信区间的在险值和预期超额损失。

为了验证基于贝叶斯 MCMC 分析的后验广义帕累托分布能否很好地拟合操作风险的尾部损失，图 8 – 10 给出了业务线二的内部欺诈事件的超限数据的分布图、残差图、分布的尾部图和残差的 QQ 图。从图上可以看出，四种检验的图形都说明基于后验估计的分布较好地拟合了操作风险的尾部损失。限于篇幅，本研究仅做出一条业务线的基于贝叶斯后验估计的分布拟合检验图，其他业务线的拟合情况类似。

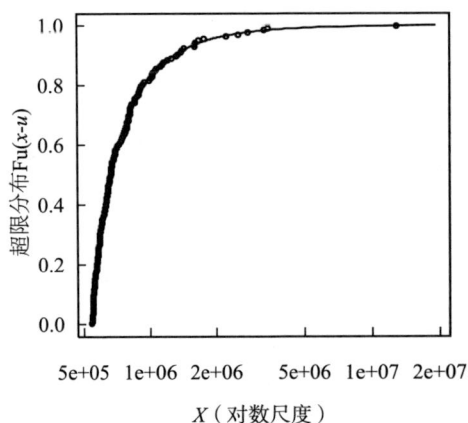

（a）超限分布图

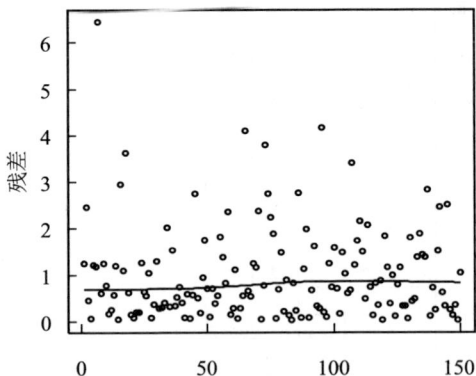

（b）残差散点图

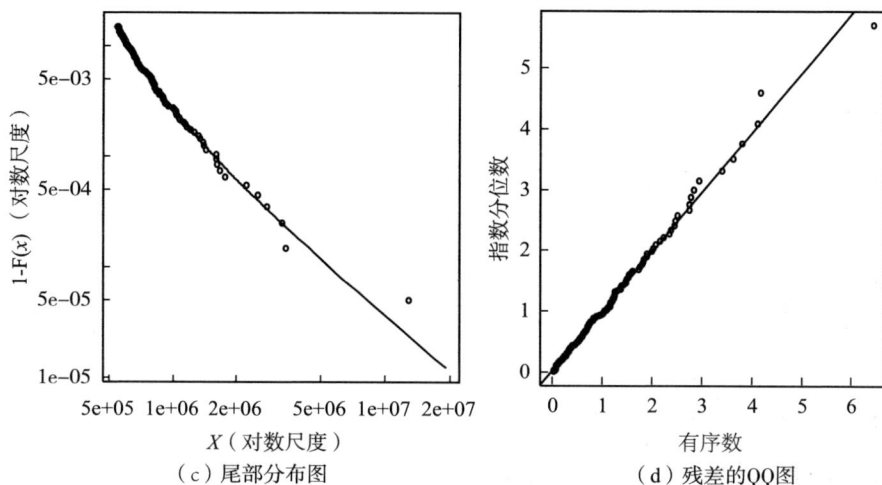

图 8-10 基于后验估计的联合分布拟合检验

（左图纵轴：1-F(x)（对数尺度），横轴：X（对数尺度），（c）尾部分布图）
（右图纵轴：指数分位数，横轴：有序数，（d）残差的QQ图）

8.3.4 与传统方法的比较

传统方法，本研究仍假设损失频率分布服从泊松分布，而损失强度分布服从广义帕累托分布，首先估计各业务线损失频率和损失强度分布的参数，具体方法见第 7 章，估计的参数如表 8-7 所示。

表 8-7 传统方法参数估计

业务线	损失频率分布 λ	损失强度分布		
		u	σ	ξ
业务线一	14.3333	5000	30920	0.2953
业务线二	26	37897	179800	0.2364
业务线三	5.4	6000	243200	0.6615
其他业务线	14.1333	4879	58200	0.5045

采用蒙特卡洛模拟，同样模拟 10000 次，得传统方法各业务线的总损失分布参数估计及在险值和预期超额损失如表 8-8 所示。

表 8 - 8   传统方法总损失分布参数估计

单位：万元

业务线	u	σ	ξ	VaR_{95}	ES_{95}	VaR_{99}	ES_{99}	$VaR_{99.9}$	$ES_{99.9}$	$VaR_{99.97}$	$ES_{99.97}$	$VaR_{99.99}$	$ES_{99.99}$
业务线一	1101986	245252	0.060	1.28e+6	1.55e+6	1.71e+6	2.01e+6	2.40e+6	2.75e+6	2.81e+6	3.18e+6	3.20e+6	3.60e+6
业务线二	9886120	1.53e+6	0.035	1.10e+7	1.26e+7	1.35e+7	1.53e+7	1.75e+7	1.94e+7	1.97e+7	2.17e+7	2.18e+7	2.38e+7
业务线三	7164109	4.15e+6	0.580	1.07e+7	2.55e+7	2.72e+7	6.48e+7	1.03e+8	2.47e+8	2.08e+8	4.96e+8	3.94e+8	9.38e+8
其他业务线	2911344	906390	0.376	3.93e+6	5.51e+6	6.23e+6	9.68e+6	1.41e+7	2.23e+7	2.19e+7	3.48e+7	3.28e+7	5.32e+7

比较表8-6和表8-8可以明显得出以下结论：采用贝叶斯后验预测估计来估计内部欺诈各业务线的总损失分布，比传统极值分布方法得出的在险值和预期超额损失明显降低，即，在银行具备相应条件采用高级度量方法，数据积累满足相关要求和贝叶斯后验分析的情况下，采用基于贝叶斯后验预测估计的方法有助于银行降低操作风险监管资本要求，节约成本。

本研究根据损失分布法的基本思想，对中国商业银行操作风险内部欺诈的不同业务线采用泊松分布作为损失频率分布，广义帕累托分布作为损失强度分布，令泊松分布的先验分布为 Gamma 分布，广义帕累托分布的先验分布为三参数混合 Gamma 分布，结合先验信息，推断后验分布，并模拟联合分布。模型后验估计参数的标准差、自相关函数及接受率等因素表明，基于贝叶斯 MCMC 分析的后验估计拟合效果比较好，能够准确地度量操作风险。与传统极值方法相比，采用基于贝叶斯后验预测估计的方法有助于银行降低监管资本要求。

8.4 本 章 小 结

本章在损失分布法大框架下采用了两种基于贝叶斯推断的操作风险估计：一种为有先验信息；另一种为无先验信息。本章中的两种方法，考虑的损失强度均为中厚尾分布，均考虑了无共轭先验分布的情况，需考虑损失强度不同待估参数的联合贝叶斯分布，难度较高。两种方法比较，第二种方法对损失强度的分析考虑了三个参数综合相互作用的影响，参数标准差小，接受率合理，更稳定。第二种方法度量的内部欺诈风险资本也较低。两种贝叶斯推断方法与传统损失强度服从广义帕累托分布的结果相比，得出的内部欺诈风险资本都大大降低，且结果比较稳定。

由于中国商业银行有关操作风险事件的数据积累年限不长、数据比较匮乏，应用贝叶斯推断可以基于样本、结合先验信息做出统计推断，可以较好地解决数据不足的问题和参数估计稳定性问题。同时后验信息可以作为今后的先验信息，结合历史数据对先验信息进行修正，随着时间的推移、数据的不断积累和事态的发展变化对先验信息进行不断修正，使分布不断逼近客观事实，对操作风险的度量能不断深化和完善。

| 第 9 章 |

基于外部数据尾部幂率转换的
混合数据操作风险估计

9.1　数据合并的国际思路

　　前述章节已经阐述了银行操作风险内部数据
不足的原因，外部数据具有内生偏差需要修正。
国际上目前一个尚未解决的操作风险量化难题就
是如何将不同的操作风险数据源恰当地结合在一
起，如内部数据、行业数据和公共媒体报道的外
部数据。

　　国际上研究数据问题的前提是国际上已有几
大类相对成熟的外部数据库，且其外部数据库被
公众认可。徐润南（2006）总结了国际上四种内
外部数据合并的主要思路，分别是针对内部数据
和外部数据分布是否相同、收集阈值已知（未
知）提出的，即通用假定、已知恒定阈值假定、
未知恒定阈值假定和随机阈值假定。第一种和第
三种（不论外部数据收集阈值是否已知，均假设
为未知，并假设内、外部数据独立同分布）相比

而言较优。

虽然已有学者探讨了内外部数据的整合方法，但均为提出方法的大致思路，并未具体探讨细节方面的问题，也并无具体实证算例的研究。中国商业银行的操作风险数据状况，其质量并不足以支撑徐润南（2006）所总结的方法。

吴博（2012）提出了操作风险四类数据元素（内部数据、外部数据、情景分析及业务环境和内部控制因子）的特点及整合方法：混合法、分割法、加权法及定性调整法。其中，混合法的问题在于混合带来的不确定性难以度量和缓释；分割法的两个要点在于分割值的确定及充足、有代表性的数据量；加权法的难点在于对不同数据元素权重的选择；定性调整法的问题在于事后调整的依据和幅度难以把握。然而其并未具体探讨如何整合，也未实证分析。

学者们对外部数据进行调整主要采用比例模型，提出了以下几种思路：

第一类，分析损失强度与银行规模等的相关关系，如最早的施等（Shih et al.，2000）从损失强度与银行规模的角度探讨损失强度的相关因素，建立回归模型提取相关因子调整数据；魏等（Wei et al.，2007）拓展了施等的思路，分析了更多因素寻找相关因素；达亨等（Dahen et al.，2010）提出了损失强度的 GB2（第二类广义贝塔）模型，将外部数据调整比例后应用与内部数据。他们认为数据应该通过规模来调整，采用一种同质方法被合并在一起。

第二类，从银行共同部分、独特部分的角度提出尺度调整方法，如纳（Na，2006），笔者将在第 10 章根据此思路对纳的方法提出改进。

第三类，贝叶斯方法，如兰伯格等（Lambrigger et al.，2007）、李（Lee，2012）采用贝叶斯估计将外部数据作为先验分布，调整外部数据纳入内部数据中；卢安文等（2009）在假设内、外部损失数据同分布，损失强度服从对数正态分布，损失频率服从泊松分布的前提下，将外部数据作为先验分布，利用共轭先验分布为内部数据提供信息；阿戈斯替尼等（Agostini et al.，2010）采用信度理论，将专家意见引入数据调整过程中；柏伦思等（Bolance et al.，2013）采用一参数模型及核平滑技术将外部数据调整纳入内部数据；叶尔加舍夫等（Ergashev et al.，2013）在损失强度服从极值理论的思路下，运用了一些直接或间接的专家意见作为先验分布，采用贝叶斯方法对外部数据进行调整；托雷斯特等（Torresetti et al.，2014）同时考虑了核调整估计和贝叶斯估计，对外部数据进行调整；笔者在第 8 章对有先验信息和无先验信息两种情况，针对损失强度为中厚尾分布、无共轭先验分布的损失强度分析损失强度联合分布，也属于贝叶斯方法。

第四类，分位数思想，如寇普等（Cope et al.，2008）运用线性分位数回归模型进行尺度分析，在位置移动假设前提下，提出了分位数匹配算法；舍甫琴科（Shevchenko，2011）通过考虑相同分位数的两个无偏、独立估计，通过最小化方差确定权重来对这些估计进行线性结合；费吉妮等（Figini et al.，2008）在假设已知独立同分布的情况下，通过建立外部数据截断模型并将其与内部数据混合。其虽然假设内、外部数据可以不同分布，但仍假设内、外部数据相对比较近似，实际应用受到限制。

这些模型的应用有的受限于不同的数据集独立同分布的假设不一定可行；有的因为对内部数据个体风险和外部数据集体风险进行加权平均而受质疑；有的因为 MCMC 算法中截断和校准数据的密度分布问题的实践操作性存在不足；有的因贝叶斯整合方法中先验分布的校准存在偏差及主观性强等受到质疑；有的虽然假设内、外部数据可以不同分布，但仍假设内、外部数据相对比较近似，即外部数据的采用需要符合一定的选择标准，如核平滑技术和贝叶斯方法。总之，目前存在一些关于如何合并不同数据源的数据的思路，但对其的研究仍处于比较起步的阶段，还未有能被多数人所接受的模型或方法。这里，我们试图通过总结学者们的思路，探讨可以用来混合不同数据源的方法和思路。

9.2　外部数据调整思路

本章对外部数据进行调整属于比例模型的思路。对于操作风险损失数据较少的银行，需要引入外部数据进行补充。其思路是，假设银行的损失频率仍保持不变，即仍采用银行损失频率的内部数据，而对其单件损失强度引入外部数据。根据学者们对操作风险损失频率的估计的研究，最常见的分布估计一般服从泊松分布和负二项分布等。

另外，损失强度引入外部数据，并非引入所有的外部数据。因为对银行度量操作风险、计提操作风险准备金而言，最重要的、最缺失的是极端的损失数据。因此，引入的外部数据，仅为超过阈值的非预期损失数据。

9.2.1　确定最佳阈值

借鉴波克等（Böcker et al.，2005）的思路，对单件损失进行渐进分析。由于操作风险在险值严重依赖于损失强度的尾部分布，模型效果主要集中在损失强度的尾部，因此，可以将分布看作分布主体（F_b）和分布尾部（F_t）的混合。即

$$F(S) = \begin{cases} F_b(S)/(1 - F_b(H)), & S \leqslant H \\ F_t(S - H), & S > H \end{cases} \tag{9-1}$$

在险值严重依赖于尾部分布 F_t 的选择，这里，H 为阈值。根据操作风险损失的特点，损失强度分布的参数估计法可考虑轻度至中厚尾分布如威布尔分布、对数正态分布、广义帕累托分布、伽马分布、布尔分布、柯西分布、对数伽马分布和帕累托分布（罗猛等，2009）。另外，基于操作风险损失强度偏峰厚尾的特点，也有学者提出对操作风险损失强度可以采用 g-h 分布（司马则茜等，2011），广义 Champernowne 分布（Sayah et al.，2010，Buch-Larsen et al.，2010）等。而分布主体对在险值的参数估计仅有较小程度的影响。

为了寻找最佳的 H，我们根据皮亚琴察等（Piacenza et al.，2006）的思路，将损失数据进行简单的层次聚类，按照内部数据对损失数据划分子类，并将外部数据与其对应。当 $x > H$ 时，$x - H$ 代表超阈值操作风险损失。在所有的子类中，根据双变量 Anderson Darling（简称 A-D）检验的上尾 p 值，选出最佳 H（Renaudin et al.，2015）。

9.2.2　内、外部数据尾部关系分析

确定最佳 H 后，则需要分析内部数据尾部分布与外部数据尾部分布的关系。如果 $X_I > H$，X_I 为内部数据随机变量，其密度为

$$F(x) = 1 - \left(1 + \frac{\xi_I(x - H)}{\beta_I}\right)^{-\frac{1}{\xi_I}}, \quad x > H, \ \xi_I > 0, \ \beta_I > 0 \tag{9-2}$$

则转换后的随机变量 $Y_I = 1 + \xi_I(X_I - H)/\beta_I$，$Y_I > 1$，是一个满足帕累托分布的随机变量 $F(y) = 1 - y^{-1/\xi_I}$，$y > 1$，$\xi_I > 0$。外部数据也可同理推测。

对外部数据的调整，托雷斯特等（Torresetti et al.，2014）认为调整方式可以采用幂率算法，使内部数据与外部调整数据得以连接。可以将转换后的

数据的尾部，内部数据 Y_I 和外部数据 Y_E，通过外部数据的幂转换，将内部数据与外部数据整合起来：

$$\tilde{Y}_E = Y_E^a, \quad a > 0 \qquad (9-3)$$

思路是首先采用极大似然估计或概率权重估计等方法，采用参数方法如广义帕累托分布等，各自度量内部数据及外部数据尾部的参数，然后用这两组参数将内部数据和外部数据通过帕累托分布结合起来。

9.2.3 确定幂率转换系数

接下来的任务就是如何确定幂率转换系数，可以有多种可能的方法：

一个直接的方法为托雷斯特等（Torresetti et al.，2014）提出的方法，令

$$a = \xi_I / \xi_E \qquad (9-4)$$

当内部数据很少时，其估计有可能会因为内部数据的形状参数不稳定产生一定范围的偏差。也可以通过使内部数据尾部 Y_I 的分布与外部调整数据尾部 $\tilde{Y}_E$ 尽可能一致来确定 a。度量一致性的方法可以采用 Kolmogorov-Smirnov（简称 K-S）检验，度量其 p 值；也可以采用双变量 Anderson Darling 检验的上尾 p 值。此外，还可以根据内部数据与外部数据尾部分布的相对同质性来度量。

由此，可以确定幂率转换系数 a。

将外部数据尾部调整后，可以纳入操作风险损失强度数据库。利用新生成的操作风险损失强度数据，结合操作风险损失频率分布，可以运用多种方法度量操作风险年度损失，鉴于本章的重点不在如何度量联合分布，本章采用最常用的蒙特卡洛模拟方法进行度量。

9.3 算 例 分 析

9.3.1 样本数据描述

本章选择两家中国商业银行的历史操作损失数据作为实证分析事例，这两家银行在银行性质上是相同的。我们将银行 A 的操作损失历史数据作为内

部数据，银行 B 的操作损失历史数据作为外部数据。其中，银行 A 有历史损失数据 80 例，银行 B 有历史损失数据 411 例，操作风险损失强度以万元为单位。表 9－1 为两家银行操作损失数据的相关描述和简单的损失频率分布估计。

表 9－1   两家银行操作损失数据描述

银行	损失频率					
	泊松分布		负二项分布			
A	4.5455（λ）	0.894（p）	2.6107（size）	4.5452（u）	0.4143（p）	
B	18.6818（λ）	0.044（p）	2.4492（size）	18.6833（u）	0.9424（p）	

银行	损失强度					
	最小值	最大值	均值	标准差	偏度	峰度
A	1.007	460000	13533	53819	7.5255	61.7647
B	1	530000	8609	44737	9.8289	104.5413

可以看出，这两家银行虽然操作损失历史数据不多，但都具有损失强度偏峰厚尾的特征，作为低频高损的极端损失，对银行风险资本金的度量具有重要意义。从银行的损失频率分布分析可以看出，A 银行（内部）损失频率选择服从泊松分布更为合适，而 B 银行损失频率更适合负二项分布。

9.3.2　预选阈值

接下来重点分析损失强度的内外部数据混合。根据对内部数据的简单层次聚类分析，笔者预选了 4 个初始 H 值，表 9－2 为初始预选 H 值、分布尾部的双变量 A-D 检验上尾 p 值及不同预选阈值情况下内、外部数据的超阈数。预选阈值的目的是希望内、外部损失数据尾部分布一致，因此，可以根据 A-D 检验上尾 p 值选择最佳阈值为 4138 万元。

表 9 – 2 预选初始阈值情况

项目	预选 H 值			
	980 万元	4138 万元	17897 万元	56500 万元
A-D 检验上尾 p 值	0.1749	0.9985	0.850	0.7985
超阈数	内部：34	内部：25	内部：12	内部：4
	外部：133	外部：72	外部：37	外部：11

9.3.3 确定幂率转换系数

在已确定 H 的情况下，对内部数据、外部数据损失强度进行广义帕累托分布建模，得参数估计值 $\xi_I = 0.7019$，$\beta_I = 13191.26$，$\xi_E = 0.7424$，$\beta_E = 13795.5$。

接下来确定幂率转换系数。如前所述，采用四种方法确定 a。

方法一：内、外部数据尾部损失强度分布形状参数比值法。根据前述广义帕累托分布的参数估计，$a = \xi_I/\xi_E = 0.7019028/0.7423801 = 0.9455$。

方法二：内、外部数据尾部损失强度分布的 K-S 检验 p 值：经过检验，KS 值为 0.1065，$p = 0.9589$。

方法三：内、外部数据尾部损失强度分布的 A-D 检验上尾 p 值：经过检验，AD 检验值为 0.1380，$p = 0.9989$。

方法四：内、外部数据尾部损失强度分布的相对同质性分析。其中，对每一组数值或团体可能具有不同权重，在计算 β 香农熵时，采用 MacArthur 的同质性度量指标来计算同质性的相对值（Jost，2007）。当 $q = 1$ 时，香农测度在采用 MacArthur 测度仍然是有效测量，其最小值为

$$1/\exp\left[-\sum_{j=1}^{N}(w_j\ln w_j)\right] \equiv 1/{}^1D_w \ , \ R.H. = \frac{1/{}^1D_\beta - 1/{}^1D_w}{1 - 1/{}^1D_w} \qquad (9-5)$$

其中

$$ {}^1D_\alpha = \exp\left[-w_1\sum_{i=1}^{S}(p_{i1}\ln p_{i1}) - w_2\sum_{i=1}^{S}(p_{i2}\ln p_{i2}) - \cdots\right] \qquad (9-6)$$

$$ {}^1D_\gamma = \exp\left[\sum_{i=1}^{S} - (w_1 p_{i1} + w_2 p_{i2} + \cdots) \times \ln(w_1 p_{i1} + w_2 p_{i2} + \cdots)\right] $$

$$(9-7)$$

$$ {}^1D_\beta = {}^1D_\gamma / {}^1D_\alpha \qquad (9-8)$$

其中，S 为团体数；H 为多样性测度。经过计算，相对同质性值为 0.9259。可以看出，四种幂率转换系数算法结果差异性不大。

9.3.4 外部数据调整

由此，可以得出四组调整的外部数据尾部分布，与内部数据合并，组成新的四组合并数据。

图 9 - 1 是四组混合数据的阈值选择估计图，可以看出，四组数据其差异性不大，为简单起见，可以选择一统一的阈值进行度量，将四组混合数据 90% 分位数的均值作为统一阈值。

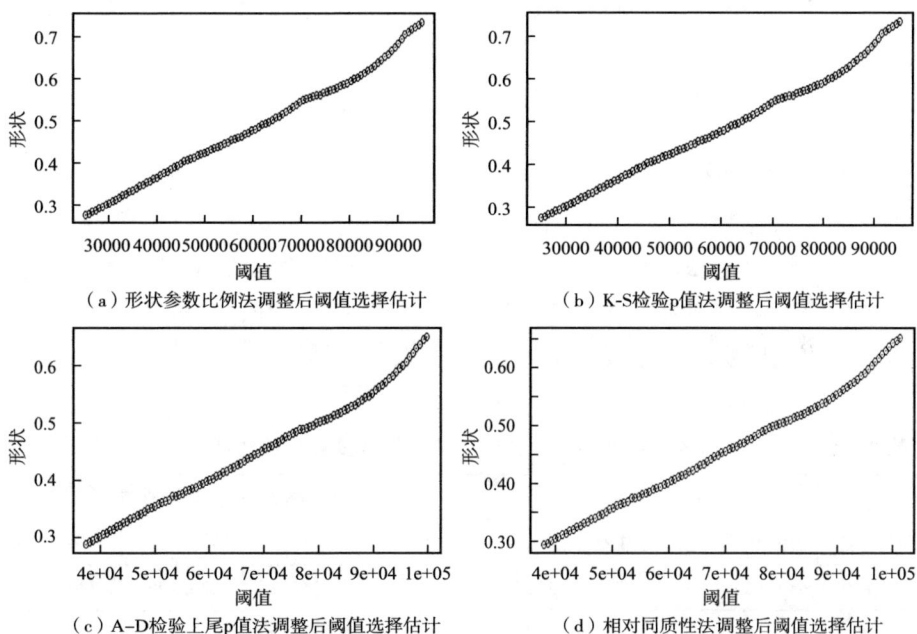

（a）形状参数比例法调整后阈值选择估计　　（b）K-S检验p值法调整后阈值选择估计

（c）A-D检验上尾p值法调整后阈值选择估计　　（d）相对同质性法调整后阈值选择估计

图 9 - 1　外部数据尾部调整后与内部数据的混合数据阈值选择分析

可以计算出四组混合数据的广义帕累托分布的相关参数，得出在险值及条件在险值，见表 9 - 3。

表9-3 　　　　基于不同的幂率转换系数的混合数据单一损失分布参数及在险值

方法			形状参数比例法	K-S p 值法	A-D p 值法	相对同质性法
估值的参数值	阈值		52045	52045	52045	52045
	形状参数	值	0.6195	0.6878	0.6885	0.6564
		标准差	0.3774	0.3796	0.3718	0.3919
	尺度参数	值	61950.84	59696.54	63569.15	55729.32
		标准差	12462	12452	12385	12585
在险值	VaR_{99}		365044	403374	415850	348691
	$VaR_{99.9}$		1671788	2100130	2097519	1696827
条件在险值	$CVaR_{99}$		1037499	1368486	1342622	1077645
	$CVaR_{99.9}$		4471931	6802886	6420894	5001436

　　与原内部数据度量估计（见表9-4）相比，经过外部数据尾部调整的混合数据在参数值估计上具有更强的稳定性，见表9-3及表9-4的形状参数及尺度参数标准差估计。尽管由于混合数据增加了一些极端值，导致其在险值 VaR_{99} 有一定的增加，但由于内部损失数据较少的银行其损失极端值也很少，参数估计稳定性存在一定不足，在监管机构所要求的 $VaR_{99.9}$ 的估计上，可以看出采用调整的混合数据进行度量稳定性有所提升，且从条件在险值估计看，其稳定性明显高于仅采用内部数据进行的估计。

表9-4 　　　　原内部数据单件损失分布参数估计及在险值估计

项目	阈值：22170		在险值		条件在险值	
形状参数	值：0.9713	标准差：0.7262	VaR_{99}	$VaR_{99.9}$	$CVaR_{99}$	$CVaR_{99.9}$
尺度参数	值：24819	标准差：13627	235807	2235633	8335395	78054797

9.3.5　度量年度操作风险损失

　　接下来需要采用度量年度操作风险损失。为简单起见，本研究采用最常用的模拟方法蒙特卡洛模拟来估计年度操作风险损失，每种方法模拟次数为20000次。需首先重新确定在新阈值（52045万元）情况下内部数据损失频率分布。经过分析，内部数据分布主体损失频率服从泊松分布，$\lambda = 4.3636$，分布尾部服从泊松分布，$\lambda = 0.1818$。将混合数据分为分布主体和分布尾部，建立两阶段模型进行年度操作风险损失蒙特卡洛模拟。表 9 – 5 为混合外部数据尾部的年度操作风险模拟估计。

表 9 – 5 年度混合外部数据尾部的操作风险模拟估计

项目	VaR_{95}	VaR_{99}	$VaR_{99.9}$	$CVaR_{95}$	$CVaR_{99}$	$CVaR_{99.9}$
形状参数比例法	236654	660213	2804257	618605	1634935	6038759
K-S p 值法	239983	712984	3505948	712077	2048137	8563390
A-D p 值法	248251	754873	3736000	752774	2180445	9149847
相对同质性法	227100	638417	2909707	619383	1698063	6684965

对比表 9 – 4，内部数据单件损失在险值可知混合数据年度在险值比较合理，且对比条件在险值，混合数据的年度损失要比内部数据单件损失更为合理。该银行年度操作风险在险值 99.9% 约为 280 亿 ~ 373 亿元，如果该银行对预期损失进行了较好的防范，需对操作风险拨备 300 亿元左右的风险准备金。

9.4 本章小结

本章探讨在外部数据具有内生偏差的情况下，如何有效地对外部数据进行调整。基本思路是假设损失频率仍符合内部数据的损失频率，将损失分为分布主体和分布尾部两个部分，选择内部尾部数据与外部尾部数据分布基本一致的阈值。在此基础上，对外部数据尾部单件损失进行幂率转换，采用不用的转换方法对外部数据尾部进行调整。结果表明，对外部数据尾部进行调整，得出的年度操作风险损失分布更为合理、更稳定。

因为所选取的银行性质相同，本研究选取的这两家银行的操作风险损失数据具有一定的相似性，在现实中，也有可能会采用完全不同性质的外部数据进行调整，这就需要考虑幂率转换方法的选择，此时，对形状参数比值法的运用需考虑其偏差范围。

　　在研究过程中，由于受到很多客观因素的限制，还有很多问题值得进一步的探讨。如果有足够多的属性特征，可以采用多属性多因素分析方法，这样结果会更精确些。

第 10 章

基于混合数据的银行操作
风险参数混合模型分析

10.1 问题提出及数据合并思路

10.1.1 问题提出

第 9 章阐述了国际上对操作风险内、外部数据混合的思路，而中国银行业的操作风险数据状况与国际先进银行有显著区别，国际上适用的方法对中国而言未必适用。原因在于：国际上有相对较成熟的专业咨询公司建立的外部数据库、银行公会组织筹建的行业数据库、大型金融咨询机构创建的操作风险数据库软件、保险公司的相关保险数据，而中国银行业操作风险的这些外部数据库还未建立，或者刚刚起步不成规模，远未成熟且不对外公布。

国内对操作风险数据源混合问题的研究，仅有少量描述性地介绍国际前沿方法的文章。如徐润南（2006）概括总结了国外内、外部数据收集阈值是否已知及分布是否相同的四种建模思路，得出内、外部数据收集阈值未知、分布独立同分布情况下是最有效的合并思路；高丽君（2011）对外部数据的内生偏差进行了总结，并概述了不同类型内生偏差的调整思路，对某种内生偏差进行了简单的算例分析；吴博（2012）对四类数据元素的特点进行了比较，概述了混合法、分割法、加权法、定性调整法四种基本思路；卢安文等（2009）在假设内、外部损失数据同分布，损失频率服从泊松分布、损失强度服从对数正态分布，这两种均有共轭先验分布的前提下，将外部数据作为先验分布内部数据提供信息，其未对假设分布的适用性进行验证，假设相对武断。其他多为定性介绍。

因此，虽然存在一些关于如何合并不同数据源的思路，对中国商业银行操作风险数据混合的研究仍处于初起步阶段。中国商业银行要采用国际上较先进的数据混合方法，仍存在数据不足的问题。国际上学者们提出的四类内、外部数据混合模型在中国的应用受到一定的限制。

10.1.2　数据合并思路

本章探讨如何引入外部数据，并在数据稀缺情况下采用混合模型利用所有数据对操作风险进行建模，力求获得更稳定、更精确的操作风险度量。基本思路是：在难以获得不同银行的企业特性、内部控制特性等具体信息情况下，不考虑影响银行不同的因素具体有哪些、是什么、值为多少，仅区分为共同部分和独特部分，计算同质性及异质性，再通过异质性指标将外部数据进行调整。

调整后的外部数据与内部数据混合。对损失强度的拟合，针对对数正态模型、威布尔模型等不能较好地拟合强度分布，而极值模型仅适合刻画分布尾部，不适合刻画与其损失部分，笔者建立混合模型，用一个整体的混合模型拟合损失强度全貌。混合模型部分，不预设阈值而是将阈值作为可变的待估参数，并考虑阈值处的连续性进行建模。

10.2 外部数据尺度调整

10.2.1 建模思路：分为公共部分和异质部分

对于操作风险损失数据较少的银行或管理环境发生重大变异的银行，需要引入外部数据进行补充。基本思路是，假设银行的损失频率仍保持不变，即，仍采用银行损失频率的内部数据，而对其单件损失强度引入外部数据。根据学者们对操作风险损失频率的估计的研究，最常见的分布为泊松分布和负二项分布等。而对损失强度分布，由于需要引入外部数据，需要对外部数据进行预处理。本章借鉴达亨等（Dahen et al.，2010）将损失分为公共部分、独特部分的思路，并根据纳等（Na et al.，2006）的假设，认为公共部分代表了由于宏观经济、地缘政治、文化环境、一般人性环境等因素影响而导致的风险因素，而独特部分代表了由于某银行机构独特特性导致的操作风险因素。同时假设对于不同的银行机构，由公共部分导致的风险损失是一样的。则银行操作风险损失可以看作由两部分组成：

$$L = l((R_{idio}),(R_{com})) \qquad (10-1)$$

其中，R_{idio} 代表某银行机构的独特属性影响因素，而 R_{com} 代表对银行机构具有共同影响的因素。可以将操作风险函数表示为独特部分影响因素的函数和公共部分函数的乘积：$L = l((R_{idio}),(R_{com})) = g(R_{idio}) \times h(R_{com})$。假设 $g(R_{idio})$ 可以表示为 $(R_{idio})^\lambda$，可将函数表达转换为幂律形式，其中，对某一特定银行机构，R_{idio} 为常量，则有

$$l((R_{idio}),(R_{com})) = (R_{idio})^\lambda \times h(R_{com}) \qquad (10-2)$$

对不同的银行机构，其受公共部分影响风险损失一致，因此有公式（10-3）。纳等（Na et al.，2006）采用对不同业务线的损失均值进行线性拟合方法得出，即共有 n 条业务线则获得 n 个均值，由这 n 个均值拟合出一条直线。

$$\frac{l((R_{idio}),(R_{com}))_1}{(R_{idio})^\lambda_1} = \frac{l((R_{idio}),(R_{com}))_2}{(R_{idio})^\lambda_2} = \cdots = h(R_{com}) \quad (10-3)$$

其中，下标 1、2……代表第 1、第 2……家银行机构。

在引入外部数据过程中，笔者亦将损失强度的影响因素分为公共部分和独特部分，但纳等（Na et al.，2006）采用几条业务线的损失均值拟合直线得出公共部分，考虑到操作风险的分类，由最多 8 个均值点拟合直线，得到公共部分的同质性指标。但笔者认为仅根据有限的业务线的损失均值获得由有限数据点（一般仅有几个点）拟合的直线其准确度不高，且由于操作风险偏峰厚尾特性，操作风险某业务线/类型的均值并不能很好地代表该业务线/类型的损失严重程度。笔者采用每个机构/业务线/类型的所有数据的分布分析异质性和共性。

10.2.2 数据预处理

笔者采用每个机构/业务线/类型的所有数据分析异质性和共性。本章利用相对同质性度量公共部分，这里比较的是内、外部数据的分布，而不仅是有限个均值。由于两组数据数据量具有较大差异，首先对内、外部数据进行了预处理：通过分位数的测算，模拟出数量基本相当的内、外部数据。

10.2.3 相对同质性度量公共部分

采用相对同质性分析度量两组数据的公共部分。其中，假设每一组数值可能具有不同权重，在计算 β 香农熵时，采用 MacArthur 的同质性度量指标来计算同质性的相对值（Jost，2007）。可以得到两组数据的相对同质性及同质部分的标准差。当 $q = 1$ 时，香农测度在采用 MacArthur 测度仍然是有效测量，其最小值为

$$1/\exp\Big[-\sum_{j=1}^{N}(w_j\ln w_j)\Big] \equiv 1/{}^1D_w, \quad R.H. = \frac{1/{}^1D_\beta - 1/{}^1D_w}{1 - 1/{}^1D_w} \quad (10-4)$$

$$ {}^1D_\alpha = \exp\Big[-w_1\sum_{i=1}^{S}(p_{i1}\ln p_{i1}) - w_2\sum_{i=1}^{S}(p_{i2}\ln p_{i2}) - \cdots\Big] \quad (10-5)$$

$$ {}^1D_\gamma = \exp\Big[\sum_{i=1}^{S} -(w_1 p_{i1} + w_2 p_{i2} + \cdots) \times \ln(w_1 p_{i1} + w_2 p_{i2} + \cdots)\Big] $$

$$(10-6)$$

$$ {}^1D_\beta = {}^1D_\gamma / {}^1D_\alpha \quad (10-7)$$

其中，$R.H.$ 为相对多样性指标，w 为权重指标，α、β、γ 分别代表不同的多样性，α 多样性，β 多样性，γ 多样性，其关系为 $\exp(H_\alpha + H_\beta) = \exp(H_\gamma)$。$S$ 为数据集数，H 为任意广义熵或多样性测度。

10.2.4 异质性度量

假设均值、标准差的概率密度函数以相同的方式等同于操作风险的概率密度函数，即 λ，λ_u，λ_σ 值相同，则可以通过估计 λ_u，λ_σ 来得到 λ 值。对操作风险函数两边取对数，可得

$$\log(L_S) = \lambda \times \log((R_{idio})_S) + \log(R_{com}), \quad S = 1, 2, \cdots \quad (10-8)$$

分别以均值、标准差展开，可得

$$\log(u(L_S)) = \lambda_u \times \log((R_{idio})_S) + \log(u(R_{com})), \quad S = 1, 2, \cdots$$
$$\log(\sigma(L_S)) = \lambda_\sigma \times \log((R_{idio})_S) + \log(\sigma(R_{com})), \quad S = 1, 2, \cdots$$
$$(10-9)$$

由此，可估计出 λ_u，λ_σ 来得到 λ 值。

10.2.5 外部数据尺度调整

在区分出异质部分的前提下，采用以下尺度调整方法可以用于调整外部数据

$$R_{extadj} = \frac{g(R_{idio})_{ext}}{g(R_{idio})_{int}} \times R_{ext} \quad (10-10)$$

将调整后的外部数据作为内部数据的补充，即可模拟银行年度损失。

10.3 极值混合模型

10.3.1 问题提出

由于损失数据的匮乏，操作风险实证分析多数采用高粒度化方法，其中损失分布法（LDA）最为常用，从损失频率和损失强度两个维度分别估计，再估计年度损失。学术界对操作风险损失强度分布，尚未达成共识。但学者

们建议采用广义帕累托分布（GPD，隶属极值理论）分析尾部特征。极值理论对分布尾部的超样本估计能力已经被学者及业界认可。

但极值理论中块分组方法的块的选择可能受季节性及时间性影响，GPD中的阈值选择存在一定的任意性或不精确性（Berliant et al.，2001），由于数据不足导致参数估计存在一定的不精确性，结果稳定性差，且容易出现多峰导致的阈值估计的多可能性问题（陆静，2013）。尤其是在少量数据下，阈值确定难度大，稳定性差。

操作风险的本质特征导致其损失数据稀缺，极值理论仅适合分布尾部，我们希望找到一种既能较准确估计尾部特征，又能对主体分布较好刻画的模型，因为对操作风险的管理不仅是对极端损失的管理。数据总量本身就少，再将低于阈值的数据丢弃，超阈数更少，仅用少量数据估计参数，结果稳定性问题比较严重。

针对右侧尾部数据量极少的问题，一种解决方案是使用两种分布分别刻画主体和尾部，此方法也可称为两阶段模型。此方法在业界中较常见，被50%的AMA银行所采用。此方法还能顺带解决数据直方图中的多峰问题，可是两种分布如何结合需要考虑。笔者考虑采用一种"one-method-fits-all"的两阶段参数极值混合模型，同时考虑连接处的连续性约束，来刻画操作风险损失强度分布全貌，最终获得联合分布。

两阶段参数混合模型，基本思路是通过阈值将损失强度分布分为主体部分和尾部部分，备选两阶段参数混合模型均为常见中厚尾分布模型。其优点是为避免由于图形法阈值选择会产生较大偏差，不预先设定阈值，而是通过数据驱动变阈值择优确定阈值。具体方法见斯卡洛特等（Scarrott et al.，2012）和李等（Lee et al.，2012）。

当然，混合模型可以扩充为多阶段混合模型，混合分布的优势在于它适应实际应用中各种形状的损失分布。混合分布中的成员扩张会使 m 成为一个参数，并且由数据来决定有多少个分布可以进入混合分布中。然而这也会使模型更依赖于数据且变得更加复杂。

10.3.2　极值混合模型

极值混合模型属于分阶段模型的范畴。理论上，混合模型可以是多阶段混合分布，但现实中一般为有限混合模型，最常见的为两阶段混合模型。两阶段极值混合模型一般包含两部分：一是描述所有非极端值的数据的模型（称为主体模型）；二是一个传统的超阈值模型用来描述尾部分布（称为尾模型）。尾部模型可以用来描述上尾、下尾或双边尾部，这依赖于极值模型的应用关注点在哪里。由于极值混合模型的尾部均为极值分布，因此从极值混合模型的主体分布看，极值混合模型可分为参数极值混合模型、半参数极值混合模型及非参数极值混合模型。

极值混合模型的优势在于：第一，可以同时捕捉低于阈值的主体分布和高于阈值的上尾部分的分布。它考虑所有可用的数据而不浪费任何信息。第二，在传统极值理论中，阈值选择是一个非常具有挑战性的领域。对某些传统的阈值选择图形方法，研究人员建议了不同的阈值。这些多个阈值的选择可能导致阈值的双模或多模式后验分布。在某些情况下，似乎可以找到很多可行的阈值（陆静等采用三种方法估计出三个相差较大的阈值），不同的阈值选择会导致不同的尾部及相应的不同回报水平。而混合模型将阈值看作一个待估参数，由于阈值估计所导致的不确定性可以通过推理方法考虑在内。第三，在过程中采用了贝叶斯推断应对困难的多模式似然估计推理。该方法的最主要优点在于它不仅提供了一个更自然的估计阈值的方法，而且考虑了阈值选择相关的不确定性。

极值混合模型的不足之处主要在于：主体部分和尾部部分共用阈值，两部分之间的鲁棒性需要重点关注；另外，同普通两阶段模型一样，对混合模型在阈值处的密度函数的连续性需要慎重考虑。

10.3.2.1　参数极值混合模型

参数极值混合模型的特点是主体部分采用参数模型，简单、灵活，是最简单的极值混合模型。考虑操作风险分布偏峰厚尾的特点，本研究主要采用上尾模型，尾部采用广义帕累托分布，主体模型采用参数模型，连接处为阈值。

贝伦等（Behren et al.，2004）建立了一个极值混合模型，该模型采用一个截断伽马分布去拟合主体分布，广义帕累托分布对应尾部分布；阈值并非事先确定的，而是作为一个待估参数来拼接两个分布。他们也指出，主体模型可以是任何参数分布，如伽马、威布尔或正态分布，也可以考虑其他参数、半参数或非参数形式的分布来拟合主体分布，这样，混合模型可以将主体分布扩展至各种形式。

$$F(x\,|\,\eta,\ u,\ \sigma_u,\ \xi) = \begin{cases} H(x\,|\,\theta),\ y \leqslant u \\ H(u\,|\,\theta) + [\,1 - H(x\,|\,\theta)\,]G(x\,|\,u,\ \sigma_u,\ \xi),\ y > u \end{cases}$$

$$(10-11)$$

这里 $H(x\,|\,\theta)$ 代表主体模型，$G(\,\cdot\,|\,u,\ \sigma_u,\ \xi)$ 代表了 GPD 函数。$1 - H(x\,|\,\theta)$ 为常用极值尾部建模的尾部部分。

将该思路拓展至其他混合分布，考虑不同的主体分布，可得多种主体形式的参数极值混合模型。如主体形式为正态、威布尔、对数正态、伽马、帕累托分布等。其中，混合帕累托模型主体为帕累托分布，尾部为广义帕累托分布，γ 为正态化常量，$\gamma = H(u\,|\,\mu,\ \sigma) + 1$：

$$F(x\,|\,\mu,\ \beta,\ \xi) = \begin{cases} \dfrac{1}{\gamma}h(x\,|\,\mu,\ \sigma),\ x \leqslant u \\ \dfrac{1}{\gamma}[\,H(u\,|\,\mu,\ \sigma) + G(x\,|\,u,\ \sigma_u,\ \xi)\,],\ x > u \end{cases}$$

$$(10-12)$$

10.3.2.2　半参数极值混合模型

对于半参数极值混合模型，其思路是主体部分为有限个混合参数分布，而尾部为广义帕累托分布。那西门托等（Nascimento et al.，2011）建立了一种半参数贝叶斯方法，主体分布为混合伽马分布，尾部为广义帕累托分布。作者认为，由于主体分布可包含一定数量的伽马分布，其主体分布的灵活性相对参数分布可能更强。作者模拟了主体部分为两个伽马分布的情况，但作者并未从理论上或实证证明如果模型被误设置，即主体不适合采用伽马分布，它是否仍具有足够的灵活性。

$$f(x\,|\,\theta,\ u,\ \sigma_u,\ \xi) = \begin{cases} h(x\,|\,\theta),\ y \leqslant u \\ [\,1 - H(u\,|\,\theta)\,]g(x\,|\,u,\ \sigma_u,\ \xi),\ y > u \end{cases}$$

$$(10-13)$$

其中，$H(\,\cdot\,|\,\theta)$ 为主体的伽马混合分布，$h(x\,|\,\theta) = \sum_{i=1}^{k} p_i \times h(x\,|\,\alpha_i,\ \eta_i)$，$\theta$ 代表伽马分布的形参数 $\boldsymbol{\alpha} = (\alpha_1,\ \cdots,\ \alpha_k)$ 及均值 $\boldsymbol{\eta} = (\eta_1,\ \cdots,\ \eta_k)$。

$p_i \subset [0, 1]$，$\sum_{i=1}^{k} p_i = 1$。

把那西门托等的思路扩展，主体部分也可以扩展至其他有限个混合参数分布，如指数分布等，但同样计算过程非常复杂，计算量很大。未来也可将主体部分设置为有限个不同的参数分布形式的组合。

在半参数极值混合模型中，首先需要确定的是主体分布中有多少个参数模型，怎么确定。需要预设分布个数、参数值、权重，主体模型对预设参数值非常敏感，过程中采用了贝叶斯方法，计算、迭代过程比较耗时。

10.3.2.3 非参数极值混合模型

麦克唐纳等（2011）对主体部分建立了一个标准的核密度估计，尾部为广义帕累托分布模型。作者的目标是提供一个更灵活的极值分析框架，提供一个非常有效的方法去估算数据结构而不进行特定的参数形式的假设，不强加任何参数形式限制模型。但模型计算复杂度很大，需要大量的计算时间；另外，对厚尾分布，带宽容易被高估。分布函数被定义为

$$F(x \mid X, \lambda, u, \sigma_u, \xi, \phi_u) = \begin{cases} H(x \mid X, \lambda), & x \leqslant u \\ (1 - \phi_u) + \phi_u \times G(x \mid u, \sigma_u, \xi), & x > u \end{cases}$$

$$(10-14)$$

其中，$\phi_u = 1 - H(u \mid X, \lambda)$，可转化为

$$F(x \mid X, \lambda, u, \sigma_u, \xi, \phi_u) = \begin{cases} (1 - \phi_u) \dfrac{H(x \mid X, \lambda)}{H(u \mid X, \lambda)}, & x \leqslant u \\ (1 - \phi_u) + \phi_u \times G(x \mid u, \sigma_u, \xi), & x > u \end{cases}$$

$$(10-15)$$

其中，$H(\cdot \mid X, \lambda)$ 是核密度估计的分布函数，λ 是带宽。传统核密度估计被定义为 $h(x; X, \lambda) = \dfrac{1}{\lambda} \sum_{i=1}^{n} K\left(\dfrac{x - x_i}{\lambda}\right)$，$K(\cdot)$ 为核函数。

在具体分析时，可以设置带宽初始值由最小化渐进平均积分平方误差来确定。比如，带宽函数被设定为正态分布，则初始的最佳带宽选择设定为 $\lambda_0 = \left(\dfrac{4\hat{\sigma}^5}{3n}\right)^{1/5}$（Silverman 法则）。这里，$n$ 为低于阈值的数据数量，$\hat{\sigma}$ 为低

于阈值的数据的标准差。然后，可进行马尔科夫链蒙特卡洛（MCMC）模拟估计各参数。

10.3.3 连接处连续性约束

为解决混合模型在阈值处密度函数的连续性问题，卡洛等（Carreau et al., 2008）对混合帕累托分布的尾部尺度参数用其他参数替代，将原先模型的 n 个参数改为 $n-1$ 个参数，在 GPD 和主体分布的阈值处设置一个单一性连续性约束。

将该思想扩展至其他主体分布，以 Norm-GPD 模型为例，令 $h(\cdot\,|\,\mu, \beta)$，$g(\cdot\,|\,u, \sigma_u, \xi)$ 分别为正态分布和 GPD 分布的密度函数，阈值处的单一连续性约束设置为

$$(1-\phi_u)\frac{h(u\,|\,\mu, \beta)}{H(u\,|\,\mu, \beta)} = \phi_u(u\,|\,u, \sigma_u, \xi) \qquad (10-16)$$

在阈值处，令两部分相等：$(1-\phi_u)\dfrac{h(u\,|\,\mu, \beta)}{H(u\,|\,\mu, \beta)} = \dfrac{\phi_u}{\sigma_u}$，则

$$\sigma_u = \frac{\phi_u H(u\,|\,\mu, \beta)}{(1-\phi_u)h(u\,|\,\mu, \beta)} \qquad (10-17)$$

其中，ϕ_u 是高于阈值的利用样本比例进行估计的一个额外参数。

该推导思路可扩展至主体分布为其他分布的模型，本章不再赘述。

10.4 算 例 分 析

10.4.1 内、外部数据基本统计分析

本研究选择两家中国商业银行的历史操作损失数据作为实证分析算例，这两家银行在银行性质上是相同的。我们将银行 A 的操作损失历史数据作为内部数据，银行 B 的操作损失历史数据作为外部数据。其中，银行 A 有历史

损失数据 81 例，银行 B 有历史损失数据 409 例，[①] 操作风险损失强度以万元为单位。表 10 - 1 为两家银行操作损失数据的相关描述和简单的损失频率分布估计。

表 10 - 1 两家银行操作损失数据描述

银行	损失数	最小值	最大值	均值	标准差	偏度	峰度
A	81	1.007	980000	24561.9	13240.92	7.182	54.728
B	409	1	610000	13013.57	58839.71	7.468	61.351

可以看出，这两家银行操作损失强度分布都具有偏峰厚尾的特征，低频高危的极端损失，对银行风险资本金的度量具有重要意义。

10.4.2 损失频率分析

银行 A（内部数据）的损失频率分布分析：常见操作风险损失频率为泊松分布和负二项分布。当假设损失频率服从泊松分布时，$\lambda = 4.5455$，其双边检验 $p = 0.894$。而当假设损失频率服从负二项分布时，$size = 2.6107$，$u = 4.5452$，其检验 $p = 0.4143$。因此，两种损失频率假设均满足，但选择泊松分布更为合适。

10.4.3 损失强度外部数据调整

首先度量内、外部数据的公共部分及其标准差，并利用公式（10 - 9）对内部数据、外部数据计算 λ_u，λ_σ。

$$9.47375 = \lambda_u \times \log((R_{idio})_{ext}) - 0.02586$$
$$10.98257 = \lambda_\sigma \times \log((R_{idio})_{ext}) - 9.30518$$
$$10.10895 = \lambda_u \times \log((R_{idio})_{int}) - 0.02586$$
$$11.68829 = \lambda_\sigma \times \log((R_{idio})_{ext}) - 9.30518 \tag{10-18}$$

---

① 本章采用的银行与第 9 章相同，但数据略有区别，原因在于：不同批次数据验证、增减了个别数据，且个别案例风险损失强度有调整（司法确认或部分款项追回等）。

解得，$\lambda_u = 1.7724$，$\lambda_\sigma = 1.7371$。根据假设，λ 取二者均值，为 1.7547。进而得出

$$u\left(\frac{(R_{idio})_{int}}{(R_{idio})_{ext}}\right) = 1.0563$$

$$\sigma\left(\frac{(R_{idio})_{int}}{(R_{idio})_{ext}}\right) = 1.0353 \qquad (10-19)$$

取均值，得 $\dfrac{(R_{idio})_{int}}{(R_{idio})_{ext}} = 1.0458$

由此，对外部数据调整，可将调整后的外部数据纳入操作风险内部数据库：

$$R_{extadj} = \frac{(R_{idio})^{1.7547}_{ext}}{(R_{idio})^{1.7547}_{int}} \times R_{ext} = 0.9562^{1.7547} \times R_{ext} \qquad (10-20)$$

10.4.4　年度操作风险损失模拟

对年度操作风险损失，我们将混合数据的损失强度进行两阶段参数混合模型建模，采用非固定阈值法进行模型拟合。备选两阶段参数混合模型见表 10-2，模型拟合结果见表 10-3，利用最小负对数似然函数值（表 10-3 的 NLLH）来判断模型拟合结果。这里，选择表 10-3 中最小负对数似然函数值最小的对数正态广义帕累托阈值连接限制模型作为混合数据的操作风险损失强度拟合模型。可以看出，尽管预先未设定阈值，通过数据变阈值选择，各模型拟合阈值基本相同。因此，模型拟合阈值选择比较准确。

表 10-2　损失强度建模拟合备选两阶段模型

模型	主体分布	尾部分布	连接处
NORMGPD	正态分布	广义帕累托分布	未进行阈值连接处限制
LOGNORMGPD	对数正态分布	广义帕累托分布	未进行阈值连接处限制
WEIBULLGPD	威布尔分布	广义帕累托分布	未进行阈值连接处限制
WEIBULLGPDCON	威布尔分布	广义帕累托分布	进行了阈值连接处连续性限制
LOGNORMGPDCON	对数正态分布	广义帕累托分布	进行了阈值连接处连续性限制
NORMGPDCON	正态分布	广义帕累托分布	进行了阈值连接处连续性限制

表 10 – 3   非固定阈值的损失强度模型拟合结果

拟合结果	模型					
	NORMGPD	LOGNO RMGPD	WEIBU LLGPD	WEIBULL GPDCON	LOGNORM GPDCON	NORMG PDCON
n	490	490	490	490	490	490
阈值	20000	20000	20000.11	20000	20000	20000
NLLH	5984.174	3989.71	4039.4	4023.9	3973.984	5973.1
Nmean/lnmean/shape	740.72	5.585	0.3415	0.3396	5.598891	740.7
Nsd/lnsd/scale	69379.5	3.026	1127.4	1127.4	3.054871	69379.5
尾尺度参数	146736.3	146736.3	146736.3	22182.1	32816.86	70608.2
尾形状参数	0.1943	0.1943	0.1943	1.1713	0.9459	0.5521

根据内部数据损失频率和拟合的混合数据损失强度模型编程进行蒙特卡洛模拟，得到年度混合数据的操作风险拟合损失。

对比表 10 – 4，可知混合数据混合参数模型的年度在险值相对比较稳定。该银行年度操作风险在险值 99.9% 为 900 亿元左右，如果该银行对预期损失进行了较好的防范，需对操作风险拨备 887 亿元左右的风险准备金。

表 10 – 4   拟合的混合数据年度在险值及条件在险值   单位：亿元

模型	在险值			
	VaR_{95}	VaR_{99}	$VaR_{99.5}$	$VaR_{99.9}$
混合数据混合模型（LOGNORMGPDCON）	22.75	101.48	211.142	898.15
内部数据 GPD（利用 hill 图确定阈值 1.53）	395.95	632.18	760.87	1244.52

模型	条件在险值			
	$CVaR_{95}$	$CVaR_{99}$	$CVaR_{99.5}$	$CVaR_{99.9}$
混合数据混合模型（LOGNORMGPDCON）	137.39	503.36	857.93	2537.57
内部数据 GPD	559.68	886.37	1088.74	1610.52

10.5　本　章　小　结

本章探讨在外部数据具有内生偏差的情况下，将影响操作风险损失强度的因素看作公共部分和独特部分，利用数据同质性（考察所有内、外部数据）指标度量不同机构的损失强度同质性，利用幂率形式找出内、外部数据的特有因素影响，将外部数据调整后纳入内部数据。同时针对所有数据而不是仅超阈值数据建立参数混合模型，该混合模型减少了固定阈值错判的影响，并考虑了混合模型连接处的连续性限制。通过变阈值选择将损失分为主体和尾部两个部分，度量操作风险。结果表明，混合数据借鉴了外部数据的部分信息，有效补充了数据量，增强了模型估计对参数的鲁棒性，同时采用混合参数模型，考虑了模型所有数据，减少了主体部分高估的风险，得出的年度操作风险损失分布更为合理，更稳定。

对比第 9 章分析，可以看出极端值对银行操作风险的影响很大，增加了几个极端值或极端值发生较大变化，银行操作风险资本金有显著的变化。这验证了极端损失对操作风险资本金的影响。

同时，笔者必须承认，由于数据量较少，内、外部数据总共不足 500 例，且内部数据不足百例，增减少量极端值对结果的影响较大，模型不够稳定。这从侧面验证了数据收集工作的重要性。未来在数据信息量增大的情况下，可采用前述多种方法混合数据；也可考虑主体部分半参数、非参数混合模型，来降低假设错判的影响。

| 第 11 章 |

基于同质性分析模型的
操作风险分析

11.1 问题提出

操作风险是银行最重要、最难衡量的风险之一。巴塞尔委员会要求金融机构在内部度量框架下采用风险指标来获得操作风险驱动因素，其实质是风险驱动因素会对操作风险产生影响。而这些影响中可控制的因素，银行可对其调整以降低操作风险；不可控制的因素，银行可针对其变化对操作风险进行预测。即，无论银行本身是否能对其进行控制，操作风险驱动因素都是银行估计或调整操作风险的因素。外部数据预处理的尺度方法，实际上就是针对这些操作风险驱动因素来度量尺度因子，对操作风险进行估计或调整。

然而，巴克钱延（Pakhchanyan，2016）对国际刊物中有关操作风险文章的统计分析表明，自1998～2014年仅有26篇文献涉及操作风险指标，可见，在这一领域，研究界及业界的进展相对比较滞后。这 26 篇文章可分为理论探讨操作风险的原因及驱动因素的文章，以及实证研究操作风险及特定的因素之间的关系的文章，其中理论或经验探讨类文献居多。2016 年 3 月巴塞尔委员会提出讨论稿将原先的标准法和高级计量法（AMA）替换为新的标准法（standardized measurement approach，SMA），根据利润表中业务指标的固定公式计算操作风险资本配置，也属于经验探讨。

中国学者研究操作风险影响因素的文章，由于内部数据的不可得性，多数是经验探讨类文章或设计调查问卷、专家意见等方法进行分析。如梁力军等（2010）设计 Likert Scale 调查问卷，从银行员工、总分行管理、部门（支行）层次及银行环境层次四个层面，根据 470 份有效问卷，涉及 20 个因素，分析得出人的因素是操作风险管理最重要因素。汤凌霄等（2012）从人员、制度、过程与系统、外部四类因素建立指标体系，采用网络分析法对因素排序，认为最重要因素是人员因素，需加强内部控制和公司治理；郭玉冰（2013）对 210 份调查问卷进行 Pearson 相关性分析，得出银行业合规文化及领导者风险观念对操作风险影响较大的结论；银行业人士蔡宁伟（2015）根据经验从实时监测、定期修正两个维度建立操作风险预警模型，但无实证、无实际数据；董晓波等（2009）从经验探讨角度，建立 9 个因素的操作风险控制的多元回归模型，认为制度实施等影响因素促进操作风险的控制绩效，而监督评审等影响因素对操作风险的控制绩效没有产生实质性的促进作用，但他们未对数据进行说明。

根据实际数据对操作风险影响因素的实证研究的文章不多，笔者总结如表 11 - 1 所示。

总体而言，多数学者认为操作风险与相关因素之间的关系是非线性的（遵循广义线性模型思路），操作风险受多因素的影响。上述学者中，彻诺拜等（Chernobai et al.，2011）、王等（Wang et al.，2013）的解释变量主要为微观指标较有新意，但前者的思路是增减自变量组合成 8 个回归模型来分析，后者的思路也是增减自变量线性回归，但其设定最初的两个自变量有平方项再进行回归分析。

从表 11 - 1 可以看出，由于国际活跃银行的相关操作风险数据可以从行业数据库中获得，而上市银行企业运营数据的相关数据可以从标准普尔的 Compustat 数据库或彭博数据库（Bloomberg）等获得，相对而言还是可以获得一些操作风险数据的。国外文献中绝大部分分析的是总损失或年度平均损

第 11 章 | 基于同质性分析模型的操作风险分析

操作风险实证影响因素模型文献分析

表 11-1

作者	发表年份	模型	自变量	因变量	结论	数据描述、数据源
Shih et al.	2000	最小二乘回归	规模（银行资产、总收入和员工数）	损失强度	损失大小与这三者均有相关性，且与收入的相关性最强	未描述、未注明
樊欣等	2004	收入模型、证券因素模型	GDP/CPI、一年期存贷利差、上证综合指数一年均值	操作风险、利用收入、证券因素波动计算	收入模型、证券因素模型可以在某种程度上反映操作风险大小，收入模型优于证券因素模型	2家上市银行1996～2001年CCER经济金融数据库及国泰安数据库
司马则茜等	2008	分形理论	年度CPI、GDP	年度操作风险损失	操作风险年度数据与CPI、GDP相关系数接近1，中国数据接近1，确定分形维数1.42（CPI）、1.32（GDP）；可预测	中国1995～2006年数据（OR数据自行收集）；美国1978～2002年度数据源于Cummins文章
Dahen et al.	2010	尺度模型、计量回归模型、OLS	股票市值、总资产、外部数据库总平均资产、银行资产、平均工资、实际GDP增长率	损失强度、损失频率	银行规模、业务类别、风险类别可解释外部损失额度，损失频率依赖于机构特征如规模	AlgoOpData 数据库，American BHC, US Bancorp 1994～2003年数据，大于100万美元
Moosa	2011	结构时间序列模型	金融危机：失业率	损失强度、损失频率	频率和强度都负相关GDP增长率银行资产、总收入和员工数	Fitch Risk, U. S. 1990～2007年数据，3229事例
Chernobai et al.	2011	条件泊松回归	企业微观变量、宏观变量如：股票市值、上市年限、复杂性、ROE、GDP增长率、治理及董事会特征、CEO薪酬	损失频率、损失强度	企业特定环境是操作风险的关键因素：规模、杠杆率、账面市值相比，波动率和雇员人数高度相关，但市场相关因素综合影响操作风险较弱	Algo FIRST数据库超8000事例，1998～2005年数据，企业信息来自Compustat数据库
高丽君等	2011	广义线性模型	人员属性、机构属性、事件属性	损失强度（高、低）	重要性程度依次为：内部欺诈事件、人员所处职位、人员性别、事件爆发前共欺诈次数、发生年代、银行类别和历时时间	内部欺诈事件，历时6年收集40多家银行1994～2008年的外部数据772件

续表

作者	发表年份	模型	自变量	因变量	结论	数据描述、数据源
杨青等	2012	Fama-French 三因子模型、OLS 回归	市场风险变量、信用风险变量、流动性代理变量（流动性相对交易日相对交易量）	除市场、信用、流动风险外其他因素操作风险损失强度	中资银行整体对抗极端操作风险能力优于外资银行，但平时高频低内部操作风险控制国际活跃银行优于中资	Bloomberg 数据库、沪指交易日数据，3 家中资银行 2002 年 1 月 ~2010 年 8 月数据 3 家外资银行，1991 年 4 月 ~2010 年 8 月数据
Cope et al.	2012	广义线性回归模型	环境因素、监管指标、风险指标、额外控制变量	损失强度	内部欺诈引起的操作损失与执行力限制及普遍存在的内部交易之间显著相关，在"雇佣实践与工作场所安全性"类别中，GDP 与地理区域显著相关	ORX 数据库，超 57000 个数据，130 个国家，大于 2 万欧元，2002 年 1 月 ~2010 年 6 月数据 BEA
Wang et al.	2013	线性回归，预先确定两个变量并逐次增加其他解释变量	董事会特征及宏观经济规模、业务线及风险类别、金融机构特征因素	操作风险事件是否发生（0 - 1 变量）	频率相关的是金融机构的特征加规模因素，但影响较小；董事会规模与事件发生的关系高则较少发生且非线性的；且独立董事占比及业务实践"和"欺诈类"事件，当董事会成员多样性较强时会对董事会监控职能产生不利影响	FIRST 数据库，RiskMetrics，Compustat，1996 ~2010 年数据
Li, Moosa	2015	线性回归	GDP、人均国民收入、治理系统、法律系统、地理区域	平均损失额	国家层面：操作风险平均额相关于经济规模和生活水平，负相关于治理指标，尤其是监管质量；损失频率相关于经济规模	FIRST 数据，1975 ~ 2010 年数据，53 个国家 4388 例操作损失
Sharifi et al.	2016	线性回归	银行规模、银行所有权	操作封信资本配置与总收入	银行规模负相关于操作风险资本需求，银行所有权与资本无明显相关性	印度银行业，61 家银行，2010 ~2013 年数据
Eckert et al.	2017	OLS 回归；基于分布假设的平均 CAR	股票市值、总资产、外部数据、总平均资产、银行平均资产、实际 GDP 增长率	纳入平均年度声誉损失的平均年度操作损失	欺诈类风险事件与总资产最相关，客户、产品及业务实践类型对预防措施最敏感	未描述注明

失与相关因素间的关系,王等(Wang et al.,2013)分析的是损失是否发生(0-1 变量)与相关因素间的关系,仅个别学者分析了单件损失的影响因素。固然,理论上可以利用企业具体数据、信息对操作风险影响因素进行细致深入的分析(Chernobai et al.,2011),利用情景数据"为企业提供有效的业务洞见,捕捉未来潜在可能发生的操作风险源泉"(Ergashev,2012),用业务环境和内部控制因素"机构系统所包含的各项指标来描述该机构的操作风险"(Bolancé et al.,2013)。但对中国商业银行操作风险而言,数据的可获得性障碍阻碍了此项进展。

国内文献一般采用两种方式,一种是采用广义操作风险定义,认为除市场风险、信用风险、流动风险外的为操作风险,通过收入等的波动率度量操作风险,如樊欣等(2004)、杨青等(2012);一种是长期自行收集外部数据,如司马则茜等(2008)、高丽君等(2011),二者隶属同一研究团队,数据区别仅为收集年度、批次不同,司马则茜等(2008)采用的是年度数据,高丽君等(2011)虽采用单项数据,但仅将损失强度划分为高、低两档,分类略简单。

本章借鉴上述文献设定自变量的思路,设定了董事会特征因素和社会经济宏观因素,并增加了事件特征因素和银行特征因素,将被解释变量定为损失强度,根据某大型国有商业银行省级分行的严重性程度标准分类为 5 级,但本研究并不预先设定关系结构组成,采用同质分析法选择备选影响因素,并进行预测。

11.2　同　质　分　析

同质性分析是基于最小化偏离同质性的标准,同质性通过一个损失函数来度量。对对象 $i=1,\cdots,n$,m(分类)变量的数据 $j=1,\cdots,m$ 取 k_j 个不同值。用 $n \times k_j$ 二进制指标矩阵 G_j 对每一变量进行虚变量。整个指标矩阵组可以组成一个块矩阵:$G \triangleq [G_1 \vdots G_2 \vdots \cdots \vdots G_m]$。对每一变量 j,定义二进制对角矩阵 M_j 为 $n \times n$ 矩阵。如果项目 i 在变量 j 处有缺失值则等于 0,否则为 1。令 M_* 为 M_j 的和,$M.$ 为 M_j 的均值。$D_j \triangleq G_j' M_j G_j$。$k_j \times k_j$ 对角矩阵随变量 j 的边际频率在主对角线变化。令 X 为包含坐标的未知 $n \times p$ 矩阵在 R_P 的投影,

Y_j 为包含类别投影坐标的未知 $n \times p$ 矩阵，投影到相同的 P 维空间。则可以通过最小化损失函数来解决问题：

$$\sigma(X; Y_1, \cdots, Y_m) \overset{\Delta}{=} \sum_{j=1}^{m} tr(X - G_jY_j)'M_j(X - G_jY_j) \qquad (11-1)$$

损失函数代表了 $X - G_jY_j$ 的平方和，包括了目标值及量化类别。同时最小化 X，Y_j。

最小化问题一般采用最小二乘法解决。当 $t = 0$ 时，初始定义任意目标值 $X^{(0)}$，t 的每一步迭代都包含三个步骤：更新类别量值：$Y_j^{(t)} = D_j^{-1}G_j'X^{(t)}$，$j = 1$，$\cdots$，$m$；更新目标值：$\widetilde{X}^{(t)} = M_*^{-1}\sum_{j=1}^{m}G_jY_j^{(t)}$；归一化：$X^{(t+1)} = M_*^{-1/2}orth \times (M_*^{-1/2}\widetilde{X}^{(t)})$。其中，$orth$ 是计算一组标准正交基列空间的矩阵的一些技术。

令 P_j 为 G_j 的列在子空间的正交投影，$P_j = G_jD_j^{-1}G_j'$，$P_* = \sum_{j=1}^{m} P_j = \sum_{j=1}^{m} G_jD_j^{-1}G_j'$，$P_*$ 代表均值。则

$$X^{(k+1)} = lsvec(\widetilde{X}^{(k)}) = lsvec(M_*^{-1}P_*X^{(k)}) \qquad (11-2)$$

采用多相关分析方法，利用伯特矩阵 $C = G'G$ 及其对角 D 解决广义单位根问题。$GY = M_*X\Lambda$，$G'X = DY\Lambda$；或表示为 $GD^{-1}G'Y = M_*X\Lambda^2$，$G'M_*^{-1}GY = DY\Lambda^2$。这里单位根 Λ^2 是沿着每一维度的变量类别间方差和平均总方差的平均比率。$X'P_jX$ 是变量 j 的类别间离差。

11.3 实证分析中国上市银行操作风险

11.3.1 数据收集及统计特征分析

笔者及研究团队收集整理了 60 多家银行 1994 ~ 2015 年发生的银行操作损失事件，为考虑董事会特征相关信息，本章节仅选择了其中的上市银行的相关事例，涉及上市银行 16 家。所有操作损失事件仅取银行上市后发生或上市当年未结束的事件。涉及年份为 2002 ~ 2015 年［由于平安银行（原深圳发展银行）、浦发银行在 2002 年前的银行年报中相关数据难以获得，故 2002

年前的损失事件未录入在内］，共 594 例，损失均值 9352.7 万元，偏度 8.86，峰度 92.93，可以看出中国上市银行的操作风险频发，损失巨大，偏峰厚尾。

11.3.2　解释变量释义及描述

借鉴王等（Wang et al., 2013）对操作风险决定因素的选取，本章对中国商业银行操作风险影响因素进行探讨。这里，将对操作风险的可能影响因素考虑为：董事会特征因素、银行特征因素、社会经济宏观因素。由于笔者设定的因变量是操作风险损失强度类别变量，与王等（Wang et al., 2013）设置的因变量是"损失风险是否发生"的 0-1 变量不同，因此，本章增加了第四类特征因素：损失事件的事件特征。

（1）董事会特征因素。本书将董事会中董事会规模（以董事会人数表示）、独立董事占比、董事会性别比例（以董事会中女性占比表示）、董事平均年龄、董事任职平均期限、董事会复杂性（以董事年龄标准差/董事平均年龄表示）作为董事会特征的因素，体现董事会组成结构特征。

（2）社会经济宏观因素。因为社会经济宏观因素也会对银行操作风险的发生产生影响（司马则茜等，2008；Moosa，2011），因此，本书采用了两个指标来体现宏观经济变量，其一为国内生产总值（GDP）指数（以 2000 年为基数），其二为年居民可支配收入 DPI。

（3）银行特征因素。银行特征因素采用以下指标来体现：银行规模特征，参照王等（Wang et al., 2013）的研究，这里用银行总资产的对数及营业收入、雇员数来体现；银行上市年限作为银行信息披露特征指标，银行雇员平均薪酬，体现银行雇员对自身薪资的满意度。

（4）损失事件的事件特征。相关因素包括损失事件类别、事件发生所在业务线类别、导致事件产生的原因类别、事件发生所在地理大区等因素，这些因素均设置为类别变量。

因此，备选操作风险影响因素（自变量）总结如表 11-2。表 11-3 为非类别型自变量的相关统计描述，总体而言，解释变量中非类别变量各变量的跨度幅度还是较大的。表 11-4 为解释变量中类别变量的频次统计，每个类别变量的分布也是很不均衡的。

表 11 - 2 相关解释变量类别及释义

因素类别	解释变量（简称）	释义	数据源
董事会特征因素	董事会人数（BSIZE）	样本期年底董事会人数	银行年报
	独立董事占比（DDZB）	独立董事人数除以董事会人数（独立董事主要体现股民利益，非独立董事主要体现银行利益，两者决策关注重点不同，Wang et al.，2013），单位：百分比	据银行年报计算
	董事平均年龄（DSPJNL）	单位：岁，精确至小数后 2 位	据银行年报计算
	董事年龄标准差/董事平均年龄（CVAGE）	精确至小数后 4 位	据银行年报计算
	董事任职平均年限（PJD-SNX）	全部董事会成员从入选董事年度始至本年底的董事龄的平均值（入选董事会起始年限如早于上市年份，从上市年份算起），单位：年，精确至小数后 2 位	据银行年报计算
	女性董事占比（FEMB）	单位：百分比	据银行年报计算
社会宏观经济因素	GDP 指数（GDPI）	以 2000 年为基数的各年 GDP 系数	据统计年鉴计算
	年可支配收入（DPI）	当年居民可支配收入	统计年鉴
银行特征因素	营业收入（YYSR）	当年底营业收入，单位：亿元	银行年报
	总资产（TC）	当年底总资产数，单位：亿元	银行年报
	雇员数（NBEM）	当年底雇员数，单位：万人	银行年报
	雇员平均薪酬（MEMR）	当年职工工资/当年雇员数，单位：万元/年	据银行年报计算
	上市年限（IPOY）	当年为该银行上市第几年	
事件特征因素	损失类别（LT）	类别变量，按巴塞尔委员会分类损失类别	巴塞尔新资本协议
	业务类别（YWT）	类别变量，按银行年报业务分部划分，分为商业银行、零售银行、资产管理和其他业务	银行年报

续表

因素类别	解释变量（简称）	释义	数据源
事件特征因素	发生原因（*CAUSE*）	类别变量，分为：人员、系统、外部、过程	
	发生区域（*PLACE*）	类别变量，分为：华北、华东、华南、华中、西南、东北、西北、其他地区	按我国区域划分

注：解释变量中与金额有关的变量均据以 2000 年为基数的 CPI 进行了调整；董事会特征因素、社会宏观经济因素指标选择均参考王等（2013）；银行特征因素中的指标如营业收入、总资产及雇员数指标参考施等（2000）；事件特征因素中损失类别因素参考达亨等（2010）。业务类别按照银行年报业务分部进行划分，由于我国商业银行的业务范围相对比较集中，该分类可概括我国商业银行的主要业务且不违背巴塞尔委员会的分类。

表 11 – 3 　　　　　　　　　　　**解释变量中非类别变量描述**

项目	*BSIZE*	*DDZB*	*DSPJNL*	*CVAGE*	*PJDSNX*	*FEMB*	*GDPI*
最小值	10	10.53	46.59	0.0505	0.25	0.00	1.1813
最大值	24	45.83	59.75	0.2163	7.29	35.29	3.1195
中位数	16	35.29	55.65	0.1149	2.8	12.5	2.9615
均值	16.1	34.11	55.55	0.1136	2.92	12.94	2.9026
标准差	2.05	5.52	2.18	0.0289	1.21	9.11	0.6907
项目	*DPI*	*YYSR*	*TC*	*NBEM*	*MEMR*	*IPOY*	
最小值	0.7702	16.93	760.64	0.1629	9.09	1	
最大值	3.9409	4921.68	222097.7	50.3082	54.91	24	
中位数	2.181	1858.71	70143.51	29.8581	22.52	6	
均值	2.1704	1974.50	84161.19	24.0899	24.43	7	
标准差	0.6279	1390.11	59660.99	17.5813	9.3813	4.65	

注：总资产以亿元为单位，单件损失以亿元为单位。

表 11 – 4 　　　　　　　　　　　**解释变量中类别变量发生频次描述**

项目	*LOTY*1	*LOTY*2	*LOTY*3	*LOTY*4	*LOTY*5	*LOTY*6	*YWXTY*1	*YWXTY*2
频次	5	65	168	2	243	111	107	237
项目	*YWXTY*3	*YWXTY*4	*CAUSE*1	*CAUSE*2	*CAUSE*3	*CAUSE*4	*PLACE*1	*PLACE*2
频次	229	21	165	171	247	11	112	6
项目	*PLACE*3	*PLACE*4	*PLACE*5	*PLACE*6	*PLACE*7	*PLACE*8		
频次	24	210	124	81	21	16		

11.3.3　被解释变量释义

由于被解释变量为各上市银行历年操作损失，损失额度涵盖范围非常广，因此将其设置为类别变量，按照某国有商业银行某省分行对其严重程度的分类（判别标准：涉及被监管机构被通报批评数及层次、实际损失额度、风险金额、对省分行柜面业务服务的影响时长、对省分行非柜面业务影响时长、导致一级分行或全省被监管机构暂停办理某项业务或产品等）分为 5 类（以 2000 年为基数的 CPI 进行了调整），各类别描述见表 11-5。

表 11-5　　　　　　　　　　　被解释变量描述

项目	被解释变量				
	*TYPE*1	*TYPE*2	*TYPE*3	*TYPE*4	*TYPE*5
频次（次）	131	246	41	24	152
调整后损失均值（万元）	3.9692	29.5552	243.9644	777.5082	36309.5570

11.4　同质分析法分析中国上市银行操作风险决定因素

解释变量分别为 13 个数值变量和 4 个类别变量，因变量为序数变量，在设置空间维度时，采用最小化损失函数来选择。表 11-6 展示了不同空间维度的损失函数值（空间维度应该小于等于解释变量数，考虑研究的目的是确定决定因素，进行降维，此处仅列示 1 至 $N/2$ + 个空间维度损失函数值。当空间维度为 1 时，则转变为常见的主成分分析）。

根据损失函数值最小原则，5 维空间维度最佳，相对应的特征值见表 11-6。表 11-7 为向量交叉验证分类估计正确率，由表 11-7 可知，在空间维度为 5 时，对损失分类的判断正确率为 96.30%；对损失分类有重要影响的因素依次为：损失类别、损失发生原因、业务线类别、GDP 指数及年可支配收入、发生区域、董事会成员女性占比、独立董事占比等。表 11-8 为各象限变量载荷。

表 11 - 6 　　　　　　　　**不同空间维度损失函数值及最佳空间维度下特征值**

N 值	N = 1	N = 2	N = 3	N = 4	N = 5
损失函数值	6.1229e - 05	5.1986e - 05	4.8388e - 05	5.4508e - 05	3.8799e - 05
N 值	N = 6	N = 7	N = 8	N = 9	N = 10
损失函数值	3.9757e - 05	6.1729e - 05	4.0358e - 05	4.0944e - 05	4.0762e - 05
N = 5	D1	D2	D3	D4	D5
特征值	0.1950	0.1827	0.1691	0.1750	0.1346

表 11 - 7 　　　　　　　　**向量交叉验证分类估计正确率** 　　　　　　　单位: %

项目	LT	YWT	CAUSE	PLACE	YYSR	NBEM	MERM	IPOY	BSIZE
正确率	55.72	52.19	54.55	22.56	4.71	4.38	2.69	8.92	8.92
项目	DDZB	DSPJNL	TC	PJDSNX	GDPI	CVAGE	FEMB	DPI	Y
正确率	10.94	2.69	1.18	1.68	28.45	2.19	11.11	28.45	96.30

注: Y 为因变量损失分类, 下同。

表 11 - 8 　　　　　　　　**各象限变量载荷**

变量	D1	D2	D3	D4	D5
LT	0.100	0.062	− 0.107	− 0.371	− 0.120
CAUSE	− 0.130	0.091	0.116	0.351	0.136
YYSR	− 0.033	0.081	− 0.000	0.030	0.005
MERM	− 0.064	0.097	0.053	0.041	− 0.009
BSIZE	− 0.083	0.066	0.052	0.043	− 0.008
DSPJNL	− 0.105	0.139	0.040	0.082	0.050
PJDSNX	− 0.101	0.085	0.037	0.060	− 0.035
CVAGE	− 0.043	− 0.107	− 0.020	− 0.037	0.001
DPI	− 0.154	0.210	0.061	0.126	0.024
YWT	− 0.271	− 0.167	− 0.141	− 0.368	− 0.126
PLACE	− 0.070	− 0.050	− 0.198	− 0.026	0.111
NBEM	− 0.146	0.085	0.026	0.077	0.015
IPOY	− 0.037	0.019	0.021	0.016	0.042

续表

变量	D1	D2	D3	D4	D5
DDZB	−0.048	0.069	0.031	0.029	0.010
TC	0.028	0.009	0.073	−0.011	−0.015
GDPI	−0.154	0.210	0.061	0.126	0.024
FEMB	−0.070	−0.075	−0.022	−0.004	−0.017
Y	0.600	0.107	0.042	0.150	−0.099

表 11-9 为分类估计预测结果，由表 11-9 可知整体预测正确率非常高，对 *TYPE*1 损失，仅有一项预测为相邻类别，一项预测为次相邻类别；对 *TYPE*3 损失，分别各有一项预测到上下相邻类别；对 *TYPE*4 损失，有 3 项预测到向下的相邻类别；对 *TYPE*2 损失，有 3 项预测到向下相邻类别，但有 6 项预测到最严重等级损失类别；对 *TYPE*5 损失，有 6 项预测到第二类损失类别中。即，第二类和第五类损失有较小概率预测到相互类别中，其他类别预测一般比较准确。

表 11-9　　　　　　　　　　　分类估计预测

观察	预测				
	*TYPE*1	*TYPE*2	*TYPE*3	*TYPE*4	*TYPE*5
*TYPE*1	129	1	1	0	0
*TYPE*2	3	237	0	0	6
*TYPE*3	0	1	39	1	0
*TYPE*4	0	0	3	21	0
*TYPE*5	0	6	0	0	146

11.5　本章小结

在内部历史操作风险数据不足的情况下，国内学者可以通过银行的基本运营情况及社会宏观经济统计指标预测银行操作风险。

在考虑四大类因素指标情况下，对重大操作风险事件发生有重要影响的因素为：事件特征指标和社会宏观经济指标。事件特征指标重要性分别居第三位及第六位；社会宏观经济指标重要性并列第四位。根据表 11 - 7，需重点关注的分别为事件类型指标、损失发生原因指标和业务线类型指标。这几类的交叉验证解释率大于 50%，结合表 11 - 2、表 11 - 3 及表 11 - 7，欺诈类、与人员有关的操作风险事件、商业银行业务及资产管理业务是银行需要重点关注的类型和业务。

银行特征因素，即银行规模因素和银行员工收入因素对单项操作风险损失影响较小，验证了其与财务风险不直接相关，说明银行通过调整规模来降低单项操作风险的大小意义不大（规模项为银行总资产取对数，它的微小变化意味着银行总资产较大变化），操作风险具有较大的随机性的特点。

中国商业银行的董事会机构对银行操作风险损失抑制作用不明显，没有起到应有的作用。应该增加银行董事会成员中女性的比例，女性较为谨慎，有利于降低银行重大操作风险发生概率；独立董事占比具有较小的影响作用，独立董事没有起到监督银行运作，维护银行整体利益，保护广大中小股东合法利益的作用。事件发生地区对操作风险有一定影响，华东、华北、华南等经济比较发达地区操作风险容易发生较大额损失，这是比较合理的。

内部操作损失数据不足的银行，可以借鉴此结论，根据银行运营及社会宏观经济特征，预测可能发生的操作风险大小。从政府机关的角度，要减少银行重大操作风险的发生，可以通过宏观调控，采取多种措施提高居民可支配收入及国内生产总值增长率，通过适当引导，维持居民消费价格指数稳定。

文章分析了银行操作风险的影响因素，据此可以为引入外部数据度量操作风险提供依据，设定公共部分（如社会宏观经济因素）和独特部分（如事件特征因素），确定调整因子，估计操作风险。

|第 12 章|
随机均匀森林的银行操作风险影响因素分析

12.1 原始样本数据描述

    本章利用研究团队历时 11 年收集的 16 家上市银行 2002～2015 年发生的 594 件操作风险事例（经过多次验证），为考虑董事会特征相关信息，本研究仅选择了其中上市银行的相关事例，所有操作损失事件仅取银行上市后发生或上市当年未结束的事件。

    解释变量与第 11 章相同，利用大众可获得的信息，如统计年鉴、年报等数据作为解释变量，借鉴王等（Wang et al. , 2013）设定了董事会特征因素（每家上市银行年报）和社会经济宏观因素（《中国统计年鉴》），并增加了事件特征因素（针对单件损失）和银行特征因素（据银行年报）。被解释变量采用两种方法：一种是按第 11 章的强度分类进行设定；另一种不对操作风险损失额进行分类，直接以损失额作为被解释变量。

采用广义线性模型、神经网络模型、随机森林算法、随机均匀森林算法等方法选择备选影响因素，分析中国上市商业银行操作风险的影响因素及影响程度，从而为操作风险历史损失数据不足的银行或将有重大调整的银行提供借鉴依据。

12.2 备选模型

12.2.1 参照模型：广义线性模型和神经网络模型

广义线性模型的思路是利用因子模型的思路，用线性回归方法找出影响操作风险大小的决定因素，被解释变量是实际观测到的操作风险发生频次或损失强度，解释变量则范围相对较广。操作风险的基本指标法和标准法都体现了因子模型的思路：认为操作风险的不可预见损失是金融机构总收入的线性函数，高级计量法（AMA）中内部计量法也认为操作风险的不可预见损失与可预见损失存在线性相关的关系。前述章节中一些学者也是基于（广义）线性模型的思路建立操作风险关系模型，如施等（Shih et al.，2000）、王等（Wang et al.，2013）、埃克尔等（Eckert et al.，2017）。本章将该模型作为参照模型，来验证笔者模型：随机森林法的优劣。其优势在于可以把业务环境和内控因素对操作风险的影响考虑进来，其劣势在于只能考虑线性影响。

广义线性模型其自变量和因变量之间的相关性可能是多种多样的，这些复杂的关系一般都可以通过一系列数学变换变成线性关系，以此统称为广义线性模型（Nelder et al.，1972）。一个广义线性模型包括三个部分：①线性成分，$\eta_i = \beta_0 + \beta_1 x_{1i} + \cdots + \beta_m x_{mi}$；②随机成分，$\varepsilon_i = Y_i - \eta_i$；③连接函数，$\eta_i = g(\mu_i)$。广义线性模型的一般形式：

$$g(\mu_i) = \beta_0 + \beta_1 x_{1i} + \cdots + \beta_m x_{mi} + \varepsilon_i \qquad (12-1)$$

神经网络模型的研究内容相当广泛，反映了多学科交叉技术领域的特点，在机器学习和相关领域，由于它具有自适应性质，可以对输入的计算值，进行机器学习以及模式识别（侯媛彬等，2007）。这里，本研究仅将其作为一种参照模型进行模型结果对比，具体过程不再赘述。

12.2.2　随机森林算法

随机森林算法（Breiman et al.，2001）是一种统计学习理论，具有较高的预测准确率，对异常值和噪声具有很好的容忍度，且不容易出现过拟合。它对于高维数据集的处理能力较强，能确定最重要的变量，是一个不错的降维方法，具体分析过程见李毓等（2011）、王淑燕等（2016）、王宇燕等（2017）的研究。通过有放回抽样建立多棵决策树，根据节点上最少的信息增益原则选择最优属性，决策过程不剪枝，节点继续分裂至满足分支停止规则；多棵分类树组成随机森林，根据随机森林分类器对新的数据进行判别与分类，分类结果按多数投票（分类）或平均（回归）的方式组合。本章后续的两个算例（被解释变量分别为分类变量和具体损失值）一个涉及分类方式，一个涉及回归方式。

12.2.3　随机均匀森林算法

随机森林算法的误差是由树之间的相关性和每棵树的平均预测误差所限制的，因此需要考虑如何获得低相关性和低方差。但同一时间内二者很难同时减少（方差通常随相关性的下降而增加），随机均匀森林算法在一定程度上解决这个问题。其基本思路是使相关性降低的速度快于方差增大的速度（Ciss，2015）。随机均匀森林是连续均匀分布的非修剪的二元随机决策树的集合。

令 $D_n = \{(X_i, Y_i), 1 \leq i \leq n\}$ 代表训练样本的自变量和因变量观测值，其中，(X, Y) 是一个 $\Re^d \times y$ 随机对，为简单起见，假设 $Y \in \{0, 1\}$，考虑二进制分类，随机均匀决策树的决策规则为

$$g_P(x, A, D_n) = g_P(x) = \begin{cases} 1, & \text{若} \sum_{i=1}^{n} I_{\{X_i \in A, Y_i = 1\}} > \sum_{i=1}^{n} I_{\{X_i \in A, Y_i = 0\}}, x \in A \\ 0, & \text{否则} \end{cases}$$

$$(12 - 2)$$

其中，A 为节点当前终端及最优区域，来自递归分区方案，g_P 为决策树规则，$A \in P$，I 为指示函数。

随机均匀森林分类器决策规则 $\bar{g}_P^{(B)}$ 为

$$\bar{g}_P^{(B)} = \begin{cases} 1, & \text{若} \sum_{b=1}^{B} I_{\{g_P^{(b)}(x)=1\}} > \sum_{b=1}^{B} I_{\{g_P^{(b)}(x)=0\}} \\ 0, & \text{否则} \end{cases} \quad (12-3)$$

其中，$\bar{g}_P^{(B)}(x) = \dfrac{1}{B} \sum_{b=1}^{B} g_P^{(b)}(x)$。

考虑相关性降低速率大于方差增大的速度，需分析相关性及方差，从布莱曼（Breiman）的袋外（out-of-bag，OOB）分类去考虑。

令 $mg(X, Y) = \left(\dfrac{1}{B} \sum_{b=1}^{B} I_{\{g_P^{(b)}(X)=Y\}} - \dfrac{1}{B} \sum_{b=1}^{B} I_{\{g_P^{(b)}(X)\neq Y\}} \right)$ 是衡量观察点

正确分类和错误分类点之间差值的边际函数。预测错误率 $PE \leqslant \dfrac{\bar{\rho}(1-s^2)}{s^2}$，

其中，$\bar{\rho}$ 为树之间平均加权相关性：

$$\bar{\rho} = \frac{E_{\theta,\theta'}[\rho(\theta, \theta') \sqrt{Var(\theta)} \sqrt{Var(\theta')}]}{E_{\theta,\theta'}[\sqrt{Var(\theta)} \sqrt{Var(\theta')}]} \quad (12-4)$$

其中，$\rho(\theta, \theta')$ 是随机选择的两棵树的相关性，θ，θ' 分别为两棵树的独立参数。令 $rmg(X, Y) = I_{\{g_P(X,\theta)=Y\}} - I_{\{g_P(X,\theta)\neq Y\}}$

$$Var_{X,Y}[rmg(\theta, X, Y)] = \frac{1}{n} \sum_{i=1}^{n} [I_{\{g_P(X_i,\theta)=Y_i\}} - I_{\{g_P(X_i)\neq Y_i\}} - mg(X_i, Y_i)]^2 \quad (12-5)$$

$$\hat{s} = \frac{1}{n} \sum_{i=1}^{n} mg(X_i, Y_i) = \frac{1}{n} \sum_{i=1}^{n} \left[\left(\frac{1}{B} I_{\{g_P^{(b)}(X_i)=Y_i\}} - \frac{1}{B} I_{\{g_P^{(b)}(X_i)\neq Y_i\}} \right) \right] \quad (12-6)$$

12.3 算例分析数据描述

基本数据描述见第 11.3.1 小节；解释变量释义见第 11.3.2 小节。被解释变量，本章考虑两种思路：第一种将被解释变量设为类别变量，见第 11.3.3 小节；第二种不进行分类，就是实际历史操作损失具体的损失额度的调整值。

12.4 被解释变量为类别变量的算例分析

12.4.1 方法与结果

三种方法分析：广义线性模型、神经网络模型和随机均匀森林算法。

应用神经网络模型，训练集随机抽取 70%，测试集 30% 进行交叉验证，表 12-1 为神经网络多层感知器训练及测试结果。

表 12-1 神经网络模型训练及测试结果

观测	预测											
	训练样本						测试样本					
	T1	T2	T3	T4	T5	正确率（%）	T1	T2	T3	T4	T5	正确率（%）
T1	76	15	0	0	0	83.5	31	6	1	0	2	77.5
T2	35	125	2	0	11	72.3	14	52	1	0	6	72.6
T3	6	10	1	1	14	3.1	1	3	0	0	5	0.0
T4	1	1	0	1	15	5.6	2	1	1	0	2	0.0
T5	6	9	3	0	84	82.4	3	8	0	1	38	76.0
正确率（%）	29.8	38.7	1.4	0.5	29.8	69.0	28.7	39.3	1.7	0.6	29.8	68.0

注：T1~T5 表示损失为第一类至第五类损失。

应用随机均匀森林算法生成多个分类树组成随机森林，图 12-1 为随机均匀森林决策树图（仅列示其中一图的某部分）。计算可得整个随机均匀森林各决策树之间平均相关性为 0.0847，强度标准差为 0.3166，各解释变量对分类的影响如表 12-2 所示，表 12-3 为基于交叉的变量重要性（前 10 个），表 12-4 为广义线性及随机均匀森林预测结果检验。

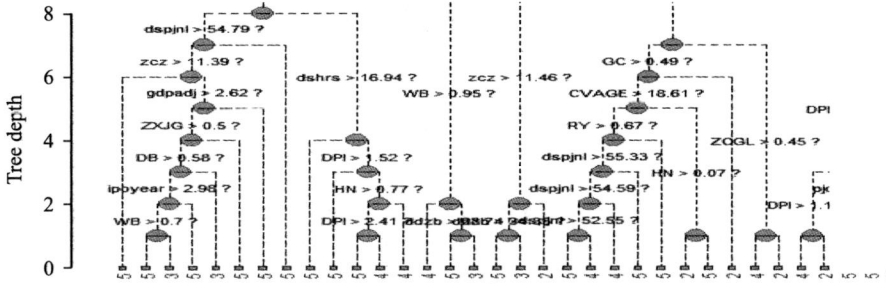

图 12-1 随机均匀森林决策树图

注：第 15 棵树部分图样，任选树。此图为原始截取。

表 12-2　　　　　　　　随机均匀森林算法各解释变量分析

项目	BSIZE	DDZB	DSPJNL	CVAGE	PJDSNX	FEMB	GDPI	DPI	YYSR	TC	IPOY	NBEM
score	210	247	293	307	310	305	241	254	3	311	222	6
分类	2	2	2	2	2	2	2	2	1	2	2	2
类别频率	0.33	0.31	0.32	0.32	0.32	0.34	0.33	0.29	0.25	0.38	0.30	0.25
比率（%）	67.42	79.31	94.21	98.80	99.74	98.03	85.15	77.56	0.95	100	71.39	1.84
比率重要性	5	6	7	7	7	7	6	6	0	7	5	0

项目	MEMR	LT-ET	LT-IT	LT-GT	LT-KP	LT-ZG	LT-QT	YW-ZC	YW-SY	YW-QT	YW-LS	CA-XT
score	18	26	52	0	48	86	6	46	39	68	29	22
分类	5	5	2	2	2	2	4	5	5	2	5	1
类别频率	0.28	0.34	0.34	1.00	0.51	0.40	0.42	0.44	0.39	0.36	0.37	0.41
比率（%）	5.82	8.45	16.71	0.099	15.31	27.47	1.96	14.77	12.42	21.84	9.38	7.11
比率重要性	0	1	1	0	1	2	0	1	1	2	1	1

项目	CA-RY	CA-WB	CA-GC	PA-HD	PA-HZ	PA-HN	PA-HB	PA-QG	PA-XB	PA-XN	PA-DB	
score	83	97	68	198	143	155	169	52	17	80	85	
分类	5	5	2	2	2	2	1	5	2	1	2	
类别频率	0.45	0.31	0.48	0.35	0.36	0.29	0.34	0.41	0.58	0.29	0.36	
比率（%）	26.64	31.13	21.74	63.69	45.93	49.74	54.40	16.67	5.45	25.63	27.47	
比率重要性	2	2	2	5	3	4	4	1	0	2	2	

表 12 - 3   基于交叉的变量重要性（前 10 个）

项目	FEMB	TC	PJDSNX	CVAGE	DSPJNL	GDPI	PA-HN	DPI	PA-HZ	PA-HD
重要性	0.0945	0.0849	0.0748	0.0656	0.0656	0.0546	0.0543	0.0539	0.0491	0.0454

表 12 - 4   广义线性模型及随机均匀森林算法预测结果检验

项目	TYPE1		TYPE2		TYPE3		TYPE4		TYPE5	
	GLM	RUF	GLM	RUF	GLM	RUF	GLM	RUF	GLM	RUF
TYPE1	42	123	86	7	3	0	0	1	0	0
TYPE2	26	5	113	237	94	2	13	0	0	2
TYPE3	2	2	16	2	7	35	14	1	2	1
TYPE4	0	1	5	1	8	0	8	22	3	0
TYPE5	0	0	14	2	30	0	76	0	32	150

12.4.2 结果分析

三种方法的基本比较。

根据表 13 - 2、表 13 - 4 三种方法预测的结果，采用广义线性模型算法的预测正确率为 34.0%，采用神经网络模型算法的预测正确率为 68.7%，随机均匀森林算法的预测正确率为 95.45%。总地说来，随机均匀森林算法对损失强度的判别准确率非常高，判别过程中包含了交叉验证，判别较为稳定；采用随机均匀森林算法，对五类损失强度的判别正确率相对比较均衡，分别为 93.89%、96.34%、85.54%、91.67% 和 98.68%，且其误判中误判为相邻类别的比率很高，分别为 5.34%、2.85%、7.32%、0% 和 0%。

神经网络算法对第一类、第二类及第五类损失强度判别正确率较高，而对第三类、第四类损失强度判别准确率很低，且神经网络判别为非相邻类别的情况较多。但考虑到本文的被解释变量是多类别变量，且解释变量中包含宏观变量和微观变量，微观变量中又包含了以年度计量的银行总体变量和微观事件变量，其分类结果基本上是可以接受的。而广义线性模型的估计结果准确率太低，不建议采用。

可知，学者们虽然通过线性/广义线性分析得出了操作风险与某些因素有显著的（或无显著）正/负相关性，但真正预测时，效果并不理想。采用神经网络或机器学习方法，效果较好。

12.4.3　随机均匀森林法四类解释变量分析

在随机均匀森林模型中，因各类别变量的频次不同，需要区分非类别变量和类别变量。总体而言，非类别变量由于纳入森林的频次很高，对操作风险损失强度影响较大，而类别变量被纳入的频次较低，总体而言重要性程度指标都较小（数值越高，重要性等级越强；所有因素指标重要性相加为100），即影响程度不大。

首先，在非类别变量中，微观变量中董事会特征变量对被解释变量的影响重大，其次为宏观经济变量，银行特征变量中仅有总资产的对数这一指标对被解释变量影响很大，重要性中居于第一位，重要性程度指标7，其次是银行上市年限，对损失强度影响较大，重要性指标为5，其他银行特征变量，如员工平均薪酬、雇员数、营业收入对操作风险损失强度影响都非常小，可忽略不计。

其次，在非类别变量中，绝大多数单个变量对操作风险损失强度的影响均导致第二强度的损失（1~5级，数值越高单项损失越大），即，尽管影响频次较高，但单个因素影响损失强度较低。例外因素为雇员平均薪酬，尽管纳入森林的频次非常低，但单个因素影响可以达到最高等级的损失。

最后，董事会特征因素中，各因素重要性依次为：平均董事在该银行任职年限、董事会成员结构复杂性指标、女性董事占比、董事平均年龄，这几个因素对操作风险损失强度影响都非常重要，然后是独立董事占比和董事会人数，影响程度也比较大，但这些因素均为通过纳入森林的频次的数量来影响操作风险损失强度的，仅考虑董事会特征某单项因素一般不会引发特别严重的操作风险损失。董事会特征因素总体对操作风险损失强度影响重要性程度为39，总体而言该类特征因素很重要。

宏观经济因素中，当年居民可支配收入指标和 GDP 指标也很重要，均为6级重要性指标，但这两个指标单因素影响基本上会导致第二强度的损失。

而事件特征因素均为类别变量的解释变量，总体而言，由于发生地理区域的不同导致的操作风险损失强度略高，影响重要性指标为0~5级，其中，由于纳入森林的频次较高，华东地区、华南地区、华北地区、华中地区的重要性指标分别为5级、4级、4级和3级，这几个区域也是我国经济发达地区，而西北地区的重要性指标为0。跨区域发生的损失单项均比较大，容易导致5级损失，但跨区域损失频次很低，最终对操作风险损失强度影响重要性指标为1级。

由于被纳入频次较低，其他类别变量因素的影响程度均较小。其中，损失类别变量对操作风险损失强度影响较小，但其中的外部欺诈类容易导致单项非常高的5级损失，其他类容易导致单项4级损失。业务线类别对操作风险损失强度影响较小，但除零售银行业务单项影响导致2级损失外，其他均导致单项非常高的5级损失，因此，尽管纳入频次低，但单项影响大，也应关注。损失发生原因对操作风险损失强度影响较小，人员风险和外部风险容易导致5级损失。

12.5　被解释变量为具体损失额的结果分析

12.5.1　方法与结果

应用广义线性模型、随机森林算法和随机均匀森林三种方法对损失强度影响因素进行分析，表12-5为三种方法预测与观测值拟合结果，可知随机均匀森林算法拟合效果最佳，因此仅列示采用随机均匀森林模型的具体结果。图12-2为随机均匀森林观测与预测值拟合图，整个随机均匀森林各决策树之间平均相关性为0.4199，表12-6为基于交叉的影响变量重要性分析（前10个）。图12-3~图12-9为比较重要的几个非类别解释变量中单项对操作风险损失强度的影响。

表12-5　　　　　　　三种方法预测与观测拟合结果

方法	均方误差	变量解释	相关系数平方	调整的R²	截距		预测	
					值	显著性	值	显著性
广义线性模型	18.3119	0.1848	0.1834	0.1821	-6.56e-14		1.0000	***
随机森林	7.2142	0.6788	0.7773	0.7769	-0.5792	***	1.5544	***
随机均匀森林	2.1242	0.9054	0.9274	0.9273	-0.2473	***	1.1819	***

注：*** 表示拟合方法或该特征项非常显著，应予接受。

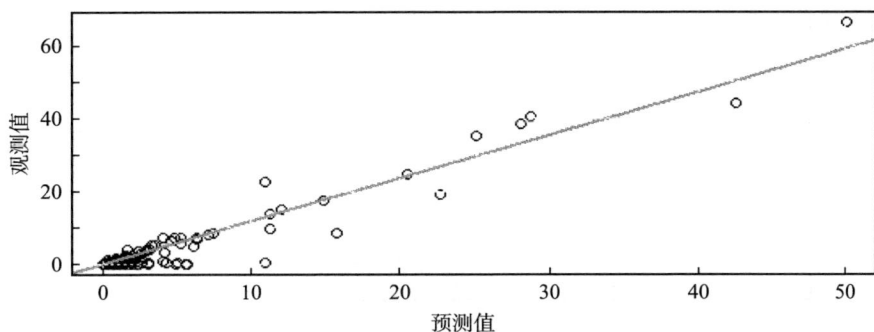

图 12 - 2　随机均匀森林算法估计及观测值拟合

表 12 - 6　　　　随机均匀森林基于交叉的变量重要性分析（前 10 个变量）

变量	DSPJNL	ZZC	PJDSNX	CVAGE	DDZB	FEMB	PA-HZ	BSIZE	GDPI	PA-HD
重要性	0.0988	0.0903	0.0810	0.0802	0.0693	0.0631	0.0574	0.0498	0.0426	0.0403

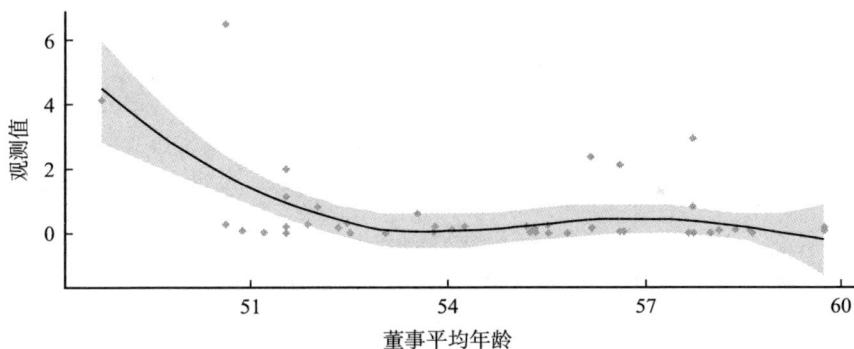

图 12 - 3　董事平均年龄的预测值的部分相关

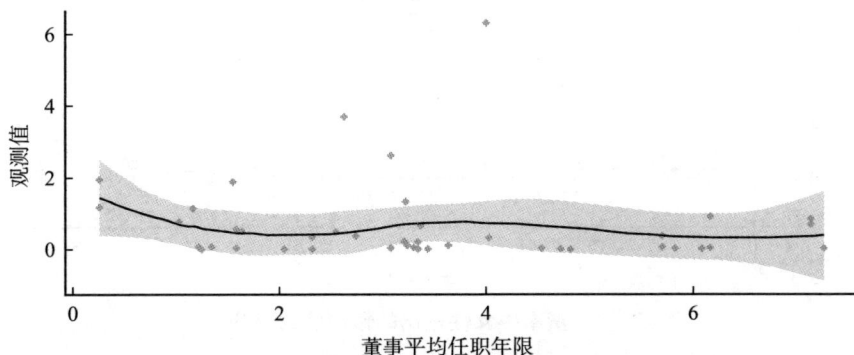

图 12 - 4　董事平均任职年限的预测值的部分相关

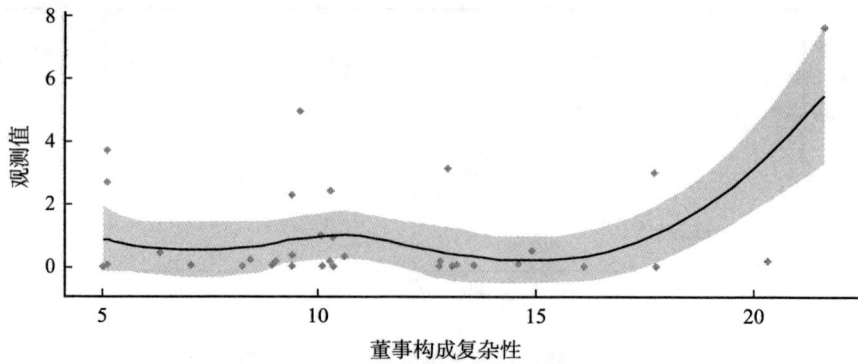

图 12 - 5　董事构成复杂性的预测值的部分相关

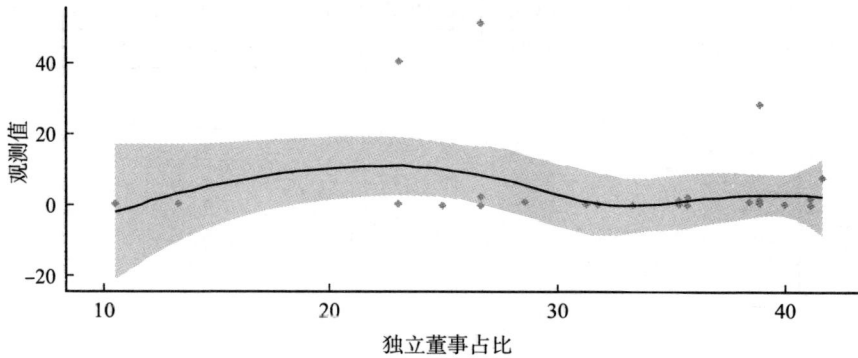

图 12 - 6　独立董事占比的预测值的部分相关

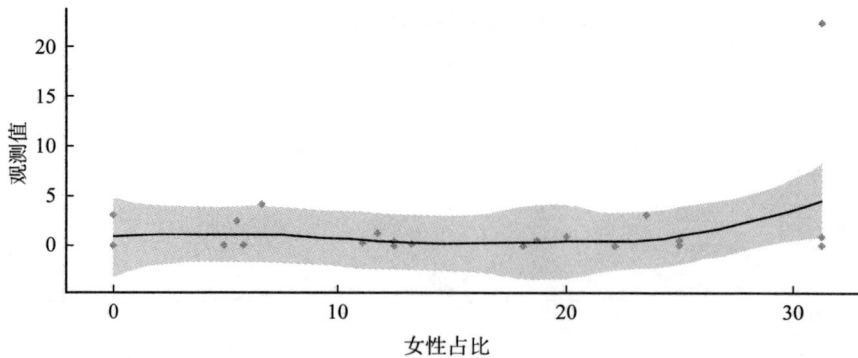

图 12 - 7　董事中女性占比的预测值的部分相关

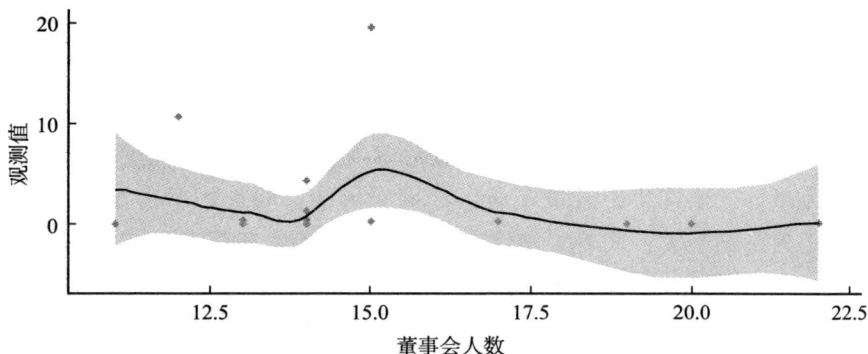

图 12 - 8　董事会人数的预测值的部分相关

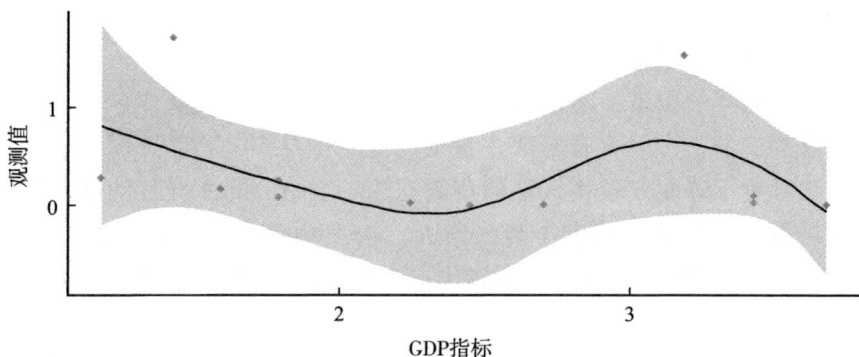

图 12 - 9　GDP 指数的预测值的部分相关

12.5.2　结果分析及建议

从表 12 - 5 可知，三种方法的预测结果差异较大，广义线性模型模拟仅能解释 18.48%，而随机森林可以解释 67.88%，随机均匀森林方法可解释 90.54%，因此，三种方法中随机均匀森林的预测效果最好，且各指标值均体现出随机均匀森林预测值能较好吻合观测值。

四类解释变量中，董事会特征因素对单项操作风险损失强度影响最大，各董事会特征因素全部位于基于交叉的变量重要性分析的前十项中，且分列第一、三、四、五、六、八项。

各董事会特征变量单项对损失强度影响均不太大，但综合影响较强，仅董事会特征因素即可解释单项操作风险损失强度的 45.22%；银行特征因素中仅有总资产指标对操作风险损失强度影响较大，居于第二位，影响程度约为 9%，其对损失强度的影响比较平稳，其他银行特征因素的影响均较小；事件特征因素中，损失事件的发生区域对单项操作风险损失强度有一定影响，如果损失事件发生在华中或华东地区，则有可能会较大的单项损失，其他损失事件因素影响不大；宏观经济因素指标中的国内生产总值指标对操作风险损失强度有一定影响，影响程度居于第九位，但其影响是波动性的，见图 12 - 9，当调整的 GDP 指标在 1.2 ~ 2.3 时，导致的操作风险损失强度呈下降趋势，而在 2.3 ~ 3.1 之间呈上升趋势，大于 3.1，则损失强度又逐渐下降。因此，调整后的 GDP 增速指标控制在 1.7 ~ 2.7 及 3.5 以上有利于操作风险损失强度的降低。

具体分析董事会特征因素：

董事平均年龄因素：随着董事平均年龄的增加，单项操作风险损失强度是呈下降趋势的，中间略有起伏，董事成员从不足 50 岁到 53 岁左右，操作风险损失强度下降幅度较快，平均年龄在 53 ~ 56 及 60 岁导致的操作风险损失强度较低。说明随着董事年龄的增大，相对发挥决策、监控职能更谨慎，程度更高，但在 57 岁左右有较小起伏，这是所谓的 "59 岁现象" 的一点表现（平均年龄）。

在该银行任职的董事的平均任职年限对单项操作风险损失强度的影响比较平稳，在均为新董事及平均年限 3 ~ 5 年时，操作风险损失强度略高，说明新成员仍在适应、熟悉董事事务阶段，容易发生操作风险事件，平均年限 2 年及 6 年以上强度较低，变动幅度不大；建议银行交替任命董事成员，不适宜同一批次大幅度更换董事成员。

董事会成员复杂性指标的影响波动上升，当复杂性指标在 0.16 以上时导致的损失强度陡然上升，当超过 0.2 时，可导致 5 亿 ~ 6 亿元的单项损失；说明董事会成员年龄差距越大，平均年龄越小，越容易发生大额损失，且董事成员的多样性较强时，会对董事会监控职能产生不利影响，这与王等（Wang et al.，2013）等观点一致。

独董占比指标当其很低或超过 30% 时，损失强度都较低，在 15% ~ 30% 之间呈凸弧形，有可能发生 10 亿元的损失，这说明银行监管机构要求独立董事占比超 1/3 是比较合理的，适量的独立董事代表广大股东的利益监督银行事务，有利于银行降低操作风险。

女性董事占比在 0 ~ 22% 左右变化不大，但超过 22%，比例越高，发生的操作损失越大，建议银行业女性董事占比尽可能控制在 20% 以内。

董事会人数对操作风险的影响是波动的，建议董事会人数在 12 ~ 14 人及 17 人以上，董事会人数在少于 12 人及 15 ~ 16 人均易发生较大风险。因此，考虑到银行人员规模问题，建议中小型银行董事会人数控制在 12 ~ 14 人，而大型银行建议 17 人以上。

12.6　本 章 小 结

操作风险影响因素的分析有助于预测、控制风险，测量得当甚至有可能可以作为风险指标因素，对操作风险进行度量。然而受限于数据可得性，不论国际还是国内，相关研究均非常少见。

本章以四类因素为自变量，分析董事会特征因素、宏观经济因素、银行特征因素、事件特征因素对操作风险损失强度（实际损失）的影响。采用广义线性模型、神经网络算法、随机森林算法、随机均匀森林四种方法分析影响因素。结果表明随机均匀森林的预测效果最好。

四类解释变量中，董事会特征因素影响最大，其中各因素均对单项操作风险损失强度影响较大；银行特征因素中仅有总资产指标对单项操作风险损失强度影响较大，影响程度约为 9%；事件特征因素中，损失事件的发生区域对单项操作风险损失强度有一定影响，如果损失事件发生在华中或华东地区，则有可能会引发较大风险；国内生产总值指标对操作风险损失强度有一定影响，其影响是波动性的。建议董事会平均年龄控制在 53 ~ 56 岁，董事平均任职年限 2 年或 6 年以上，尽量减小董事之间的年龄差距，保持独立董事占比 30% 以上，女性董事占比尽可能控制在 20% 以内；董事会人数在 12 ~ 14 人及 17 人以上比较合适。

限于数据不足问题，本章仅分析了上市银行操作风险的影响因素，但根据本文的分析，银行特征因素中，总资产的变化对操作风险的影响比较平缓，除总资产外其他因素均不太重要。因此，本研究的结论也可以为其他银行提供借鉴及参考，在未来数据可得性前提下，可以以更多银行为分析对象，探讨操作风险的影响因素。

与第 11 章的结果相比，有区别也有共同之处。几种方法都认同了宏观经济变量对操作风险的损失强度是重要影响因素，也都认为银行上市年限对操作风险损失强度有较大的影响。几种方法都认为员工数并非对操作风险的重要因素，这与彻诺拜（Chernobai，2011）的与雇员人数高度相关的结论不一致。本章也认为损失强度与地理区域具有相关性，需对重点区域进行重点关注。

区别在于采用同质性分析，认为董事会特征因素并未对银行操作风险损失强度产生重要影响，而随机森林类方法均认为董事会特征因素这一类因素是最重要的因素，虽然每个单项因素对操作风险的影响都不高，但每个因素都对操作风险损失强度有一定的影响，致使总的影响很大；同质性分析认为总资产（即银行规模因素）对操作风险损失强度的影响可忽略不计，而随机均匀森林方法认为总资产是一个比较重要的因素。这个结论与施等（2000）比较吻合，采用总资产作为规模指标还是非常合理的。

增加董事在该银行的平均任职年限，可能会使董事之间形成联合，容易造成更高的损失强度等级；董事会成员增加也会对增大损失强度产生一定正向影响。董事会成员（年龄结构）复杂性增加，也会对银行操作风险损失强度产生正面影响。

本章探讨了在数据可以获得前提下，操作风险损失强度的影响因素有哪些及重要性程度，并进行预测。选取了四大类指标作为解释变量，银行操作损失强度作为被解释变量，采用四种方法分析上市银行操作风险的影响因素。

本章结论可作为中国商业银行外部数据尺度模型的借鉴依据进行尺度调整。当可获得更多的银行的相关数据指标时，可考虑更多影响因素作为解释变量优化模型。本章结果可以纳入新巴塞尔协议第二支柱的范畴，引导银行开发更好的内部控制和管理实践活动。

| 第 13 章 |

加强操作风险数据管理的保障

13.1　加强信息披露

13.1.1　公开信息披露的作用

巴塞尔委员会在新资本协议中，将市场约束列入有效监管的三大支柱之一，认为"有银行定期发布资本水平和风险状况等方面的准确信息，市场参与者才能准确判断银行抵御风险的能力"，市场约束才能有效和可靠，并提出了信息披露的要求。公开信息披露正成为国际银行业加强监管的一个重要原则。

公开信息披露（public disclosure）制度是有效的市场约束的前提，有效的市场约束要求信息准确、全面和及时。适当和充分的信息披露有助于强化商业银行的市场约束，推动银行提升经营管理水平；有助于提高银行声誉，增强银行的公信力，为其投融资及发展创造宽松的外部环境；有助于保护股东、储户和其他利益相关者的权益，有利于维护金融稳定。

增加商业银行的信息披露，提高透明度，可以给银行引入亿万"编外监管者"。操作风险的形成有一个积累的过程，只有相关操作风险的信息透明和市场约束发挥作用，问题才能及时暴露，风险才能随时随地释放，风险堆积才能避免。

13.1.2　中国银行业操作风险信息披露现状

我国基于市场信息供求的真正主体尚未形成（黄韬，2015）。一方面，作为信息供给方的商业银行所披露的信息在全面、真实、规范等方面尚存在一定的问题；另一方面，作为信息需求方的监管部门、债权人、投资者等也有许多欠缺。就目前而言，由于信息供求的双重缺陷，使商业银行信息披露缺乏有效的市场约束。

国际银行业尚未形成有关操作风险信息披露完整的一致意见，这也是造成我国商业银行操作风险信息披露不足、市场约束力弱的一个重要原因。研究表明，操作风险信息的披露与银行的市场价值成反比，且信息披露的越多，银行的市场价值可能就越低。因此，在各商业银行的操作风险信息披露中，只有一些描述性的文字说明，而缺乏实质性的信息披露。

有效的市场约束是建立在完善的信息披露基础之上的。及时、真实的信息是银行业以外的经济主体做出合理预测和科学决策的依据，包括投资者（股东）、存款人、监管者等的市场参与者只有在充分了解银行状况的基础上，才能做出理性决策，进而激励商业银行加强内部控制，改善风险管理，规范经营行为，达到市场约束的目的。

然而，如前所述，我国商业银行在信息披露方面存在许多不足，导致市场约束的作用没有得到充分发挥。为进一步加强商业银行操作风险的市场约束力，我国应当遵循适当的信息披露原则，完善信息披露标准，建立健全信息披露支持系统，并加强对信息披露的问责管理，促进商业银行适时、准确、充分地进行信息披露。

13.1.3　中国商业银行信息披露原则

新巴塞尔协议在关于操作风险和第三支柱"市场约束"之间的关系中，提出了全面信息披露的理念，试图确立一个"使信息披露数量与银行经营的规模、风险状况和复杂性相适应"的激励相容框架，实际上给出了信息披露应遵循的一些基本原则，要求商业银行在信息披露时，不仅要考虑强化市场约束，规范经营管理的因素，而且要考虑到信息披露的安全性和可行性。

根据新巴塞尔资本协议的规定，结合我国实际情况，现对我国商业银行信息披露的基本原则归纳分析如下：

（1）最大化信息披露原则。最大化的信息披露是美国证券与交易委员会（SEC）首先倡导的针对上市公司的信息披露原则，现在已获得广泛的认同。巴塞尔银行监管委员会在《有效银行监管的核心原则》和《增强银行透明度》等文件中对此都十分推崇。大量事实也证明，完善透明的信息披露是银行有效治理的决定性因素之一。随着对银行公司治理地位和作用的广泛重视，决策制定者和投资者越来越需要更为严格的信息披露以及更高的透明度。

（2）有限信息披露原则。信息公开是相对的，信息屏蔽会累积风险，但过多的信息也是有副作用的。新巴塞尔协议明确规定，"尽管市场参与者应该获得正确、及时的信息，但监管当局还是应对某些敏感的信息予以保密"。有限信息披露中的"有限"主要是出于对商业机密的保护，但这些"受限"的信息必须向监管部门作充分的报告，这与最大化信息披露原则并不冲突。

（3）静态与动态、定性与定量、核心与补充相结合的原则。这三项原则要求商业银行不仅要披露操作风险和资本充足状况的信息，而且要披露风险评估和管理过程、资本结构以及风险与资本匹配状况的信息；不仅要披露定性的信息，而且要披露定量的信息；不仅要披露核心信息，而且要披露附加信息。

（4）真实、准确、完整、及时的原则。商业银行风险的突出性和风险变化的迅速性，要求银行应及时披露有关信息，同时防止虚假记载、误导陈述或重大遗漏。

（5）公开、公正原则。让信息的所有使用者都能通过正常渠道获得银行披露的信息。信息披露标准是信息披露的质量实施标准。2003 年 1 月实施的《商业银行信息披露暂行办法》，要求我国各商业银行披露操作风险信息，并对本行内部控制制度的完整性、合理性和有效性作出说明。而上市银行的信息披露，还须遵循《证券法》和《公开发行证券公司信息披露编报规则》等规定。然而，目前我国上市银行在其信息披露中几乎没有对操作风险的披露，在国有商业银行的季报、半年报和年报中大多有了对操作风险的反应，但无一例外是一些一般性的说明，并无实质性内容。

13.1.4　对加强信息披露的建议

从信息披露的内容来看，商业银行作为特殊的企业，具有资本高杠杆经营的特性，决定了其信息披露内容应突出风险状况的报告。巴塞尔委员会发布的《增强银行透明度》的文件，对商业银行信息披露的内容作了较为详尽的要求：一是财务绩效；二是财务状况（包括资本金、清偿能力和流动性状况等）；三是风险管理政策；四是风险状况（包括信用风险、市场风险、操作风险、流动性风险、法律和其他风险）；五是会计政策；六是基本业务、经营管理和法人治理结构方面的信息。这些信息披露内容的规定值得我国商业银行借鉴。

鉴于此，建议我国借鉴巴塞尔委员会的规定，增加关于操作风险的披露标准，进一步明确和完善信息披露的内容。现阶段在操作风险量化管理尚不成熟的情况下，可以定性标准为主、定量标准为辅，同时对操作风险信息披露的范围、内容和指标体系做出明确规定，并加大对信息披露违规行为的处罚力度，保证银行信息披露的真实、准确、完整、及时、公开和公正，以通过市场来促使商业银行提高操作风险管理水平。

为了保证商业银行信息披露的规范性和科学性，我国应尽快建立健全银行信息披露的配套制度，健全信息披露问责机制。

缺乏问责机制是我国商业银行信息披露不足的主要原因。我国商业银行信息披露缺失的成本几乎为零，潜在的收益却很多，商业银行因信息披露虚假遭受的处罚较小，更没有因信息披露的不及时和不完整而受到起诉的情况。因此，制定有关商业银行信息披露违规行为处罚办法，从制度上健全信息披露问责机制，通过强化商业银行对信息披露准确性、完整性、及时性的责任，包括足够的行政责任、刑事责任和民事责任，增加信息披露缺失的成本，促使商业银行从规避惩罚的角度减少瞒报、漏报。

13.2 完善监管约束

13.2.1 转变操作风险监管模式

商业银行操作风险的监管方式主要有两种：直接监管和间接监管。各国的监管模式大致可区分为以间接监管为主和以直接监管为主两种模式。间接监管是指监管部门通过对商业银行操作风险的管理过程进行监管评估，督促商业银行不断强化和改进操作风险的管理，主要是通过现场或非现场评估，对商业银行操作风险管理方法进行评估和纠正。直接监管是指由监管部门直接深入到商业银行的业务层面，对银行业务经营活动过程中的操作风险进行识别、分析和处理，主要是通过现场检查，对一些风险事件进行查处和善后。

以间接监管为主的监管模式，是以间接监管为主、直接监管为辅，在监管过程中，注重商业银行操作风险的管理过程。将有关金融法律法规细则化，完善基础制度建设，改进监管方法，建立健全对商业银行操作风险管理的评估体系，加强对商业银行操作风险不当管理的纠偏工作。例如：商业银行有无独立的操作风险管理岗位，是否把操作风险评估系统整合大银行的日常风险管理流程，有无定期向业务管理层、高级管理层和董事会报告的制度，操作风险管理文件是否齐备等。这种以间接监管为主的监管方式比较适合银行众多、规模较大、经营活动较为复杂的银行业监管，通过监督和督促完善商业银行的操作风险管理活动，实现操作风险监管的目标。西方发达国家均采用以间接监管为主的监管模式。

以直接监管为主的监管模式，是以直接监管为主、间接监管为辅，在监管过程中，关注商业银行经营活动的细节，强调对操作风险事件的处理。这种以直接监管为主的监管模式，比较适合于银行数量较少、规模较小、经营活动相对简单的银行业监管。

我国的银行体系非常庞大，国有商业银行、股份制商业银行、城市商业银行、农村商业银行以及为数众多的农村信用联社等，构成了我国银保监会的庞大监管对象。而以直接监管为主的监管方式，实际上是我国银保监会代行商业银行操作风险管理的部分职能，耗用了监管部门大量人力资源。而由于银保监会的人力有限，同时也不可能占有银行业务层面的充分信息，一定程度上影响了我国商业银行监管的稳定与效率目标的实现。

因此，从监管模式上，我国应当逐步从"以直接监管为主"转向"以间接监管为主"。以间接监管为主，辅之以现场式的直接监管，强化监管的全局性和整体性，合理界定监管部门各个层面机构的职能定位和监管重点，理顺我国商业银行的监管机制，努力实现我国商业银行监管稳定与效率的目标。

13.2.2　我国商业银行操作风险间接监管约束的主要内容

新巴塞尔协议的三大支柱实际上是一种以间接监管为主的监管框架。在这一监管框架中，监管部门不仅要对商业银行的操作风险进行资本约束，而且根据第二支柱负有对商业银行操作风险监督检查的重要责任，即要针对不同银行的风险状况和管理环境，对内部资本评估程序的制定情况进行检查，必要时采取预防措施。根据新资本协议的监管要求，结合操作风险监管的客观需要，对操作风险间接监管约束的主要内容大致如下：

银行监管部门应要求银行在风险管理的总体框架下，具备识别、计量、监测和控制操作风险的程序，并对银行操作风险评估方法是否足以抵御该行所面临的风险进行评估。如果银行缺乏有效的管理手段，监管当局可以要求银行针对操作风险提高资本水平。

银行监管部门应直接或间接对银行操作风险的战略、政策、组织和流程进行评估，并建立有效的报告机制，确保能够掌握银行操作风险管理的进展情况。

银行监管部门应该建立适当的协调机制，加强与其他监管部门之间的协调沟通，确保整个银行系统内的操作风险得到良好的控制，以防止单个银行的操作风险引发整个银行系统的风险，必要时可与其他监管部门交流信息或在风险评估过程中借助外部审计的力量。

由于大多数商业银行有关操作风险的管理方法还处于开发阶段，监管部门应当与商业银行保持密切接触，通过评估银行最新进展和发展计划的方式，积极鼓励银行主动创新，对现有做法进行自我评估，对可能的风险缓解改进方案进行成本效益分析。

13.2.3 完善我国商业银行操作风险监管约束的基础制度

继续推进我国商业银行产权制度改革。有效的产权制度安排是商业银行完善公司治理机制的前提，也是监管部门建立统一监管标准、实施严格审慎监管的保障。我国银行的产权安排所产生的委托人虚位和代理人实质上的"内部人控制"问题，是商业银行操作风险的重要根源。产权改革的目的之一就是减轻乃至消除"内部人控制"问题，并促进建立统一的审慎监管标准和监管框架。

国有商业银行隐含着国家信用和国家担保，一定程度上可能滋生监管套利。应当改善银行产权结构，借鉴和引进国外先进管理理念和技术，规范公司治理，完善内控机制与管理制度。只有如此，我国商业银行的代理人的"内部人控制"问题才能得到有效解决，各级管理人员才能真正具备降低操作风险损失的压力和自律意识，我国监管模式的重心才能从"直接监管"转向"间接监管"，也才能建立起公正、公平、公开的统一监管框架。

进一步完善金融监管相关法律规范。金融法律制度包括三个方面，即维系金融市场正常运作的金融监管法律规范、各种民商事法律规范和打击金融犯罪的刑事法律规范。银保监会应进一步制定和修订与之相配套的制度和规则，敦请国家有关部门修订或重新解释关系到金融监管的相关法律。

建立与完善银保监会牵头的联合监管协调机制。我国商业银行多元化的监管要求需要建立跨部门监管协调机制当前，中国银保监会、中国人民银行、中国证监会均具有对商业银行进行监管的职能。中国银保监会是商业银行的直接监管部门，负责对商业银行的准入、经营和退出进行全面监管。中国人民银行虽然将大部分的监管职能已经剥离到银保监会，但仍负责对商业银行货币政策执行、账户管理、现金管理和反洗钱管理等方面的监管。上市银行须同时接受中国证监会的监管约束。

中国人民银行、中国银保监会、中国证监会对银行监管不同的职能分工，决定了各监管部门之间必须建立协调监管机制。具体的监管协调制度并没有完全建立，在对不同金融机构开展相同业务以及在监管措施上还存在不一致与不协调的地方。与国外相比，中国仍没有建立起与目前监管体系相适应的金融监管协调机制。因此，进一步探索建立有针对性的银行监管协调机制，加强对操作风险的监管协调，是当前中国商业银行监管的迫切需要和监管部门的一项重要课题。

中国商业银行综合经营和混业经营的发展需要建立跨监管部门联合监管机制。随着我国银行业与证券、保险、基金等业务合作的不断深入，我国金融综合经营的雏形已经开始显现。业务合作式的综合经营和金融控股式的混业经营，都会给商业银行产生新的业务领域，都有可能成为新的操作风险高发区，这些领域的监管给当前的分业监管模式带来了巨大挑战，给银行业监管提出了更高的要求。有关部门长期难以协调，出现了一定程度的监管真空；对某些业务合作（如委托理财服务）的监管也政出多门，这在客观上不利于对金融机构操作风险的统一监管。因此，建立各监管部门之间的长效协调机制，协调和促进跨部门的联合监管，就显得极为迫切。

建立跨部门联合监管与协调机制的一个思路是，其职能定位于消除监管空白。根据监管与协调主要是针对银行业的特点，将牵头部门由中国人民银行调整为中国银保监会，发挥其作为商业银行主要监管部门的职能作用；联合监管与协调机制的重点进行交叉领域业务和产品的监管，不仅要使监管机构和被监管者激励相容，同时还要注意监管机构之间的激励相容。作为牵头部门的中国银保监会应进一步发挥其牵头职能作用，同时通过其他相关部门的参与及其职能作用的发挥，强化对商业银行操作风险的协同监管，发挥其整合作用，既要防止监管越位，又要防止监管真空，这是分业监管条件下建立有效协调机制、完善联合监管质量和全面性；银行根据其风险状况和内部资本目标，评估操作风险的整体资本充足率水平。

监管部门应该通过一定的评估程序，努力确保银行已经制定的一些步骤，在执行此类评估时，监管部门需要与其他监管部门进行合作和信息交流，也可通过外部审计来完成这些评估程序。监管检查中发现的缺陷应该通过一系列行动来处理：直接与银行和外部审计师建立报告机制，要求银行内部有关操作风险管理的报告定期呈送监管部门。

外部审计约束是指外部审计机构根据法律规定、监管部门要求或接受银行申请，对商业银行的有关经营活动进行审计，并提交审计报告。外部审计的作用在于为银行监管部门和市场利益相关者提供独立、真实的信息，是对商业银行较强的一种外部约束。

我国商业银行同时受到中国银保监会、中国人民银行、中国证监会等监管部门不同程度的监管约束，这种多层次、复杂化的监管格局需要强人的信息支持，而不同监管部门对信息采集的单独行动不但会给商业银行造成过多的压力，而且会降低整体监管效率。外部审计的另一个重要功能就是为参与商业银行监管的各机构提供统一的信息，使得各相关监管部门可以根据相同信息采取步调一致的行动。一个较为可行的思路是，各监管部门根据监管职能制定规则，并根据各自的需求随时更新信息要求，然后协议委托独立的外部审计部门（如会计师事务所或评级机构）定期对商业银行进行审计，通过提交审计报告的形式一次性满足所有外部监管者的信息需求。当然这是外部审计功能发挥的一个理想状态。加强外部审计机构建设，规范法定审计和监管审计，有助于形成对商业银行强有力的外部约束。

13.3　推进数据标准化工作

宏观层面，建议加快推进自上而下的金融数据标准化工作。国际货币基金组织（IMF）认为，由于各个国家对新巴塞尔协议实施步骤不同，采取的标准也不同，资本充足率指标的可比性就较差。此项工作将有助于微观层面金融机构采用统一口径计量监管资本，从而大幅减少各银行在经济资本计量中遇到的逐笔业务的统计标准问题。

中观层面，建议在监管机构倡议下建立银行间内部数据共享机制，满足中国商业银行对自身风险状况的了解，从而准确进行风险计量。近年来随着监管机构对数据要求逐步提高，国有商业银行和股份制商业银行逐步建立了自身的内部评级系统，操作风险的计量也开始建立相应的管理系统、数据库和专业团队。中小商业银行也开始加强数据分析，商业银行体系其实已经具备初步的数据积累。但是相互之间数据获取性较差。可以借鉴我国台湾地区银行业类似于协会形式的数据共享机制，从而解决中小商业银行在估计风险参数时面临的困难。

微观层面，建议加强银行内部数据治理工作。数据治理工作是支持经济资本计量、模型运行、风险参数量化、模型验证、报告等应用的重要前提。

首先，商业银行应系统性地收集、整理、跟踪和存储数据，并建立数据质量控制、政策和程序，确保数据的完整性、全面性、准确性和一致性。其次，建立数据仓库和标准化的数据字典，清洗、转换和存储银行自身数据。再次，建立数据质量控制政策程序及相应的管理机制流程。最后，商业银行应当抓住大数据时代的契机，通过科学分析手段对海量数据进行分析和挖掘，提高风险模型的精确度，从而进入全新的科学分析和决策时代。在这种情况之下，利用大数据的能力将成为决定银行竞争力的关键因素。

13.4　加强银行业协会自律约束

在实际工作中，由于银行监管的复杂性以及外部审计对信息发现的局限性，要真正发挥银行业自律约束是指通过银行业协会的协调和一致行动，来对商业银行经营活动进行的监督和约束。银行业协会属于非政府组织（non-government organization，NGO）的范畴，是介于政府部门和市场行为主体之间的特殊组织，通过银行业协会进行的自律约束属于一种社会监督。在现代市场经济国家，银行业自律组织具有越来越旺盛的生命力。

银行业协会作为银行业的行业自律组织，是外部监管和市场约束的有益补充，在对银行业进行自律约束中具有天然的优势，包括对银行经营活动比较了解的信息优势，对银行业务、人员比较熟悉的沟通优势，以及相对超脱于政府和银行的独立性优势等，使得银行业协会对于商业银行操作风险这种很具体化的风险能够发挥独到的作用，特别是对操作风险的新表现和新趋势往往能够及时发现、及时反映、及时对管理措施和处罚力度提出对策和建议。

中国银行业协会于 2000 年 5 月 10 日在北京成立，这是我国加强银行业自律约束的一项重要举措。实践证明，中国银行业协会以及各省（自治区、直辖市、计划单列市）银行业协会在协助银行监管部门制定政策、完善法规、协调会员银行关系、维护行业权益等方面发挥了一定的积极作用。为了促进银行业协会更加积极、规范地发挥作用，中国银监会于 2005 年专门颁布实施了《银行业协会工作指引》。

然而，从总体上看，我国银行业协会的组织发展还比较滞后，定位仍不清楚，各地区发展不平衡，在风险防范和监管协调上的作用还不明显。要真正发挥银行业协会在商业银行操作风险监管上的作用，还需要加强以下几个方面的工作：加强银行业协会的自身建设，完善机构，健全制度，提高人员素质，打造一支职业化和专业化的高素质员工队伍；组织会员银行根据《中国银行业自律公约》制定并签订具体的自律公约及其实施细则，建立自律公约执行情况检查和披露制度，督促会员依法合规经营，使其成为操作风险控制和监管的有力补充；制定银行从业人员道德和行为准则，组织银行从业人员资格考试和相关培训，提高从业人员素质，加强银行从业人员自律管理，从源头上控制人致型操作风险。

第 14 章

结论和政策建议

14.1　本书总结

本书主要讨论了以下几个方面：第一，操作风险的定义及内涵、操作风险的特点；第二，内部数据不足是制约操作风险度量和管理的重要因素，外部数据、情景数据和管理数据具有内生偏差和主观性；第三，使用多种方法对外部数据进行调整；第四，因素法/因子模型度量操作风险。

操作风险的定义很多，本书采用新巴塞尔协议的定义：操作风险是由于不完善或有问题的内部操作过程、人员、系统或外部事件而导致损失的风险。这一定义是根据操作风险发生的原因定义的，包含了法律风险，但是不包含策略性风险和声誉风险。

深入了解操作风险的特点不仅是操作风险度量的需要，也是操作风险管理的需要。操作风险具有多种特征，这里需要强调其中的两点：第一，操作风险的厚尾特征，导致度量更具挑战性；第二，操作风险并不是孤立的，与其他风险密切相关，也受到某些因素的影响。

新巴塞尔协议允许银行采用适合自己的高级计量法度量操作风险，但是没有给出具体的方法，这为操作风险的度量方法提供了研究空间，对银行而言，这也是风险敏感的方法。同时，高级计量法还存在以下问题需要解决：第一，内部数据的缺失和外部数据、情景数据和管理数据存在主观性；第二，操作风险数据的有偏性；第三，操作风险损失的厚尾性；第四，操作风险的相关性等。

本书重点探讨由于数据不足和数据有偏性导致的数据问题，根据操作风险的特点重点探讨基于精算法和因子法的操作风险，分别采用极值方法和损失分布法、因子模型等度量操作风险，主要结论有以下几个：

第一，操作风险内部数据不足，中国学者自行收集的外部数据总是小样本的，即使外部数据收集标准合规一致，外部数据能否体现总体样本特征也是不确定的。数据收集量，建议至少应达到 800 例及以上，且包含极端损失，才能比较有效。

第二，外部数据有内生偏差，可采用信度理论、相关关系分析等方法对外部数据进行调整。也可以通过外部数据尾部幂率转换，用公共、异质率度量来进行调整。总之，外部数据调整思路是分析内部数据、外部数据的分布，分析转换系数，对外部数据进行预处理来与内部数据合并。

第三，针对尾部数据不足问题，采用贝叶斯方法，分别用有共轭先验信息及无共轭先验信息的思路，对损失强度设为对数正态分布、指数分布及广义帕累托分布，充分利用贝叶斯方法的先验、后验信息，度量操作风险。结果表明，广义帕累托三参数后验分析，三参数共同相互影响，参数稳定性增强。

第四，并非所有的厚尾分布都可以有效拟合操作风险损失，极值理论仅适合尾部分布，且仅有少量极值数据、阈值选择及参数稳定性问题存疑。将分布分为主体部分和尾部，采用混合极值分布，阈值非预先设定而是几个参数相互影响拟合，考虑连接处连接约束，可以做到一个模型拟合操作风险全貌。

第五，因子模型的主要思路是寻找操作风险的驱动因素，找出影响操作风险的重要因素，可控部分银行可进行控制调整，不可控部分可进行预测。因子模型可采用多种方法，同质性分析、随机均匀森林等方法预测效果都不错。这可以作为银行分析、预测操作风险的工具，也对银行内部管理提出了建议。

数据问题一直制约操作风险度量及管理的发展，外部数据合并前的预处理、操作风险尾部拟合、操作风险指标度量的研究，模型和方法不像市场风险和信用风险那样成熟，因此，对操作风险数据问题的研究仍然有很长的路要走。

14.2 政 策 建 议

监管部门和学者们都已认识到数据问题是制约操作风险度量及管理的重要因素，对于中国的商业银行，我们提出以下建议：

第一，组织重视，科学管理。操作风险是银行的重要风险之一。要真正地实施全面的操作风险管理，首先要有组织的重视，实施"一把手工程"，才能全面地展开操作风险管理的实施工作，使操作风险管理的工作顺利进行。当然，新巴塞尔协议是全面风险管理，所以其他风险也不可偏废。

第二，加强数据的收集和共享。操作风险的数据是科学管理操作风险、度量操作风险资本金、分析操作风险特点和确定操作风险关键指标等的基础，商业银行应落实数据基础，加强操作风险数据库的建立和数据收集工作。

具体来说可以从两个方面入手：首先，应从完善现有数据系统的字段定义，收集数据和整理，数据整合、补充、清洗等开始，使现有数据达到阶段性标准。其次，要尽快建立新数据结构的定义和收集制度，确保后续数据一次性达标，避免重复整理和清洗。但数据的要求和模型是密切相关的，在成型的模型开发完成以前，只能是一方面借鉴其他银行的数据结构，另一方面不断和模型开发部门沟通，及时对数据结构进行调整。

在这个过程中，保证数据质量非常重要。数据库中的很多数据质量问题和数据来源有关，在很大程度上是由数据管理上的欠缺引起的，如在数据方面缺少必要的核查体系和问责制度以及业绩导向的思想等引起的对数据质量的忽视。准备数据工作时，对目前数据系统的改造和数据管理体系的改进并建立数据质量监控体系是应当首先考虑的。同时，必须提高业务流程、信息流和文件格式的标准化，减少数据传输上失误的可能性。

　　另外，鉴于很多银行才刚开始收集操作风险的数据，为了更好地对操作风险进行管理，合理地采用其他银行的数据是比较好的解决数据不足问题的方法，因此银行间，特别是类似的银行间应加强数据的共享。

　　第三，开发模型，适应发展。银行应建立适合自己的操作风险计量模型，使操作风险资本金的分配和实际的操作风险相对应。这是实施操作风险管理的核心，对数据和 IT 系统都会产生影响。这一工作不能等待数据收集工作完成后进行，而是应该同时进行。一方面要借鉴国外的经验，另一方面要结合自己的数据进行适应性改进。这就需要对自己的数据进行不断的调整，并利用有限的数据进行测试，直至模型和数据较好地匹配；然后对数据和 IT 系统提出最终的要求。模型开发和数据收集、整理工作，二者相辅相成。

　　第四，定性和定量方法相结合。虽然采用高级计量法是商业银行操作风险度量与管理的方向，但由于数据年限比较短、数据缺失造成的有偏性，度量方法和技术的不完善，高级计量法度量的操作风险结果可能与实际的风险存在一定差异。需要有经验的风险管理人员或专家采用定性的指标（如银行的管理状况、经济环境等，可能能用到因子模型的结论）对操作风险进行适当的调整，以满足操作风险管理和资本金分配的要求。

　　第五，加强对操作风险的内部控制管理。加强内部控制，可以有效地获得相关信息，增加数据来源，也是降低风险、增加公司价值的重要手段。采取全面控制和重点控制相结合，定量控制和定性控制相结合，事前控制、事中控制和事后控制相结合的方式，从损失数据库提炼操作风险的关键风险指标，把银行的损失降到最低，做好审计和操作风险的经验总结。

　　第六，银行业监管部门要对改善操作风险数据问题提供保障，如建立健全银行信息披露的配套制度，健全信息披露问责机制；完善监管约束的基础制度，推进数据标准化工作。银行业协会也要进行自律约束。

参考文献

［1］巴曙松，王思奇，金玲玲 . 2017. 巴塞尔Ⅲ下的银行操作风险度量研究［J］. 大连理工大学学报（社会科学版），38（1）：36－42.

［2］蔡宁伟 . 2015. 操作风险的诱发类型与前瞻性防控研究［J］. 金融监管研究，40（4）：92－107.

［3］陈倩 . 2019. 基于截断数据的操作风险分段损失分布模型及应用［J］. 系统管理学报，28（5）：907－916.

［4］陈倩，梁力军 . 2019. 基于分段损失分布法和 Copula 的银行操作风险集成度量［J］. 运筹与管理，28（8）：174－181.

［5］戴丽娜 . 2017. 商业银行操作风险的度量：基于非参数方法［J］. 数理统计与管理，36（5）：541－549.

［6］董晓波，张同健 . 2009. 商业银行操作风险控制影响因素实证研究［J］. 上海立信会计学院学报，（5）：81－85.

［7］费伦苏，邓明然 . 2007. 商业银行操作风险的统计特征及其资本模拟实证［J］. 金融论坛，12（8）：3－11.

［8］樊欣，杨晓光 . 2003. 操作风险管理的方法与现状［J］. 证券市场导报，（6）：64－69.

［9］樊昕，杨晓光 . 2004. 操作风险度量：国内两家股份制商业银行的实证分析［J］. 系统工程，22（5）：44－48.

［10］樊欣，杨晓光 . 2005. 我国银行业操作风险的蒙特卡罗模拟估计［J］. 系统工程理论与实践，（5）：12－19.

［11］丰吉闯，李建平，陈建明 . 2011. 基于左截尾数据的损失分布法度量操作风险：以中国商业银行为例［J］. 管理评论，23（7）：171－176.

［12］丰吉闯，李建平，高丽君．2011．商业银行操作风险度量模型选择分析［J］．国际金融研究，292（8）：88－96．

［13］高丽君．2011．商业银行操作风险外部数据的内生偏差研究［J］．管理评论，23（7）：138－142，148．

［14］高丽君，高翔．2017．基于混合数据的银行操作风险参数混合模型分析［J］．中国管理科学，151（5）：11－16．

［15］高丽君，郭艳丽．2011．中国商业银行内部欺诈影响因素分析［J］．山东财政学院学报，114（4）：23－27．

［16］高丽君，李建平，陈建明，等．2006．操作风险度量模型与方法研究［J］．管理评论，18（9）：8－16．

［17］高丽君，李建平，徐伟宣，等．2007．基于POT方法的商业银行操作风险极端值估计［J］．运筹与管理，16（1）：112－117．

［18］高丽君，李建平，陈建明，等．2006．基于HKKP估计的商业银行操作风险估计［J］．系统工程，24（6）：58－63．

［19］高丽君，李建平．2009．我国商业银行操作风险模拟估计［J］．山东财政学院学报，103（5）：55－58．

［20］高翔，郭雪梅．2019．我国金融机构操作风险的特征分析与防控：基于1978—2012年媒体公开报道事件数据［J］．上海商学院学报，20（1）：21－39．

［21］葛海蛟．2006．操作风险管理：荷兰银行的经验与启示［J］．银行家，（9）：92－93．

［22］郭玉冰．2013．国有控股商业银行山西省分行操作风险影响因素分析：基于合规文化与领导力视角［J］．经济问题，（5）：49－52．

［23］侯媛彬，杜京义，汪梅．2007．神经网络［M］．西安：西安电子科技大学出版社．

［24］黄韬．2015．应对操作风险："加强监管"还是"健全市场"？：我国商业银行内部控制法律机制变迁的路径选择［J］．上海财经大学学报，17（6）：57－66．

［25］李达，陈颖，刘通，等．2016．商业银行操作风险度量：基于新标准法、收入法和信度方法的测算分析［J］．南方金融，480（8）：82－90．

［26］李建平，丰吉闯，高丽君．2013．商业银行操作风险度量与监管资本测定［M］．北京：科学出版社．

［27］李毓，张春霞．2011．基于out-of-bag样本的随机森林算法的超参数估计［J］．系统工程学报，26（4）：566－572．

［28］李志辉，范洪波．2005．商业银行操作风险损失数据分析［J］．国际金融研究，（12）：55－61．

［29］梁力军，李志祥．2010．我国商业银行操作风险管理能力影响因素及管理状况

分析 [J]. 管理评论, 22 (5): 11 – 19, 28.

[30] 厉吉斌. 2008. 商业银行操作风险管理 [M]. 上海：上海财经大学出版社.

[31] 刘睿，詹原瑞，刘家鹏. 2007. 基于贝叶斯 MCMC 的 POT 模型：低频高损的操作风险度量 [J]. 管理科学, 20 (3): 76 – 83.

[32] 卢安文，任玉珑. 2009. 商业银行操作风险形成机理研究：基于行为经济学视角 [J]. 重庆大学学报（社会科学版）, 15 (6): 46 – 51.

[33] 卢安文，任玉珑，唐浩阳. 2009. 基于贝叶斯推断的操作风险度量模型研究 [J]. 系统工程学报, 24 (3): 276 – 292, 349.

[34] 陆静. 2012. 基于分块极大值模型的商业银行操作风险计量研究 [J]. 管理工程学报, 26 (3): 136 – 145.

[35] 陆静，张佳. 2013. 基于极值理论和多元 Copula 函数的商业银行操作风险计量研究 [J]. 中国管理科学, 21 (3): 11 – 19.

[36] 罗猛，綦相，邵长毅. 2009. 操作风险高级计量法及其验证：国际经验与启示 [J]. 国际金融研究, (5): 54 – 60.

[37] 罗伟卿，陆静. 2010. 商业银行操作风险案件披露的市场反应研究 [J]. 统计与决策, 324 (10): 121 – 124.

[38] 谌利，莫建明. 2008. 损失分布法下操作风险度量的不确定性 [J]. 企业经济, (6): 130 – 132.

[39] 马克·洛尔，列夫·博罗多夫斯基. 2002. 金融风险管理手册 [M]. 北京：机械工业出版社.

[40] 孟繁军，高丽君，司马则茜，等. 2007. 考虑保险缓释条件的我国商业银行操作风险度量 [J]. 中国管理科学, (z1): 189 – 192.

[41] 明瑞星，谢铨. 2013. 尾相关 Copula 在操作风险计量中的应用 [J]. 统计与决策, 373 (1): 86 – 88.

[42] 莫建明，吴远洪，高翔，等. 2016. Weibull 分布下操作风险监管的遗漏风险特征 [J]. 财经科学, (3): 24 – 35.

[43] 钱艺平，林祥，陈治亚. 2010. BMM 模型在商业银行操作风险度量中的应用 [J]. 统计与决策, (7): 68 – 71.

[44] 曲绍强. 2006. 关于我国操作风险损失数据库构建的思考 [J]. 商业研究, (17): 149 – 151.

[45] 施武江，丰吉闯. 2011. 银行操作风险度量的非参数方法：基于最大熵原理 [J]. 工业技术经济, 213 (7): 115 – 122.

[46] 司马则茜，蔡晨，李建平. 2009. 度量银行操作风险的 POT 幂律模型及其应用 [J]. 中国管理科学, 17 (1): 36 – 41.

［47］司马则茜，蔡晨，李建平.2011.基于 g-h 分布度量银行操作风险［J］.系统工程理论与实践，31（12）：2321－2327.

［48］司马则茜，蔡晨，李建平.2008.我国银行操作风险的分形特征［J］.中国管理科学，16（1）：42－47.

［49］宋加山，张鹏飞，王利宏，等.2015.基于 EVT-Copula 的操作风险度量［J］.预测，34（3）：70－73.

［50］宋坤，刘天伦.2012.小样本下贝叶斯参数估计法对操作风险的度量［J］.统计与信息论坛，27（8）：27－32.

［51］宋坤，宋鹏.2011.操作风险经济资本的度量方法与实证［J］.统计与决策，340（16）：142－145.

［52］汤凌霄，张艺霄.2012.基于网络分析法的我国商业银行操作风险影响因素实证分析［J］.中国软科学，（8）：143－151.

［53］汪冬华，黄康，龚朴.2013.我国商业银行整体风险度量及其敏感性分析：基于我国商业银行财务数据和金融市场公开数据［J］.系统工程理论与实践，33（2）：284－295.

［54］王淑燕，曹正凤，陈铭芷.2016.随机森林在量化选股中的应用研究［J］.运筹与管理，25（3）：163－168，177.

［55］王瑜玺.2007.论中国商业银行操作风险管理［J］.经济与社会发展，5（2）：88－90.

［56］王宇燕，王杜娟，王延章，等.2017.改进随机森林的集成分类方法预测结直肠癌存活性［J］.管理科学，30（1）：95－106.

［57］王宗润，汪武超，陈晓红，等.2012.基于 BS 抽样与分段定义损失强度操作风险度量［J］.管理科学学报，15（12）：58－69.

［58］吴博.2012.操作风险高级计量法四类数据元素的整合和应用［J］.新金融，281（7）：23－27.

［59］吴恒煜，赵平，严武，等.2011.运用 Student T-Copula 的极值理论度量我国商业银行的操作风险［J］.运筹与管理，20（1）：157－163.

［60］吴俊，宾建成.2011.中国商业银行操作风险损失分布甄别与分析：基于贝叶斯 MCMC 频率方法［J］.财经理论与实践，32（173）：8－14.

［61］谢俊明，胡炳惠.2019.商业银行操作风险的损失模型及其应用［J］.统计与决策，538（22）：74－77.

［62］徐驰，汪东华.2018.基于 Lévy 测度的动态操作风险度量［J］.系统工程理论与实践，38（9）：2177－2187.

［63］徐润南.2006.操作风险模型的数据与建模［J］.上海投资，（3）：29－35.

［64］阎庆民.2011.操作风险管理“中国化”探索：中国商业银行操作风险研究

［M］. 北京：中国经济出版社.

　　［65］杨帆，林琛，周琦凤等. 2012. 基于随机森林的潜在 k 近邻算法在基因表达数据分类中的应用［J］. 系统工程理论与实践，32（4）：815 - 825.

　　［66］杨凯生，刘瑞霞，冯乾. 2018.《巴塞尔Ⅲ最终方案》的影响及应对［J］. 金融研究，(2)：30 - 44.

　　［67］杨青，张亮亮，魏立新. 2012. 宏观经济变量影响下的银行极端操作风险研究［J］. 管理科学学报，15（6）：82 - 96.

　　［68］杨旭，李建中. 2005. 设立银行操作风险损失数据库的构想［J］. 统计与决策，(11X)：112 - 113.

　　［69］于晨，周玮. 2014. 商业银行操作风险损失计量路径与方法探讨［J］. 经济理论与经济管理，(2)：78 - 84.

　　［70］詹原瑞，刘睿. 2007. 中国商业银行内部欺诈风险的实证研究［J］. 金融研究，(12A)：88 - 100.

　　［71］张宏毅，陆静. 2006. 用信度理论解决操作风险频度数据不足问题［J］. 中南财经政法大学学报，159（6）：54 - 57.

　　［72］张宏毅，陆静. 2008. 运用损失分布法的计量商业银行操作风险［J］. 系统工程学报，23（4）：411 - 416.

　　［73］张吉光. 2005. 商业银行操作风险识别与管理［M］. 北京：中国人民大学出版社.

　　［74］张小珍. 2015. 进一步完善我国商业银行操作风险数据库设想［J］. 时代金融，610（12）：53，55.

　　［75］中国银行业监督管理委员会. 2007. 中国银行业实施新资本协议指导意见［R］. 2007. 2. 28.

　　［76］周凯. 2014. 商业银行经济资本计量方法及其数据基础研究［J］. 东南大学学报（哲学社会科学版），16（1）：57 - 60.

　　［77］周艳菊，彭俊，王宗润. 2011. 基于 Bayesian-Copula 方法的商业银行操作风险度量［J］. 中国管理科学，19（4）：17 - 25.

　　［78］Hull J C. 2010. 风险管理与金融机构（第二版）［M］. 王勇，金燕敏，译. 北京：机械工业出版社.

　　［79］Agostini A, Talamo P, Vecchione V. 2010. Combining operational loss data with expert opinions through advanced credibility theory［J］. Journal of Operational Risk，5（1）：3 - 28.

　　［80］Alexander C. 2003. Operational risk：regulation, analysis and management［M］. London：Prentice Hall-Financial Times.

　　［81］Allen L, Bali J G. 2007. Cyclicality in catastrophic and operational risk management

[J]. Journal of Banking and Finance, 31 (4): 1191 – 1235.

[82] Aroda P, Guergachi A, Huang H. 2015. Application of the convolution operator for scenario integration with loss data in operational risk modeling [J]. The Journal of Operational Risk, 10 (4): 23 – 44.

[83] Aue F, Kalkbrener M. 2007. LDA at work: Deutsche Bank's approach to quantifying operational risk [J]. Journal of Operational Risk, 1 (4): 49 – 93.

[84] Ergashev B A. 2012. A theoretical framework for incorporating scenarios into operational risk modeling [J]. Journal of Financial Services Research, 41 (3) 1: 45 – 161.

[85] Barakat A, Chernobai A, Wahrenburg M. 2014. Information asymmetry around operational risk announcements [J]. Journal of Banking and Finance, 48 (11): 152 – 179.

[86] Barakat A, Hussainey K. 2013. Bank governance, regulation, supervision, and risk reporting: evidence from operational risk disclosures in European banks [J]. International Review of Financial Analysis, 30 (12): 254 – 273.

[87] Basel Committee on Banking Supervision. 2004. Basel II: international convergence of capital measurement and capital standards: a revised framework [R]. Basel: Bank for International Settlements. June 2004.

[88] Basel Committee on Banking Supervision. 2009a. Proposed enhancements to the Basel II framework. Consultative document [R]. Basel: Bank for International Settlement, July 2009.

[89] Basel Committee on Banking Supervision. 2010. Sound practices for the management and supervision of operational risk [EB/OL]. BIS. https://www.bis.org/publ/bcbs184.htm.

[90] Basel Committee on Banking Supervision. 2011a. Principles for the sound management of operational risk [R]. BIS. Basel Committee on Banking Supervision.

[91] Basel Committee on Banking Supervision. 2009b. Observed range of practice in key elements of advanced measurement approaches (AMA) [EB/OL]. BIS. http://www.bis.org/publ/bcbs131.htm.

[92] Basel Committee on Banking Supervision. 2011b. Operational risk supervisory guidelines for the advanced measurement approaches [R]. Basel: Bank for International Settlements, June 2011.

[93] Basel Committee on Banking Supervision. 2017. Basel III: Finalising post-crisis reforms [R]. BIS. www.bis.org/bcbs/publ/d424.pdf.

[94] Basel Committee on Banking Supervision. 2018. Progress in adapting the "Principles for effective risk data aggregation and risk reporting" [R]. BIS. Basel Committee on Banking Supervision.

[95] Basel Committee on Banking Supervision. 2019. Consolidated Basel framework [R].

BIS. Basel Committee on Banking Supervision.

［96］Baud N, Frachot A, Roncalli T. 2002. Internal data, external data and consortium data for operational risk measurement: how to pool data properly? ［J］. Groupe de Recherche Operationnelle, Credit Lyonnais, France, 1 – 18.

［97］Behrens C N, Lopes H F, Gamerman D. 2004. Bayesian analysis of extreme events with threshold estimation ［J］. Statistical Modelling, 4 (3): 227 – 244.

［98］Berliant J, Matthys G, Dierckx G. 2001. Heavy tailed distributions and rating ［J］. Astin Bulletin, 31 (1): 37 – 58.

［99］Bermudez P de Z, Turkman M A A. 2003. Bayesian approach to parameter estimation of the generalized Pareto distribution ［J］. Test, 12 (1): 259 – 277.

［100］Bernardo J M, Smith A F M. 1994. Bayesian theory ［M］. Chichester: Wiley.

［101］Bolancé C, Guillén M, Gustafsson J, et al. 2013. Adding prior knowledge to quantitative operational risk models ［J］. Journal of Operational Risk, 8 (1): 17 – 32.

［102］Böcker K, Klüppelberg C. 2005. Operational VAR: a closed-form approximation ［J］. Risk: London Risk Magazine, 18 (12): 90 – 93.

［103］Brechmann E C, Czado C, Paterlini S. 2013. Modeling dependence of operational loss frequencies ［J］. The Journal of Operational Risk, 8 (4): 105 – 126.

［104］Brechmann E C, Czado C, Paterlini S. 2014. Flexible dependence modeling of operational risk losses and its impact on total capital requirements ［J］. Journal of Banking & Finance, 40 (3): 271 – 285.

［105］Breden D. 2008. Monitoring the operational risk environment effectively ［J］. J. Risk Manag. Financial Inst. , 1 (2): 156 – 164.

［106］Breiman L. 2001. Random forests ［J］. Machine Learning, 45 (1): 5 – 32.

［107］Brunner M, Piacenze F, Monti F, et al. 2009. Fat tails, expected shortfall and the Monte Carlo method: a note ［J］. Journal of Operational Risk, 4 (1): 81 – 88.

［108］Bryce C, Cheevers C, Webb R. 2013. Operational risk escalation: an empirical analysis of UK call centres ［J］. International Review of Financial Analysis, 30 (12): 298 – 307.

［109］Buch-Larse T, Guillen M, Neilson J P, et al. 2005. Kernel density estimation for heavy-tailed distributions using the Champernowne transformation ［J］. Statistics, 39 (6): 503 – 518.

［110］Carreau J, Bengio Y. 2008. A hybrid Pareto model for asymmetric fat-tailed data: the univariate case ［J］. Extremes, 12 (1): 53 – 76.

［111］Carrillo S, Gzyl H, Tagliani A. 2012. Reconstructing heavy-tailed distributions by splicing with maximum entropy in the mean ［J］. Journal of Operational Risk, 7 (2): 3 – 15.

［112］ Cech R. 2009. Measuring causal influences in operational risk ［J］. Journal of Operational Risk, 4 （3）: 59 – 76.

［113］ Charpentier A, Oulidi A. 2010. Beta kernel quantile estimators of heavy-tailed loss distributions ［J］. Stat Comput. , 20 （1）: 35 – 55.

［114］ Chaudhury M. 2010. A review of the key issues in operational risk capital modelling ［J］. Journal of Operational Risk, 5 （4）: 37 – 66.

［115］ Chernobai A, Burne. ki K, Rachev S, et al. 2006. Modeling catastrophe claims with left-truncated severity distributions ［J］. Computational Statistics, 21 （3）: 537 – 555.

［116］ Chernobai A, Jorion P, Yu F. 2011. The determinants of operational risk in U. S. financial institutions ［J］. Journal of Financial and Quantitative Analysis, 46 （6）: 1683 – 1725.

［117］ Chernobai A, Rachev S, Fabozzi F. 2007. Operational risk: a guide to Basel II capital requirements, models, and analysis ［M］. Hoboken, New Jersey: John Wiley & Sons.

［118］ Chernobai A, Yildirim Y. 2008. The dynamics of operational loss clustering ［J］. Journal of Banking and Finance, 32 （12）: 2655 – 2666.

［119］ Ciccone A, Jaroci'nski M. 2010. Determinants of economic growth: will data tell? ［J］. American Economic Journal: Macroeconomics, 2 （4）: 222 – 246.

［120］ Ciss S. 2015a. Variable importance in random uniform forests ［EB/OL］. < hal – 01104751 >.

［121］ Ciss S. 2015b. Random uniform forests ［EB/OL］. < hal – 01104340 >. https: // hal. archives-ouvetes. fr/hal – 011013440v2.

［122］ Cope E, Labbi A. 2008. Operational loss scaling by exposure indicators: evidence from the ORX database ［J］. Journal of Operational Risk, 3 （4）: 55 – 81.

［123］ Cope E, Piche M, Walter J. 2012. Macro-environmental determinants of operational loss severity ［J］. Journal of Banking and Finance, 36 （5）: 1362 – 1380.

［124］ Crouhy M G, Galai D, Mark R. 2004. Insuring versus self-insuring operational risk ［J］. 12 （2）: 51 – 55.

［125］ Cruz M G. 2002. Modeling, measuring and hedging operational risk ［M］. New York: John Wiley & Sons.

［126］ Cummins J D, Embrechts P. 2006. Introduction: special section on operational risk ［J］. Journal of Banking and Finance, 30 （10）: 2599 – 2604.

［127］ Cummins J D, Lewis C M, Wei R. 2006. The market value impact of operational loss events for US banks and insurers ［J］. Banking and Finance, 30 （10）: 2605 – 2634.

［128］ Dahen H, Dionne G. 2010. Scaling models for the severity and frequency of external operational loss data ［J］. Journal of Banking and Finance, 34 （7）: 1484 – 1496.

[129] Davis E. 2005. Operational risk: practical approaches to implementation [M]. London: Risk Books.

[130] Degen M, Embrechts P, Lambrigger D. 2007. The quantitative modeling of operational risk: between G-and-H and EVT [J]. Astin Bulletin, 37 (2): 265 – 291.

[131] Do Nascimento F F, Gamerman D, Lopes H F. 2012. A semiparametric Bayesian approach to extreme value estimation [J]. Statistics and Computing, 22 (2): 661 – 675.

[132] Dutta K K, Babbel D F. 2014. Scenario analysis in the measurement of operational risk capital: a change of measure approach [J]. Journal of Risk and Insurance, 81 (2): 303 – 334.

[133] Dutta K K, Perry J. 2007. A tale of tails: an empirical analysis of loss distribution models for estimating operational risk capital [S]. Federal Reserve Bank of Boston Working Papers, Number 2007, 6 – 13.

[134] Eckert C, Gatzert N. 2017. Modeling operational risk incorporating reputation risk: an integrated analysis for financial firms [J]. Insurance: Mathematics and Economics, 72 (1): 122 – 137.

[135] Eicher T, Papageorgiou C, Raftery A. 2011. Determining growth determinants: default priors and predictive performance in bayesian model averaging [J]. Journal of Applied Econometrics, 26 (1): 30 – 55.

[136] Embrechts P, Frei M. 2009. Panjer distributions versus FFT for compound distributions [J]. Mathematical Methods of Operational Research, 69 (3): 497 – 508.

[137] Embrechts P, Furrer H, Kaufmann R. 2003. Quantifying regulatory capital for operational risk [J]. Derivatives Use, Trading & Regulation, 9 (3): 217.

[138] Embrechts P, Hofert M. 2011. Practices and issues in operational risk modeling under Basel II [J]. Lithuanian Mathematical Journal, 51 (2): 180 – 193.

[139] Ergashev B A. 2012. A theoretical framework for incorporating scenarios into operational risk modeling [J]. Journal of Financial Services Research, 41 (3): 145 – 161.

[140] Ergashev B A, Mittnik S, Sekeris E. 2013. A Bayesian approach to extreme value estimation in operational risk modeling [J]. The Journal of Operational Risk, 8 (4): 55 – 81.

[141] De Fontnouvelle P, D-R Virginia, Jordan J S, et al. 2006. Capital and risk: new evidence on implications of large operational losses [J]. Journal of Money, Credit & Banking, 38 (7): 1819 – 1846.

[142] Feng J, Li J, Gao L, et al. 2012. A combination model for operational risk estimation in a Chinese banking industry case [J]. The Journal of Operational Risk, 7 (2): 17 – 39.

[143] Feria-Domínguez J M, Jiménez-Rodríguez E, Sholarin O. 2015. Tackling the over-dispersion of operational risk: implications on capital adequacy requirements [J]. North

American Journal of Economics and Finance, 31 (1): 206 – 221.

［144］Fheili M I. 2007. Employee turnover: an HR risk with firm-specific context ［J］. Journal of Operational Risk, 2 (3): 69 – 84.

［145］Figini S, Giudici P, Uberti P, et al. 2008. A statistical method to optimize the combination of internal and external data in operational risk measurement ［J］. The Journal of Operational Risk, 2 (4): 69 – 78.

［146］Ganegoda A, Evans J. 2013. A scaling model for severity of operational losses using generalized additive models for location scale and shape (GAMLSS) ［J］. Annals of Actuarial Science, 7 (1): 61 – 100.

［147］Gareth P, Shevchenko P, Young M, et al. 2011. Analytic loss distributional approach models for operational risk from the alpha-stable doubly stochastic compound processes and implications for capital allocation ［J］. Insurance: Mathematics and Economics, 49 (3): 565 – 579.

［148］Giacometti R, Rachev S, Chernobai A, et al. 2007. Heavy-tailed distributional model for operational losses ［J］. Journal of Operational Risk, 2 (1): 55 – 90.

［149］Giacometti R, Rachev S, Chernobai A, et al. 2008. Aggregation issues in operational risk ［J］. Journal of Operational Risk, 3 (3).

［150］Giacometti R, Rachev S, Chernobai A, et al. 2007. Heavy-tailed distributional model for operational losses ［J］. Journal of Operational Risk, 2 (1): 55 – 90.

［151］Guégan D, Hassani B. 2009. A modified panjer algorithm for operational risk capital calculations ［J］. Journal of Operational Risk, 4 (4): 53 – 72.

［152］Guégan D, Hassani B. 2011. An efficient threshold choice for the computation of operational risk capital ［J］. Journal of Operational Risk, 6 (4): 3 – 19.

［153］Guégan D, Hassani B. 2013. Using a time series approach to correct serial correlation in operational risk capital calculation ［J］. Journal of Operational Risk, 8 (3): 31 – 56.

［154］Guillen M, Gustafsson J, Nielsen J P, et al. 2007. Using external data in operational risk ［J］. The Geneva Papers on Risk and Insurance Issues and Practice, 32 (2): 178 – 189.

［155］Gzyle H. 2011a. Determining the total loss distribution from the moments of the Exponential of the compound loss ［J］. Journal of Operational Risk, 6 (3): 3 – 13.

［156］Gzyle H. 2011b. Computing the Value-at-Risk of aggregate severities ［J］. Journal of Operational Risk, 6 (4): 59 – 63.

［157］Hernández L, Tejero J, Suárez A, et al. 2013. Closed-form approximations of operational Value-at-Risk ［J］. Journal of Operational Risk, 8 (4): 39 – 54.

［158］Herring R. 2002. The Basel II approach to bank operational risk: regulation on the wrong track ［J］. Journal of Risk Finance, 4 (1): 42 – 45.

[159] Jang J, Fu G. 2008. Transform approach for operational risk modeling: Value-at-Risk and tail conditional expectation [J]. Journal of Operational Risk, 3 (2): 45 – 61.

[160] Jin T, Ren J. 2010. Recursions and fast Fourier transforms for certain bivariate compound distributions [J]. Journal of Operational Risk, 5 (4): 19 – 33.

[161] Jobst A. 2007. Operational risk-the sting is still in the tail but the poison depends on the dose [J]. Journal of Operational Risk, 2 (2): 3 – 59.

[162] Jost L. 2007. Partitioning diversity into independent alpha and beta components [J]. Ecology, 88 (10): 2427 – 2439.

[163] Khan A, Moncelet B, Pinch T. 2006. Uses and misuses of loss data [J]. Global Association of Risk Professionals, 30: 18 – 22.

[164] Kiss H J, Homolya D. 2014. On the optimal design of operational risk data consortiums [J]. Journal of Operational Risk, 9 (1): 33 – 55.

[165] Kojadinovic I, Yan J. 2011. A goodness-of-fit test for multivariate multiparameter copulas based on multiplier central limit theorems [J]. Statistics and Computing, 21 (1): 17 – 30.

[166] Lambrigger D D, Shevchenko P V, Wuthrich M V. 2007. The quantication of operational risk using internal data, relevant external data and expert opinion [J]. Journal of Operational Risk, 2 (3): 3 – 27.

[167] Lee D, Li W K, Wong T S T. 2012. Modeling insurance claims via a mixture exponential model combined with peaks-over-threshold approach [J]. Insurance: Mathematics and Economic, 51 (3): 538 – 550.

[168] Lee P M. 2012. Bayesian statistics: an introduction [M]. New Jersey: Wiley.

[169] Li J, Feng J, Sun X, et al. 2012. Risk integration mechanisms and approaches in banking industry [J]. International Journal of Information Technology and Decision Making, 11 (6): 1183 – 1213.

[170] Li J, Feng J, Chen J. 2009. A piecewise-defined severity distribution based loss distribution approach to estimate operational risk: evidence from Chinese national commercial banks [J]. International Journal of Information Technology & Decision Making, 8 (4): 727 – 747.

[171] Li L, Moosa I. 2015. Operational risk, the legal system and governance indicators: a country-level analysis [J]. Applied Economics, 47 (20): 2053 – 2072.

[172] Liu H, Cortes M. 2015. An assessment of the efficiency of operational risk management in Taiwan's banking industry: an application of the stochastic Frontier approach [J]. Journal of Operational Risk, 10 (1): 127 – 156.

[173] Luo X, Shevchenko P. 2011. A short tale of tail integration [J]. Numerical Algorithms, 56 (4): 577 – 590.

［174］ Marcelo C. 2002. Modeling, measuring and hedging operational risk ［M］. New York, Chichester: John Wiley & Sons.

［175］ Martijn W. 2011. Modeling expert opinions on operational risk in pension funds ［D］. Master Thesis at Rijksuniversiteit Groningen.

［176］ Minsky M, Papert S. 1969. Perceptrons: an introduction to computational geometry ［M］. Massachusetts: MIT Press.

［177］ Mittnik S, Paterlini S, Yener T. 2013. Operational risk dependencies and the determination of risk capital ［J］. Journal of Operational Risk, 8 (4): 83 –104.

［178］ Moosa I. 2011. Operational risk as a function of the state of the economy ［J］. Economic Modeling, 28 (5): 2137 –2142.

［179］ Moscadelli M. 2004. The Modeling of operational risk: experience with the analysis of the data collected by the Basel committee ［R］. Available at SSRN 557214.

［180］ Muzzy L. 2003. The pitfalls of gathering operational risk data: a tightrope without a net ［J］. The RMA Journal, 85 (2): 58 –62.

［181］ Muermann A, Oktem U. 2002. The near-miss management of operational risk ［J］. Journal of Risk Finance, 4 (1): 25 –36.

［182］ Na H, Van D B J, Miranda L, et al. 2006. An econometric model to scale operational losses ［J］. The Journal of Operational Risk, 1 (2): 11 –31.

［183］ Nash R. 2003. The three pillars of operational risk ［M］//Operational Risk: Regulation, Analysis and Management. London: Prentice Hall-Financial Times.

［184］ Nelder J A, Wedderburn R W M. 1972. Generalized linear models ［J］. Journal of the Royal Statistical Society, Series A, 135 (3): 370 –384.

［185］ Pandey H, Rao A K. 2009. Bayesian estimation of the shape parameter of a generalized Pareto distribution under asymmetric functions ［J］. Mathematics and Statistics, 38 (1): 69 –83.

［186］ De Fontnouvelle P, Rosengren E, Jordan J S. 2007. Implications of alternative operational risk modeling techniques ［M］//in Mark C, RenéM S. eds. The Risks of Financial Institutions, Chicago: University of Chicago Press. 475 –512.

［187］ Patrick de F, Virginia D-R, Jordan J S, et al. 2006. Capital and risk: new evidence on implications of large operational losses ［J］. Journal of Money, Credit & Banking, 38 (7): 1819 –1846.

［188］ Pakhchanyan S. 2016. Operational risk management in financial institutions: a literature review ［J］. Internaltional Journal of Financial Studies, 20 (4): 1 –21.

［189］ Pandey H, Rao A K. 2009. Bayesian estimation of the shape parameter of a generalized Pareto distribution under asymmetric functions ［J］. Mathematics and Statistics, 38 (1): 69 –83.

[190] Piacenza F, Ruspantini D, Soprano A. 2006. Operational risk class homogeneity [J]. Journal of Operational Risk, 1 (3): 51 – 59.

[191] Rachev S T, Schwartz E S, Khindanova I. 2003. Stable modeling of market and credit value at risk [M]//Rachev S T. Handbook of heavy tailed distributions in finance. North-Holland, 249 – 328.

[192] Rao V, Dev A. 2006. Operational risk: some issues in Basel II AMA implementation in US financial institutions [M]//E. Davis. The Advanced Measurement Approach to Operational Risk [M]. London: Risk Books, 272 – 294.

[193] Renaudin A, Grant M. 2015. A simple, transparent and rational weighting approach to combine different operational risk data sources [J]. Journal of Operational Risk, 10 (2): 23 – 44.

[194] Robert C P, Casella G. 1999. Monte Carlo statistical methods [M]. NewYork: Springer.

[195] Rosenberg J V, Schuermann T. 2006. A general approach to integrated risk management with skewed, fat-tailed risks [J]. Journal of Financial Economics, 79 (3): 569 – 614.

[196] Sayah A, Yahia D, Necir A. 2010. Champernowne transformation in kernal quantile estimation for heavy-tailed distributions [J]. Journal Afrika Statistika, 12 (5): 288 – 296.

[197] Scarrott C J, MacDonald A E. 2012. A review of extreme value threshold estimation and uncertainty quantification [J]. REVSTAT Statistical Journal, 10 (1): 33 – 60.

[198] Schael I, Stummer W. 2007. Basel II compliant mapping of operational risks [J]. Journal of Operational Risk, 2 (1): 93 – 114.

[199] Sharifi S, Haldar A, Rao S V D N. 2016. Relationship between operational risk management, size, and ownership of Indian banks [J]. Managerial Finance, 42 (10): 930 – 942.

[200] Shevchenko P V. 2011. Modelling operational risk using Bayesian inference [M]. Berlin: Springer.

[201] Shevchenko P V, Peters G W. 2013. Loss distribution approach for operational risk capital modeling under Basel II: combing different data sources for risk estimation [J]. The Journal of Governance and Regulation, 2 (3): 33 – 57.

[202] Shevchenko P V, Wüthrich M. 2006. The structural modeling of operational risk via Bayesian inference: combining loss data with expert opinions [J]. Journal of Operational Risk, 1 (3): 3 – 26.

[203] Shih J, Samad-Khan A, Medapa P. 2000. Is the size of an operational loss related to firm size? [J]. Operational Risk, 2 (1).

[204] Smith E J. 2004. Cultural risk and risk culture: operational risk after Basel II [R]. Financial Stability Report 6. http://www.oenb.at/en/img/fsr 06 cultural risk tcm16 – 9495.pdf.

[205] Stephenson A, Tawn J. 2004. Bayesian inference for extremes: accounting for the three extremal types [J]. Extremes, 7 (4): 291 – 307.

[206] Sturm P. 2013. Operational and reputational risk in the European bank industry: the market reaction to the operational risk [J]. Journal of Economic Behavior & Organization, 85 (0): 191 – 206.

[207] Temnov G, Warnung R. 2008. A comparison of loss aggregation methods for operational risk [J]. Journal of Operational Risk, 3 (1): 3 – 23.

[208] Torresetti R, Giacomo L P. 2015. A comparison of alternative mixing model for external data in operational risk [J]. Journal of Operational Risk, 10.

[209] Torresetti R, Nordio C. 2015. Truncated lognormals as power-law mimic in operational risk [J]. Journal of Operational Risk, 10 (3).

[210] Vallea L D, Giudici P. 2008. A Bayesian approach to estimate the marginal loss distributions in operational risk [J]. Computational Statistics & Data Analysis, 52 (6): 3107 – 3127.

[211] Wang T, Hsu C. 2013. Board composition and operational risk events of financial institutions [J]. Journal of Banking and Finance, 37 (6): 2042 – 2051.

[212] Wei R. 2007. Quantification of operational losses using firm-specific information and external database [J]. Journal of Operational Risk, 1 (4): 3 – 34.